法人税申告書の最終チェック

公認会計士・税理士　齊藤一昭［著］

令和6年5月申告以降対応版

令和6年1月現在の法令に基づいています

中央経済社

はじめに

毎年恒例の一年の世相を表す令和５年の漢字が「税」に決まり、消費税率が５％から８％にアップした平成26年以来の２回目の「税」であった。令和５年10月１日よりインボイス方式が始まり、インボイス番号、消費税額等の記載が義務づけられた。

５年度税制改正では、研究開発税制の改正として、試験研究費の増減に応じた税額控除率のカーブの見直し、また、オープンイノベーション促進税制の見直しも行われた。

国際課税としてグローバル・ミニマム課税が導入され、国際最低課税額に対する各国ごとの実効税率は15％とされ、令和６年４月１日以降に開始する事業年度より適用される。

本書は申告書の書き方そのものの本ではなく、申告書の作成又はチェックする際のポイントを示したものである。申告加減算は、別表四に集約されるが、別表に記載せずに直接申告加減算する項目については、法人税申告書のチェックリストで補っている。

このように、本書は法人税申告書の最終チェックとしてポイントを示したものであるため、初心者の方には、難しいところがあるかもしれないが、法人税申告書の最終チェックの一助になれば幸いである。

本書の構成は、最初に令和４年度法人税改正の主なものを掲げ、次に第１章から第３章までの章建てとなっている。

- **第１章　法人税申告書のポイントチェック**
- **第２章　法人税申告書の作成確認チェック**
- **第３章　法人税申告書のチェックリスト**

第１章は、法人税申告書及び各別表のポイントと記載例を入れ、原則、見開きで示したもので本書の大部分を占める。改正に伴い様式の改訂があったものとして、特別試験研究費の別表六(十四)付表一、受取配当等の別表八(一)、別表十(六)、同付表一を掲げている。なお、グループ通算制度の導入に伴って関連する別表の改正も行われ、一部加筆している（詳細は本文127ページ参照)。

第２章は、別表四に加減算する金額を最初から示し、これらを別表四に記入し、留保欄の金額は別表五(一)へ、別表四の所得金額を基に別表一を作成することで、別表の作成過程、別表間の関連等を示している。

第３章は、法人税の他に法人事業税、法人住民税等のチェック事項も掲げている。

なお、本書の内容は令和６年１月現在の法令等に基づいている。

以上、本書の特徴、構成等を示したが、長年にわたり取締役常務の秋山宗一氏にはお世話になっている。この場を借りて謝意を表わす次第である。

令和６年２月

齊　藤　一　昭

もくじ

新 法令改正等に伴う新たな別表を示している。なお、記載箇所等の変更による新別表には新を付していない。また、特別償却の付表について、従来は個々の付表があったが、令和4年度から共通の付表に代わり、記載要額は各特別償却ごとに示されている。

令和５年度法人税改正の主なもの

1．研究開発税制の見直し

⑴　大法人（40ページ参照）

①　一般試験研究費の税額控除について、税額控除割合を以下のように改め試験研究費の増減に応じた税額控除率の下限を２％から１％に引下げ、適用期限が３年延長される。

(イ)　増減試験研究費割合が12％超

11.5％＋(増減試験研究費割合－12％)×0.375（上限14％）

(ロ)　増減試験研究費割合が12％以下

11.5％－(12％－増減試験研究費割合)×0.25（下限１％）

②　税額控除の上限に達した場合にも、試験研究費の増減に応じて、税額控除の上限が５％の範囲で変動する特例が新設される。

③　売上が基準年度と比べ２％以上減少し、試験研究費が増加した場合の５％のコロナ特例加算が、適用期限の到来をもって廃止される（中小法人も同様)。

⑵　中小企業技術基盤強化税制の見直し（42ページ参照）

中小法人において、増減試験研究費割合が12％（旧9.4％）を超える場合、12％に加算する算式が増減試験研究費割合から12％（旧9.4％）を控除した割合に0.375（旧0.35）を乗じたものに見直される。

⑴、⑵とも令和５年４月１日以後開始する事業年度より適用。

2．オープンイノベーション促進税制（96ページ参照）

特別新事業開拓事業者（設立10年未満の法人）に対して出資した特定株式の特例において、株式発行法人以外の者からの購入（50％超取得）も特例の対象になり、対象株式の取得は５億円以上で、取得価額の25％の特別勘定の繰入が認められる。なお、５年以内に成長投資要件等を満たさない場合は、特別勘定の戻入を行うことになる。

令和５年４月１日以後に開始する事業年度より適用。

3．特定資産の買換え特例（114ページ参照）

⑴　既成市街地等の内から外への買換え（１号買換）が廃止される。

⑵　10年超の国内の長期所有土地等、建物等の買換え（４号買換）について、東京23区内への本店の移転の買換えは70％から60％に、集中地域以外への買換えは80％から90％に見直しされる。

⑶　同一事業年度内における特定資産の譲渡又は取得予定資産について、譲渡又は取得した日のいずれか早い日の属する３ヶ月期間（３ヶ月ごとに区分した期間）の末日から２ヶ月以内に、期中において一定の届出書の提出が令和６年４月１日以後の譲渡・取得より新たに必要とされる。

※　⑴は令和５年４月１日以後の譲渡、⑵は令和６年４月１日以後の譲渡より適用。

4．暗号資産について時価評価の見直し

法人が所有する暗号資産については期末に時価評価し課税の対象となるが、自己が発行した暗号資産で発行時から継続して保有しているもので、譲渡制限等の一定の要件を満たす場合は、時価評価の対象外とされる。

令和５年４月１日以後に開始する事業年度より適用。

5．パーシャルスピンオフについて特例措置の新設（77ページ参照）

100％子法人の株式の一部を親法人の株主に現物分配する場合、株式分配後の株式保有割合が20％未満になること、適格株式分配と同様の要件等を満たすことによって、そのスピンオフを行う親法人における100％子法人の株式の譲渡損益及びその親法人の株主に対する子法人株式の現物分配の配当が適格株式分配として課税対象外とされる。

令和５年４月１日より令和６年３月31日までの間に産業競争力強化法による事業再編計画の認定を受けた法人に適用される。

6．国際課税

⑴　グローバル・ミニマム課税（91ページ参照）

所得合算ルール（IIR）に係る法制化として、国際最低課税額に対する法人税が導入される。連結グループ全体の総収入金額が７億５千万ユーロ相当額（日本円で約1,000億円）以上の企業が対象となり、各国ごとの実効税率が15％を下回っている場合に15％に達するまでの金額を国別国際最低課税額とし、調整を加え按分して会社等別国際最低課税額を計算し、親会社の持分割合に応じた金額を合計したものが課税標準である国際最低課税額となる。

この金額に対して90.7％の法人税が課される。また、適用免除基準（デミニマス）等があり、各対象期間年度終了の日から１年３ヶ月以内に申告書を提出する。

⑵　外国子会社合算税制（CFC 税制）

株式債券等の受動的所得のあるペーパーカンパニー等の適用免除要件である租税負担割合が30％から27％に引下げられる。なお、部分対象外国関係会社（租税負担割合20％未満で受動的所得がある場合）について、外国関係会社に関する書類の添付の要件が一定の条件の下、保存に緩和される。

⑴、⑵とも令和６年４月１日以後開始する事業年度より適用。

7．その他適用期限の延長等

⑴　中小企業者等の法人税の軽減税率15％の適用期限が、令和７年３月31日まで２年延長された。

⑵　中小企業投資促進税制の対象資産からコインランドリー業の機械装置が除外され、適用期限が令和７年３月31日まで２年延長された。

⑶　地域経済牽引事業の促進区域内において機械等を取得した場合の税額控除等の特例について、要件の見直しが行われ、適用期限が令和７年３月31日まで２年延長された。

⑷　中小企業者等が特定経営力向上設備等を取得した場合の税額控除等の特例について、コインランドリー業等の設備等が除外され、適用期限が令和７年３月31日まで２年延長された。

⑸　事業適応設備を取得した場合の税額控除等の特例について、見直しが行われ、適用期限が令和

７年３月31日まで２年延長された。

(6) 特定事業継続力強化設備等の特例償却について耐震装置が追加、見直しが行われ適用期限が令和７年３月31日まで２年延長された。

《納税環境整備》

電子取引データ保存についての新たな猶予措置（133ページ参照）

電子取引の電磁的記録（電子取引データ）の保存について、令和５年12月31日までの電子取引データの出力書面の保存をもってするという経過措置に代り、新たな電子保存の猶予措置が設けられた。

相当の理由によりシステム対応等がとれなかった事業者は出力書面の提示・提出の求め及びそのデータのダウンロードの求めに応じられるようにすることにより従来の検索要件を不要として電子取引データの保存が可能となった。

またダウンロードの求めに応じる場合に検索要件が不要となる小規模事業者について、前々期の売上１千万円以下が５千万以下の事業者に改正された。

《消費税》

インボイス制度導入に伴う改正（99ページ参照）

インボイス（適格請求書等保存）方式は、令和５年10月１日より始まっているが、インボイス導入に伴う改正が５年度改正で行われた。主なものとして

(1) 免税事業者がインボイス登録した場合の納税額について、売上に係る消費税の２割の納付特例が設けられた。

(2) 基準期間の課税売上が１億円以下の事業者等が行う１万円未満の仕入について、インボイスでなく帳簿に基づいて６年間、仕入税額が可能となる。

(3) すべての課税事業者に対して、１万円未満の値引・返還につき返還インボイスの交付が免除される。

第1章

法人税申告書
の
ポイントチェック

別表一・別表一次葉
各事業年度の所得に係る申告書

Case

別表一は、普通法人等が法人税の確定申告を行う場合に作成する。別表四で計算された所得金額を基に年間税額を求め、中間納付額、各種税額控除を差し引き、納付税額を計算する。資本金１億円以下の法人等の年800万円以下の所得に対しては、税率が15％に軽減されている。なお、特定同族会社（資本金１億円以下の法人は除かれる）は、一定の留保金額について特別に課税される。また、法人税の納付義務がある法人は、別表一次葉で法人税及び地方法人税の計算を行う。

1 法人税の税率と年間税額

所得金額[1]×税率(注１)＝法人税額[2]

- 中小法人 ―― 15％　（所得年800万円以下）……別表一　次葉[48]
  - 23.2％（所得年800万円超）………別表一　次葉[50]
- 普通法人 ―― 23.2％……………………………別表一　次葉[50]

（注１） 普通法人の税率は、平成30年４月１日以後開始する事業年度より23.4％から23.2％に引き下げられている。平成24年４月１日より令和７年３月31日（令和５年度改正で２年延長）までの間に開始する各事業年度の中小法人（資本金５億円以上の大法人の100％子法人は除かれる）の軽減税率は18％より15％（法人税法本則税率は22％より19％）に引き下げられている。

2 法人税の納付税額の計算

法人税額(注２、５)	[2]
△試験研究費の税額控除他	△[3]
税額控除超過額の加算額	[4]
土地重課税額(注３)	[6]
留保金課税額	[8]
法人税額計(注４)	[9]
△所得税額、外国税額の控除	△[12]
差引所得に対する法人税額	[13]
△中間法人税額	△[14]
差引確定法人税額	[15]

（注２） 法人税額[2]は別表一次葉で計算され、中小法人等は[48]＋[50]、その他の法人は[50]より別表一[2]に移記される。

（注３） 土地等の重課

平成10年１月１日～令和８年３月31日までの土地等の譲渡について、土地重課は適用停止（平成５年度改正）。

（注４） 使途秘匿金の支出がある場合の重課

使途秘匿金の支出額×40％で計算した金額を[9]の上段に記載する。

（注５） 中小法人の15％の軽減税率の適用にあたって、中小法人の判定として従来の資本金１億円以下に加えて課税所得の３年間平均15億円以下の要件が平成31年４月１日開始事業年度より適用されている。

3 中小法人等の繰戻し還付

資本金１億円以下の中小法人等（資本金５億円以上の大法人の100％子法人は除かれる）は、平成21年２月１日以後終了する事業年度より繰戻し還付の規定が復活し、当期に生じた青色欠損金を前１年以内の所得金額に繰り戻して還付請求することができる。この場合には、「欠損金の繰戻しによる還付請求書[15]」の金額（86ページ参照）を、[23]に外書する。

なお地方法人税については[43]に外書する。

別表一 各事業年度の所得に係る申告書－内国法人の分……令五・四・一以後終了事業年度等分

税務署受付印	令和6年6月30日 大森 税務署長殿
納税地	大田区大森 電話（ＸＸ）ＸＸ－ＸＸＸ
（フリガナ）	
法人名	太田工業株式会社
法人番号	7429228626640
（フリガナ）	
代表者	太田昭夫
代表者住所	大田区大森ＸＸＸ

所管 / 業種目 / 概況書 / 要否 / 別表等	
通算グループ整理番号	
通算親法人整理番号	
法人区分	普通法人（特定の医療法人を除く）／一般社団法人等、協同組合等又は人格のない社団等／左記以外の公益法人等、協同組合等又は人格のない社団等／特定の医療法人
事業種目	○○製造業
期末現在の資本金の額又は出資金の額	3,000,000,000円 非中小法人
同非区分	特定同族会社 同族会社 非同族会社（○）
旧納税地及び旧法人名等	
添付書類	貸借対照表、損益計算書、株主（社員）資本等変動計算書又は損益金処分表、勘定科目内訳明細書、事業概況書、組織再編成に係る契約書等の写し、組織再編成に係る移転資産等の明細書

※税務署処理欄	
青色申告	一連番号
整理番号	
事業年度（至）	年 月 日
売上金額	兆 十億 百万
申告年月日	年 月 日
通信日付印 / 確認 / 庁指定 / 局指定 / 指導等 / 区分	
年月日	
申告区分	法人税：中間 期限後 修正 地方法人税：中間 期限後 修正

令和5年4月1日
令和6年3月31日
事業年度分の法人税 確定 申告書
課税事業年度分の地方法人税 確定 申告書
（中間申告の場合の計算期間 令和 年 月 日 令和 年 月 日）

適用額明細書提出の有無	（有） 無
税理士法第30条の書面提出有	有
税理士法第33条の2の書面提出有	有

2 この申告書による法人税額の計算

項目	番号	金額（円）
所得金額又は欠損金額（別表四「52の①」）	1	300000000
法人税額 (48)+(49)+(50)	2	69600000
法人税額の特別控除額（別表六（六）「5」）	3	1000000
税額控除超過額相当額等の加算額	4	
土地譲渡利益金額 課税土地譲渡利益金額（別表三（二）「24」）＋（別表三（二の二）「25」）＋（別表三（三）「20」）	5	000
同上に対する税額 (62)+(63)+(64)	6	
留保金 課税留保金額（別表三（一）「4」）	7	000
同上に対する税額（別表三（一）「8」）	8	
法人税額計 (2)－(3)＋(4)＋(6)＋(8)	9	00 / 68600000
分配時調整外国税相当額及び外国関係会社等に係る控除対象所得税額等相当額の控除額（別表六（五の二）「7」）＋（別表十七（三の六）「3」）	10	
仮装経理に基づく過大申告の更正に伴う控除法人税額	11	
控除税額（((9)－(10)－(11))と(18)のうち少ない金額）	12	100000
差引所得に対する法人税額 (9)－(10)－(11)－(12)	13	68500000
中間申告分の法人税額	14	30000000
差引確定法人税額 (13)－(14)（中間申告の場合はその税額とし、マイナスの場合は(22)へ記入）	15	38500000

この申告書による地方法人税額の計算

項目	番号	金額（円）
課税標準法人税額の計算 基準法人税額 所得の金額に対する法人税額 (2)－(3)＋(4)＋(6)＋(9の外書)＋(別表六（二）付表六「7の計」)	28	68600000
課税留保金額に対する法人税額 (8)	29	
課税標準法人税額 (28)＋(29)	30	68600000
地方法人税額 (53)	31	7065800
税額控除超過額相当額の加算額（別表六（二）付表六「14の計」）	32	
課税留保金額に係る地方法人税額 (54)	33	
所得地方法人税額 (31)＋(32)＋(33)	34	7065800
分配時調整外国税相当額及び外国関係会社等に係る控除対象所得税額等相当額の控除額（(別表六（五の二）「8」)＋(別表十七（三の六）「4」)と(34)のうち少ない金額）	35	
仮装経理に基づく過大申告の更正に伴う控除地方法人税額	36	
外国税額の控除額（((34)－(35)－(36))と(65)のうち少ない金額）	37	
差引地方法人税額 (34)－(35)－(36)－(37)	38	7065800
中間申告分の地方法人税額	39	3090000
差引確定地方法人税額 (38)－(39)（中間申告の場合はその税額とし、マイナスの場合は(42)へ記入）	40	3975800

控除税額の計算

項目	番号	金額（円）
所得税の額（別表六（一）「6の③」）	16	100000
外国税額（別表六（二）「23」）	17	
計 (16)＋(17)	18	100000
控除した金額 (12)	19	100000
控除しきれなかった金額 (18)－(19)	20	

この申告による還付金額

項目	番号	金額（円）
所得税額等の還付金額 (20)	21	
中間納付額 (14)－(13)	22	
欠損金の繰戻しによる還付請求税額	23	外
計 (21)＋(22)＋(23)	24	外

3

項目	番号	金額（円）
この申告が修正申告である場合のこの申告により納付すべき法人税額又は減少する還付請求税額 (57)	25	外 00
欠損金等の当期控除額（別表七（一）「4の計」）＋（別表七（三）「9」若しくは「21」又は別表七（四）「10」）	26	
翌期へ繰り越す欠損金額（別表七（一）「5の合計」）	27	

この申告による還付金額

項目	番号	金額（円）
外国税額の還付金額 (67)	41	
中間納付額 (39)－(38)	42	
計 (41)＋(42)	43	外
この申告が修正申告である場合のこの申告により納付すべき地方法人税額 (61)	44	00
剰余金・利益の配当（剰余金の分配）の金額		6000000

残余財産の最後の分配又は引渡しの日	令和 年 月 日
決算確定の日	令和6年6月29日

還付を受けようとする金融機関等	
銀行 金庫・組合 農協・漁協	本店・支店 出張所 本所・支所 預金
郵便局名等	
口座番号	ゆうちょ銀行の貯金記号番号 －
※税務署処理欄	

税理士署名	

4 地方法人税

法人税の納付義務がある法人は、平成26年10月1日以後に開始する事業年度より地方法人税（国税）が課され、法人税とともに申告納付する。

なお、地方法人税の税率は、令和元年10月1日以後開始する事業年度より4.4%から10.3%に引き上げられた。

5 地方法人税の課税標準及び税額の計算

基準法人税額(注1・2)×10.3%＝地方法人税額

（注1） 基準法人税額は通常の所得金額[51]と留保金課税の課税留保金額[52]に対するものに分けられ、その合計額が所得地方法人税額（別表一[34]）となる。

（注2） 基準法人税額[28]（＝[2]－[3]＋[4]＋[6]＋[9]の外書）を計算するにあたって、所得税額控除等の税額控除を行う前の法人税額を用いて別表一の基準法人税額[28]を計算し、別表一次葉の[51]に移記し、10.3%を乗じ地方法人税額[53]の計算を行っていく。

6 地方法人税の申告納付

(1)　確定申告

法人税と同様に期末後2か月以内に申告納付する。なお、法人税の申告期限の延長制度の適用を受けているときは同様に延長される。

(2)　中間申告

中間期末後2か月以内に申告納付する。

7 別表一及び別表一の二への統合

別表一(一)～(三)は別表一に、別表一の二(一)～(三)は別表一の二に、平成31年度改正で統合された。協同組合等の税率について年800万円以下は15%、年800万円超は19%（[48]、[50]）が適用される。なお、特例税率の適用がある協同組合等は、年10億円超の所得に対して22%の税率（[49]）が適用される。

8 グループ通算制度に伴う「税額控除超過額相当額」の加算について

令和4年4月1日以後開始事業年度から連結納税制度の見直しが行われ、グループ通算制度に移行した。修正申告等による修正等は、他法人の過年度の申告には影響させないことになり、法人税では別表一[4]（＝別表六(二)付表六[7]計他）で、地方法人税では別表一[32]（＝別表六(二)付表六[14]計他）が設けられた。

他の別表との関連

次葉[47]	＝	別表一[1]－[45]－[46]	次葉[50]	→	別表一[2]
次葉[51]	←	別表一[28]	次葉[52]	←	別表一[30]
次葉[53]	→	別表一[31]	次葉[54]	→	別表一[33]

事業年度等	令5・4・1 令6・3・31	法人名	太田工業（株）

別表一次葉 令五・四・一以後終了事業年度等分

1

法人税額の計算					
(1)のうち中小法人等の年800万円相当額以下の金額 ((1)と800万円×　/12　のうち少ない金額）又は（別表一付表「5」）	45	000	(45) の 15％又は19％相当額	48	
(1)のうち特例税率の適用がある協同組合等の年10億円相当額を超える金額 (1)−10億円×　/12	46	000	(46) の 22％相当額	49	
その他の所得金額 (1)−(45)−(46)	47	300,000,000	(47) の 19％又は23.2％相当額	50	69,600,000

4・5

地方法人税額の計算					
所得の金額に対する法人税額 (28)	51	68,600,000	(51) の 10.3％相当額	53	7,065,800
課税留保金額に対する法人税額 (29)	52	000	(52) の 10.3％相当額	54	

この申告が修正申告である場合の計算							
法人税額の計算	この申告前の 法人税額	55		地方法人税額の計算	この申告前の 確定地方法人税額	58	
	この申告前の 還付金額	56	外		この申告前の 還付金額	59	
					この申告前の 欠損金の繰戻しによる還付金額	60	
	この申告により納付すべき法人税額又は減少する還付請求税額 ((15)−(55))若しくは((15)+(56))又は((56)−(24))	57	外 00		この申告により納付すべき地方法人税額 ((40)−(58))若しくは((40)+(59)+(60))又は(((59)−(43))+((60)−(43の外書)))	61	00

土地譲渡税額の内訳					
土地譲渡税額 (別表三(二)「25」)	62	0	土地譲渡税額 (別表三(三)「21」)	64	00
同上 (別表三(二の二)「26」)	63	0			

地方法人税額に係る外国税額の控除額の計算					
外国税額 (別表六(二)「56」)	65		控除しきれなかった金額 (65)−(66)	67	
控除した金額 (37)	66				

【適用額明細書との関連】普通法人等の場合

45…（条項）第42条の3の2第1項第1号等　（区分）00380等

別表二

同族会社等の判定に関する明細書

Case　会社が同族会社に該当するか否か、同族会社に該当した場合に特定同族会社に該当するか否かを判定するときに作成する。

1

別表上の判定の記載

(1)　同族会社の判定…………1～10 ｝判定結果………18
(2)　特定同族会社(注)の判定…11～17 ｝

(注)　特定同族会社に該当する場合には、留保金課税がある。ただし、資本金１億円以下の法人（資本金５億円以上の大法人の100％子法人は除かれる）は除かれる。

2

同族会社の判定(注)

(1)　持株割合による判定……1～3　発行済株式総数等（内書きの自己株式を除く）で判定

(2)　議決権割合による判定…4～6　無議決権株式等を除いて判定

(3)　社員数による判定………7～9　合名、合資、合同会社の社員の数で判定

(注)　いずれも上位３順位の株主グループの占める割合が50％超か否かで判定する。

同族会社の判定割合　10 ｛50％超……同族会社／50％以下…非同族会社

3

特定同族会社の判定(注1･2)

(1)　持株割合による判定……11、12

(2)　議決権割合による判定…13、14

(3)　社員数による判定………15、16

(注１)　いずれも上位１順位の株主グループの占める割合が50％超か否かで判定する。

特定同族会社の判定割合　17 ｛50％超……特定同族会社／50％以下…同族会社

(注２)　資本金１億円以下の法人（資本金５億円以上の大法人の100％子法人は除かれる）は、特定同族会社から除かれるため11～17の記入は不要。

4

「判定基準となる株主等の株式数等の明細」欄

(1)　自己株式を除いて記載する。

(2)「被支配会社でない法人株主等」は、判定基準となる株主等が非同族会社である場合又は特定同族会社に該当しない同族会社である場合の、その株主等をさす。

(3)　株式数等19、21、議決権数20、22は、上位３順位の株主グループまで記載し、順位をつける。

同族会社等の判定に関する明細書

事業年度	令5・4・1 令6・3・31	法人名	

別表二 令五・四・一以後終了事業年度分

2

同族会社の判定		番号	
	期末現在の発行済株式の総数又は出資の総額	1	内 100,000株
	(19)と(21)の上位3順位の株式数又は出資の金額	2	80,000株
	株式数等による判定 (2)/(1)	3	80 %
	期末現在の議決権の総数	4	内 100,000個
	(20)と(22)の上位3順位の議決権の数	5	80,000個
	議決権の数による判定 (5)/(4)	6	80 %
	期末現在の社員の総数	7	
	社員の3人以下及びこれらの同族関係者の合計人数のうち最も多い数	8	
	社員の数による判定 (8)/(7)	9	%
	同族会社の判定割合 ((3)、(6)又は(9)のうち最も高い割合)	10	80%

3

特定同族会社の判定		番号	
	(21)の上位1順位の株式数又は出資の金額	11	45,000株
	株式数等による判定 (11)/(1)	12	45 %
	(22)の上位1順位の議決権の数	13	45,000個
	議決権の数による判定 (13)/(4)	14	45 %
	(21)の社員の1人及びその同族関係者の合計人数のうち最も多い数	15	
	社員の数による判定 (15)/(7)	16	%
	特定同族会社の判定割合 ((12)、(14)又は(16)のうち最も高い割合)	17	45%
判定結果		18	特定同族会社 (同族会社) 非同族会社

特定同族会社に該当する場合は、別表三(一)を作成

判定基準となる株主等の株式数等の明細

順位 株式数等	順位 議決権数	判定基準となる株主(社員)及び同族関係者 住所又は所在地	氏名又は法人名	判定基準となる株主等との続柄	被支配会社でない法人株主等 株式数又は出資の金額 19	被支配会社でない法人株主等 議決権の数 20	その他の株主等 株式数又は出資の金額 21	その他の株主等 議決権の数 22
1	1	大田区XXX	太田 七郎	本人			35,000	35,000
1	1	大田区XXX	太田 一郎	長男			10,000	10,000
2	2	港区XXX	藤田商事(株)		30,000	30,000		
3	3	千葉県XXX	高橋 苑子				5,000	5,000

4

他の別表との関連

判定結果18で特定同族会社に該当した場合 → 別表三(一)留保金課税の計算を行う。

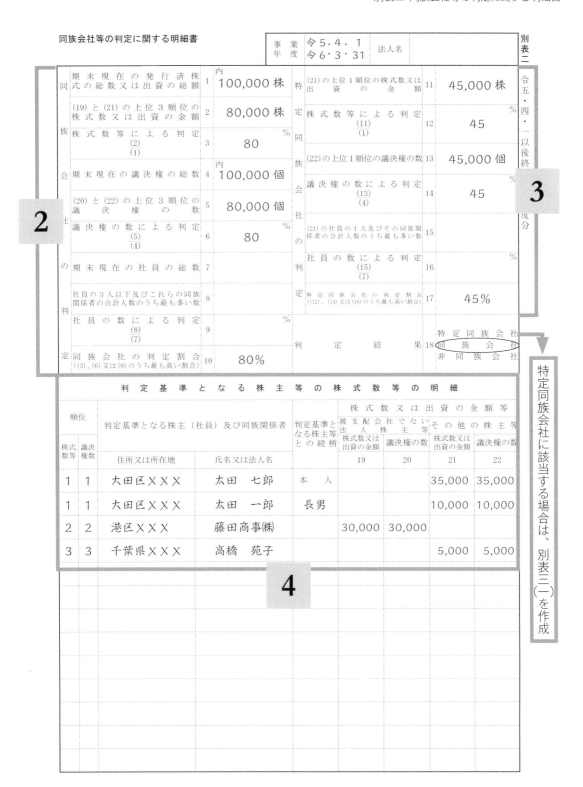

別表三(一)・別表三(一)付表一

特定同族会社の留保金額に対する税額の計算に関する明細書
特定同族会社の留保金額から控除する留保控除額の計算に関する明細書

Case　特定同族会社（別表二[18]）が留保金課税の計算を行うときに作成する。
別表三(一)付表で留保控除額の計算を行う。

1　留保金額の計算　（別表三(一)[9]～[19]）

留保所得金額[9]（別表四[52]②等）＋(前期末の配当[10]－当期末の配当[11]）－法人税額[12]（注1）－住民税額[13]（住民税額[24]－特定寄附金を支出した場合[27]）＝当期留保金額[19]

（注1）　法人税額[12]は、源泉所得税等（別表一[18]）控除後の金額を用い地方法人税額を加える。
（注2）　住民税額[24]は、源泉所得税控除前の法人税額を用い[22]又は[23]で計算し、10.4%を乗じる。なお、中小企業者等の試験研究費の税額控除等があるときには、別表一の法人税額[2]より、この金額を控除することに留意する。

2　留保控除額の計算　（別表三(一)付表一[1]～[33]）

(1)　積立金基準額の計算（注）　[1]～[7]……資本金[1]×25%－期末利益積立金額[6]＝積立金基準額[7]

(2)　定額基準額の計算　[8]……2,000万円×$\frac{当期の月数}{12}$

(3)　所得基準額の計算　[9]～[31]……(所得金額[9]（別表四[52]①）＋課税外収入等（[10]～[30]の差引合計))×40%＝所得基準額[32]

(1)～(3)のうち、最も大きい金額が当期の留保控除額[33]＝(別表三(一)[20]）となる。

（注）　[3]、[6]の金額がマイナスの場合は、金額に△印を付す。また、[7]の金額がマイナスの場合は「0」と記入する。

3　税額計算　（別表三(一)[1]～[8]）

課税留保金額[21]（当期留保金額[19]－留保控除額[20]）×10～20%の税率（注）＝税額[8]

（注）　税率について
課税留保金額のうち、年3,000万円以下の金額 ………………[1]×10%＝[5]
課税留保金額のうち、年3,000万円超1億円以下の金額 ……[2]×15%＝[6]
課税留保金額のうち、年1億円超の金額………………………[3]×20%＝[7]
[5]～[7]の合計が税額[8]

他の別表との関連　別表三(一)付表一[33]　→　別表三(一)[20]
[4]　→　別表一[7]　　[8]　→　別表一[8]

特定同族会社の留保金額に対する税額の計算に関する明細書

事業年度	令5・4・1 令6・3・31	法人名	

別表三(一) 令五・四・一以後終了事業年度分

3

留保金額に対する税額の計算

課税留保金額		円	税額		円
年3,000万円相当額以下の金額 ((21)又は(3,000万円× $\frac{12}{12}$)のいずれか少ない金額)	1	16,249,000	(1)の10%相当額	5	1,624,900
年3,000万円相当額を超え年1億円相当額以下の金額 (((21)−(1))又は(1億円× $\frac{}{12}$ −(1))のいずれか少ない金額)	2	000	(2)の15%相当額	6	
年1億円相当額を超える金額 (21)−(1)−(2)	3	000	(3)の20%相当額	7	
計 (1)+(2)+(3)	4	16,249,000	計 (5)+(6)+(7)	8	1,624,900

別表一7へ

別表一8へ

1

課税留保金額の計算

当期留保金額の計算			円
当期留保金額の計算	留保所得金額 (別表四「52の②」)	9	60,000,000
	前期末配当等の額(通算法人間配当等の額を除く。) (前期の(11))	10	700,000
	当期末配当等の額(通算法人間配当等の額を除く。)	11	600,000
	法人税額及び地方法人税額の合計額 (((別表一「2」−「3」+「4」+「6」+「9の外書」−「11」−「18」)−別表六(五の二)「5の③」)と0のいずれか多い金額)+((別表一「31」+「32」−「36」−「65」)と0のいずれか多い金額)−((別表六(五の二)「5の③」−(別表一「2」−「3」+「4」+「6」+「9の外書」))と0のいずれか多い金額) (マイナスの場合は0)	12	18,200,000
	住民税額 (28)	13	1,882,400
	外国関係会社等に係る控除対象所得税額等相当額 (別表十七(三の六)「1」)	14	−
	法人税額等の合計額 (12)+(13)−(14) (マイナスの場合は0)	15	20,082,400
	通算法人の留保金加算額 (別表三(一)付表二「5」)	16	
	通算法人の留保金控除額 (別表三(一)付表二「10」)	17	
	他の法人の株式又は出資の基準時の直前における帳簿価額から減算される金額 (別表三(一)付表一「19」)	18	
	当期留保金額 (9)+(10)−(11)−(15)+(16)−(17)−(18)	19	40,017,600
留保控除額 (別表三(一)付表一「33」)		20	23,768,000
課税留保金額 (19)−(20)		21	16,249,000

1 (注1)

付表一33より

住民税額の計算

			円
住民税額の計算の基礎となる法人税額	中小企業等以外の法人 (別表一「2」+「4」+「6」+「9の外書」−「11」−「17」)−(別表六(六)「9の②」+「9の④」から「9の⑦」までの合計+「9の⑮」+「9の⑯」+「9の㉒」から「9の㉔」までの合計)	22	18,100,000
	中小企業者等 (別表一「2」+「4」+「6」+「9の外書」−「11」−「17」)−(別表六(六)「3」+「9の②」から「9の⑦」までの合計+「9の⑩」から「9の⑬」までの合計+「9の⑮」から「9の㉔」までの合計)	23	1 (注2)
住民税額 ((22)又は(23))×10.4%		24	1,882,400
特定寄附金を支出した場合	特定寄附金の額の合計額に係る控除額 (特定寄附金の額の合計額)×40%	25	
	調整地方税額に係る控除額 ((24)+(別表一「11」+「17」)×10.4%−(別表六(二)付表六「7の計」)×10.4%)×20% (マイナスの場合は0)	26	
	住民税額から控除される金額 ((25)又は(26)のいずれか少ない金額)	27	
住民税額 (24)−(27)		28	1,882,400

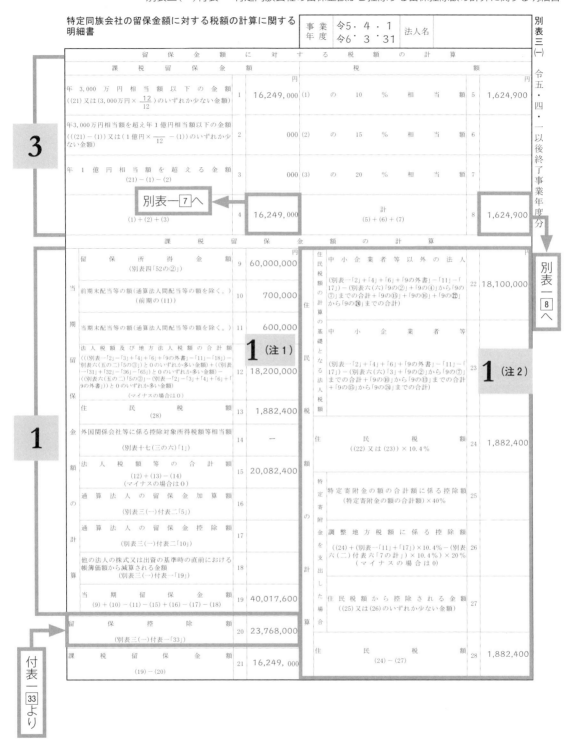

特定同族会社の留保金額から控除する留保控除額の計算に関する明細書

事業年度	令5・4・1 令6・3・31	法人名	

			円
積立金基準額の計算	期末資本金の額又は出資金の額	1	120,000,000
	同上の25%相当額	2	30,000,000
	期首利益積立金額 (別表五(一)「31の①」)－(別表三(一)「10」)	3	220,000,000
	期中増減　適格合併等により増加した利益積立金額	4	
	期中増減　適格分割型分割等により減少した利益積立金額	5	
	期末利益積立金額 (3)＋(4)－(5)	6	220,000,000
	積立金基準額 (2)－(6)	7	0
定額基準額	2,000万円 × 12/12	8	20,000,000
所得基準額の計算	所得金額 (別表四「52の①」)	9	59,000,000
	非適格合併による移転資産等の譲渡利益額又は譲渡損失額 (別表四「38」)	10	
	受取配当等の益金不算入額 (別表八(一)「5」から通算法人間配当等の額に係る金額を除いた金額)	11	400,000
	外国子会社等から受ける剰余金の配当等の益金不算入額 (別表八(二)「26」)＋(別表十七(三の七)「27の計」)	12	
	受贈益の益金不算入額 (別表四「16」)	13	
	法人税額の還付金等(過誤納及び中間納付額に係る還付金を除く。) (別表四「19」)＋(別表四付表「7」)	14	20,000
	欠損金等の当期控除額 (別表七(一)「4の計」)＋(別表七(三)「9」若しくは「21」又は別表七(四)「10」)	15	
	中間申告における繰戻しによる還付に係る災害損失欠損金額の益金算入額 (別表四「37」)	16	

			円
所得基準額の計算	通算法人の所得基準額加算額 (別表三(一)付表二「13」)	17	
	通算法人の所得基準額控除額 (別表三(一)付表二「17」)	18	
	他の法人の株式又は出資の基準時の直前における帳簿価額から減算される金額 (別表八(三)「13」の合計額)	19	
	新鉱床探鉱費又は海外新鉱床探鉱費の特別控除額 (別表十(三)「43」)	20	
	対外船舶運航事業者の日本船舶による収入金額に係る所得の金額の損金算入額 (別表十(四)「20」)	21	
	対外船舶運航事業者の日本船舶による収入金額に係る所得の金額の益金算入額 (別表十(四)「21」又は「23」)	22	
	沖縄の認定法人又は国家戦略特別区域における指定法人の所得の特別控除額 (別表十(一)「15」)又は(別表十(二)「10」)	23	
	沖縄の認定法人又は国家戦略特別区域における指定法人の要加算調整額の益金算入額 (別表十(一)「16」)又は(別表十(二)「11」)	24	
	収用等の場合等の所得の特別控除額 (別表十(五)「22」＋「37」＋「42」＋「47」＋「52」)	25	
	特定事業活動として特別新事業開拓事業者の株式の取得をした場合の特別勘定繰入額の損金算入額 (別表十(六)「12」)	26	
	特定事業活動として特別新事業開拓事業者の株式の取得をした場合の特別勘定取崩額の益金算入額 (別表十(六)「18」＋「20」)	27	
	肉用牛の売却に係る所得の特別控除額 (別表十(七)「22」)	28	
	超過利子額の損金算入額 (別表十七(二の三)「10」)	29	
	課税対象金額等の益金算入額 (別表十七(三の二)「28」)＋(別表十七(三の三)「9」)＋(別表十七(三の四)「11」)	30	
	所得等の金額 (9)－(10)＋(11)＋(12)＋(13)＋(14)＋(15)－(16)＋(17)－(18)－(19)＋(20)＋(21)－(22)＋(23)－(24)＋(25)＋(26)－(27)＋(28)＋(29)－(30)	31	59,420,000
	所得基準額 (31)×40%	32	23,768,000
留保控除額	((7)、(8)又は(32)のいずれか多い金額)	33	23,768,000

別表三(一)付表一　令五・四・一以後終了事業年度分

12ページ 2(1)

12ページ 2(2)

12ページ 2(3)

12ページ 2(3)

別表三（一）20へ

Column 1 別表十九 法人税法第七十一条第一項の規定による予定申告書 地方法人税法第十六条第一項の規定による予定申告書

1 法人税・地方法人税の予定納税

法人が予定申告をするときに作成する。

2 法人税予定申告税額の計算

$$\left\{ \begin{array}{c} \text{前期の法人税額} \\ \text{(別表一\fbox{13})} \end{array} - \begin{array}{c} \text{土地重課税額等} \\ \text{(別表一\fbox{6}、\fbox{9}の外書)} \end{array} \right\} \times \frac{6}{12}^{\text{(注1)}} = \begin{array}{l} \text{法人税} \\ \text{予定申告税額}^{\text{(注2)}} \end{array}$$

3 記載例

$$\left\{ \begin{array}{c} \text{前期の地方法人税額} \\ \text{(別表一\fbox{38})} \end{array} - \begin{array}{c} \text{土地重課税額等} \\ \text{(別表一\fbox{6}、\fbox{9}の外書)} \end{array} \right\} \times 10.3\% \times \frac{6}{12}^{\text{(注1)}} = \begin{array}{l} \text{地方法人税} \\ \text{予定申告税額} \end{array}$$

（注１） 変則決算の場合は６／前期の月数

（注２） 納付税額が10万円以下のときは、予定申告は不要。

法人税法第七十一条第一項の規定による予定申告書
地方法人税法第十六条第一項の規定による予定申告書

（税務署提出用）

納税地	大田区大森Ｘ－ＸＸ－ＸＸ（電話番号 － － ）
（フリガナ）	
法人名	太田工業株式会社
法人番号	ＸＸＸＸＸＸＸＸＸＸＸＸＸ
（フリガナ）	
代表者	太 田 昭 夫
代表者住所	大田区大森Ｘ－ＸＸ－ＸＸ
税理士署名	

税務署受付印　令和 5 年11月30日　ＸＸ 税務署長殿

令和 5 年 4 月 1 日 事業年度分予定申告書
令和 6 年 3 月31日 課税事業年度分予定申告書

税務署処理欄	通信日付印	確認
	年 月 日	

この申告が修正申告である場合の		百万	千	円
法人税額の計算	この申告前の法人税額			00
	この申告により増加する法人税額			00
地方法人税額の計算	この申告前の地方法人税額			00
	この申告により増加する地方法人税額			00

通算グループ整理番号	
整理番号	
前事業年度等	自 令和 4 年 4 月 1 日 至 令和 5 年 3 月31日

	法人税額の計算	地方法人税額の計算
修正・更正・決定の年月日	令和 年 月 日	令和 年 月 日
前事業年度の法人税額 / 前課税事業年度の地方法人税額	法人税額 600,000,000	地方法人税額 61,800,000
	同上のうち土地譲渡税額等及び税額控除超過額相当額等の加算額	同上のうち税額控除超過額相当額の加算額等
	差引法人税額 600,000,000	差引地方法人税額 61,800,000
月数換算	同上の税額 × 6／前事業年度の月数	同上の税額 × 6／前課税事業年度の月数
納付すべき税額	納付すべき法人税額 300,000,000	納付すべき地方法人税額 30,900,000

別表十九　令五・四・一以後提出分

法人税の予定申告税額

地方法人税の予定申告税額

別表四

所得の金額の計算に関する明細書

Case

我が国の法人税額は、英、米と異なり、確定決算主義を採用しており、会計上の利益をベースに法人所得を求める。税務と企業会計との考え方の違いを申告加算又は申告減算することによって調整している。

別表四の留保欄に記載された金額は別表五(一)Ⅰの利益積立金額の計算に関する明細書の増減欄に移記される。なお、別表四の所得金額は別表一へ移記される。

別表四付表は、グループ通算制度を適用している法人の所得の申告調整に使用する。

1 別表四と五(一)の役割と相互の関連

(1)　別表四と別表五(一)

別表四…当期における所得の計算

別表五(一)Ⅰの利益積立金部分…翌期以降の所得を増減させていく留保金額（利益積立金）の内訳を示すもの

(2)　社内留保と社外流出

別表四の加算留保欄→別表五(一)の増欄　　別表四の減算留保欄→別表五(一)の減欄

加算留保欄に記載された当初の申告加算額は、将来損金として認容されることから税効果会計では将来減算一時差異といわれ、減算留保欄に記載された当初の申告減算額は、将来加算（認定損否認）されることから将来加算一時差異といわれる。社外流出欄に記入された金額は、永久に損金に算入されることはないため永久差異といわれる。

(3)　留保所得との関連

別表四の留保欄合計52②…特定同族会社の留保金課税の留保所得に用いる。

別表五(一)Ⅰの利益積立金額…特定同族会社の留保金課税の留保控除額の計算に用いる。

2 実務上の主な申告調整項目

(1)　有税引当の一般的ケース

①　退職給付引当金…会社基準（期末要支給額基準又は退職給付会計の繰入額）との差

②　賞与引当金…会社基準（支給見込額基準）との差

③　貸倒引当金…個別に見積った回収不能見込額のうち、有税部分

④　未払法人税等、未払事業税、未払事業所税（工場等に係るものは除く）の要納付額

⑤　その他の引当金…製品保証引当金、役員退職給与引当金、役員賞与引当金等

(2)　その他加算項目

①　減価償却の償却超過額等

②　利子・配当等の源泉所得税、復興特別所得税、外国税額

③　棚卸資産、有価証券の評価減のうち、有税部分

④　固定資産の減損金額のうち、有税部分

⑤　税効果会計採用時の繰延税金負債（繰延税金資産は減算）

⑥　その他

(3)　費用関係の損金不算入項目

①　交際費　　②　寄附金　　③　その他

(4)　主な減算項目

①　受取配当金等の益金不算入

②　マイナスの積立金の申告調整

イ　積立金方式による準備金の積立て、圧縮記帳の積立て

ロ　源泉所得税の仮払金又は未収金計上

ハ　中間法人税等、事業税の未収金計上

③　前期以前の申告加算項目で認容されるもの

イ　洗替性の引当金で戻入れに伴う前期の繰入超過額

ロ　前期以前の否認金額で当期に受入処理を行った場合の受入金額

ハ　前期以前の否認金額で当期以降自動的に認容される金額

④　収用等の所得控除、その他

上記以外の申告調整項目及びマイナスの積立金の申告調整方法等については、「第3章　法人税申告書のチェックリスト」を参照。

(5)　グループ通算制度を適用している場合

①　通算法人に係る加算額[9]については、別表四付表[5]の加算額の合計額より移記する。

②　通算法人に係る減算額[20]については、別表四付表[10]の減算額の合計額より移記する。

3　別表四と別表五(一)、財務諸表との関係

(1)　損益計算書の税引後利益又は損失……別表四[1]①

税効果会計を採用している場合には、法人税等調整額計上後の税引後利益又は損失を別表四[1]①に記載する。

(2)　株主資本等変動計算書と社外流出（配当、その他）……別表四[1]③

別表四[1]②の留保金額は[1]③の社外流出を[1]①より控除して求める。

(3)　別表四の留保欄の金額と別表五(一)の増減欄

別表四の加算留保の金額は別表五(一)の増欄へ、別表四の減算留保の金額は別表五(一)の減欄に移記されるが、別表四の加減算欄で示した□部分の金額を移記するのが実務的には簡便でよい。

(4)　社外流出欄の※印

※印は非課税所得を意味し、特定同族会社の留保金額に含めることとしている。

(5)　別表五(一)との関連で留意する箇所

①　別表四加算欄の損金経理をした納税充当金[4]は別表五(一)[26]③と一致する。書き方にもよるが、不一致のときは、その差額が減算欄[13]などに含まれているかを確認する。

②　別表四減算欄の納税充当金から支出した事業税等[13]は、別表五(二)[35]～[37]と一致する。

所得の金額の計算に関する明細書（簡易様式）

事業年度	・・ ・・	法人名	

別表四（簡易様式）　令五・四・一以後終了事業年度分

御注意

1 沖縄の認定法人の課税の特例等の規定の適用を受ける法人にあっては、別表四を御使用ください。
2 「52」の「①」欄の金額は、「②」欄の金額に「③」欄の本書の金額を加算し、これから「※」の金額を加減算した額と符合することになります。

区分		総額 ①	処分 留保 ②	処分 社外流出 ③	
当期利益又は当期欠損の額	1	円 損益計算書より	円 ②＝①－③	配当	株主資本等変動計算書より 円
				その他	
加算 損金経理をした法人税及び地方法人税（附帯税を除く。）	2				
加算 損金経理をした道府県民税及び市町村民税	3				
加算 損金経理をした納税充当金	4	別表五（一）26③と一致			
加算 損金経理をした附帯税（利子税を除く。）、加算金、延滞金（延納分を除く。）及び過怠税	5			その他	
加算 減価償却の償却超過額	6		別表五(一)へ		
加算 役員給与の損金不算入額	7			その他	
加算 交際費等の損金不算入額	8			その他	
加算 通算法人に係る加算額（別表四付表「5」）	9		別表五(一)へ	外※	
加算	10				
加算 小計	11			外※	
減算 減価償却超過額の当期認容額	12				
減算 納税充当金から支出した事業税等の金額	13	別表五（二）35～37と一致			
減算 受取配当等の益金不算入額（別表八（一）「5」）	14			※	※非課税所得を表し留保金課税の対象になる
減算 外国子会社から受ける剰余金の配当等の益金不算入額（別表八（二）「26」）	15			※	
減算 受贈益の益金不算入額	16			※	
減算 適格現物分配に係る益金不算入額	17			※	
減算 法人税等の中間納付額及び過誤納に係る還付金額	18				
減算 所得税額等及び欠損金の繰戻しによる還付金額等	19			※	
減算 通算法人に係る減算額（別表四付表「10」）	20			※	
減算	21		別表五(一)へ		
減算 小計	22			外※	
仮計 (1)＋(11)－(22)	23			外※	
対象純支払利子等の損金不算入額（別表十七（二の二）「29」又は「34」）	24			その他	
超過利子額の損金算入額（別表十七（二の三）「10」）	25	△		※	△
仮計 ((23)から(25)までの計)	26			外※	
寄附金の損金不算入額（別表十四（二）「24」又は「40」）	27			その他	
法人税額から控除される所得税額（別表六（一）「6の③」）	29			その他	
税額控除の対象となる外国法人税の額（別表六（二の二）「7」）	30			その他	
分配時調整外国税相当額及び外国関係会社等に係る控除対象所得税額等相当額（別表六（五の二）「5の②」）＋（別表十七（三の六）「1」）	31			その他	
合計 (26)＋(27)＋(29)＋(30)＋(31)	34			外※	
中間申告における繰戻しによる還付に係る災害損失欠損金額の益金算入額	37			※	
非適格合併又は残余財産の全部分配等による移転資産等の譲渡利益額又は譲渡損失額	38			※	
差引計 (34)＋(37)＋(38)	39			外※	
更生欠損金又は民事再生等評価換えが行われる場合の再生等欠損金の損金算入額（別表七（三）「9」又は「21」）	40	△		※	△
通算対象欠損金額の損金算入額又は通算対象所得金額の益金算入額（別表七の二「5」又は「11」）	41			※	
差引計 (39)＋(40)±(41)	43			外※	
欠損金等の当期控除額（別表七（一）「4の計」）＋（別表七（四）「10」）	44	△		※	△
総計 (43)＋(44)	45			外※	
残余財産の確定の日の属する事業年度に係る事業税及び特別法人事業税の損金算入額	51	△	△		
所得金額又は欠損金額	52	別表一1へ	別表三(一)9へ	外※	

(簡)

別表五(一)

利益積立金額及び資本金等の額の計算に関する明細書

Case 税務上の利益積立金、資本金等の期中増減・残高を求めるものであり、利益積立金の明細書部分は別表四から移記されるものと、株主資本等変動計算書より剰余金の処分額が記載されるものなどがある。

1 期首現在利益積立金額

税務上の利益積立金額の期首残高を示し、通常は前期の別表五(一)④の期末残高が移記される。更正等があると更正通知書等の翌期首残高の金額を移記する。

また、期首現在利益積立金額のうち、剰余金の処分項目については株主資本等変動計算書の利益剰余金の期首残高と一致する。同様に税務上の利益積立金額のうち、剰余金の処分項目の期末残高④も同計算書の当期末残高と一致する。

2 利益積立金額の当期の増減

②減欄は別表四留保減算欄の金額が、③増欄は別表四留保加算欄の金額が記載される。また、株主資本等変動計算書の剰余金の処分(例えば利益準備金、特別償却準備金積立額、圧縮記帳積立金、別途積立金等)の金額が増減欄に記載される。

3 納税充当金 [26]

納税充当金は、未払法人税等、未払事業税の期首残高、増減、期末残高を示し、各々の勘定の帳簿上の金額を記載する。さらにこの内訳を示したものが別表五(二)の納税充当金の計算の欄([30]～[41])である。

4 未納法人税等 [27]～[30]

未納法人税等は、未納法人税及び未納地方法人税、未払通算税効果額、未納住民税(道府県民税、市町村民税)の要納付額を示すもので、納税充当金[26]の帳簿金額とは異なり、また、未納事業税は、未納法人税等とは性格が異なるため、この欄には記載しないことに留意する。未納法人税等([27]～[30])の増減残高を次ページに示すことにする。

なお、未払通算税効果額[28]は、グループ通算制度を適用している場合の未払通算税効果額を記入する。

			期首残高①	減少②	増加③		期末残高④
未納法人税等	未納法人税及び未納地方法人税	27	△a	△a＋△b	中間	△b	△c
					確定	△c	
	未払通算税効果額	28	△d	△d＋△e	中間	△e	△f
					確定	△f	
	未納道府県民税	29	△g	△g＋△h	中間	△h	△i
					確定	△i	
	未納市町村民税	30	△j	△j＋△k	中間	△k	△l
						△l	
差引合計額		31					

a、d、g、j…期首要納付額（＝期首現在未納税額）　b、e、h、k…中間要納付額（＝中間発生税額）
c、f、i、l…期末要納付額（＝確定発生税額）

未納法人税等を図表で説明すると、通常、未納がないと仮定すると、期首の要納付額aは支払われ減少欄②に記載され、中間期の要納付額bも支払われ減少欄②に記載される。期末における要納付額cは増加欄③に記載されると同時に期末残高④として繰り越され、翌期に支払われることになる。

5　資本金等の明細書　32～36

(1)　資本金等の額に関する明細書は、税務上の資本金と資本準備金等の増減残高を求めるものであり、これらの増減残高は株主資本等変動計算書の増減残高に対応する。

その他資本剰余金を取り崩して配当を行い、みなし配当部分があるときは、利益積立金額の計算に関する明細書にも記載が必要となる。

(2)　種類株式を発行している場合には、その増減残高を別表五(一)付表に記載する。

他の別表、財務諸表との関連

(1)　繰越損益金25④　→　株主資本等変動計算書、貸借対照表
(2)　納税充当金26④　→　貸借対照表（未払法人税等＋未払事業税）
(3)　中間要納付額27③中間　→　別表一14＋39
(4)　期末要納付額27③確定　→　別表一15＋40
(5)　未納道府県民税29③確定　→　道府県民税の申告書
(6)　未納市町村民税30③確定　→　市町村民税の申告書
(7)　期末利益積立金額31④は、次の算式（別表五(一)欄外の注）により検算する。ただし、企業再編により利益積立金を受け入れている場合等には、この分が不一致となる。

期首現在利益積立金額31①＋別表四留保所得金額又は欠損金額52－中間分、確定分法人税県市民税の合計額±中間分・確定分の通算税効果額の合計額＝差引翌期首現在利益積立金額31④

利益積立金額及び資本金等の額の計算に関する明細書

事業年度	・　・	法人名	
	・　・		

別表五(一) 令五・四・一以後終了事業年度分

御注意

この表は、通常の場合には次の式により検算ができます。

期首現在利益積立金額合計「31」① ＋ 別表四留保所得金額又は欠損金額「52」 − 中間分・確定分の法人税等、道府県民税及び市町村民税の合計額 ± 中間分・確定分の通算税効果額の合計額 ＝ 差引翌期首現在利益積立金額合計「31」④

Ⅰ　利益積立金額の計算に関する明細書

区分		期首現在利益積立金額 ①	当期の増減 減 ②	当期の増減 増 ③	差引翌期首現在利益積立金額 ①−②＋③ ④
利益準備金	1	円	円	円	円
積立金	2				
	3				
	4				
	5				
	6				
	7				
	8				
	9				
	10				
	11				
	12				
	13				
	14				
	15				
	16				
	17				
	18				
	19				
	20				
	21				
	22				
	23				
	24				
繰越損益金（損は赤）	25				株主資本等変動計算書
納税充当金	26			別表四4②	貸借対照表
未納法人税等（退職年金等積立金に対するものを除く。） 未納法人税及び未納地方法人税（附帯税を除く。）	27	△	△	中間 △ 別表一14＋39 確定 △ 別表一15＋40	
未払通算税効果額（附帯税の額に係る部分の金額を除く。）	28			中間 確定	
未納道府県民税（均等割額を含む。）	29	△	△	中間 △ 確定 △	△
未納市町村民税（均等割額を含む。）	30	△	△	中間 △ 確定 △	△
差引合計額	31				

Ⅱ　資本金等の額の計算に関する明細書

区分		期首現在資本金等の額 ①	当期の増減 減 ②	当期の増減 増 ③	差引翌期首現在資本金等の額 ①−②＋③ ④
資本金又は出資金	32	円	円	円	円
資本準備金	33				
	34				
	35				
差引合計額	36				

1 前期の別表五(一)④より

2 利益剰余金の処分額を記載 別表四留保減算欄より及び

利益剰余金の処分額（配当を除く）を記載 別表四留保加算欄より及び

3

4 法人住民税の申告書

5

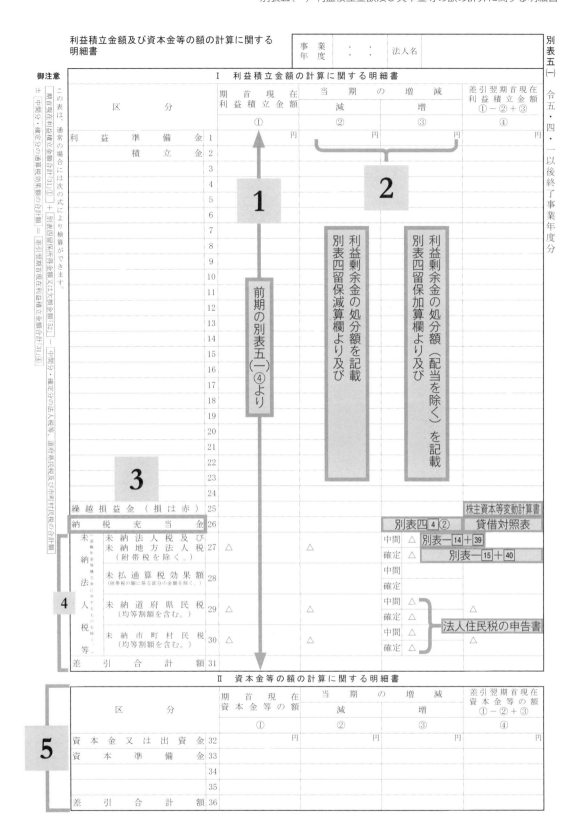

別表五(二)
租税公課の納付状況等に関する明細書

Case　別表五(二)は、法人税等、事業税の納付状況等を示すもので、別表五(一)の未納法人税等の内訳と納税充当金の内訳を示すものといえる。また、附帯税をどのように処理したかも示すものといえる。

1

法人税及び地方法人税　1～5、道府県民税　6～10、市町村民税　11～15

別表五(一)の未納法人税等の内訳及び納付状況を記載する。

2

事業税　16～19

事業税の発生から納付等を記載する。事業税の当期発生税額②には、当期に確定する前期の事業税等を記載することに留意する。なお、特別法人事業税も事業税に含めて記載する。

3

地方法人税と特別法人事業税の損金性

地方法人税（平成26年度創設）と特別法人事業税はいずれも国税であるが、通常、地方法人税は応能課税としてとらえ損金不算入の租税である。他方、特別法人事業税は応益課税の性質をもつ法人事業税としてとらえ損金算入される。なお、地方法人特別税は、令和元年10月1日以後開始事業年度より特別法人事業税となり税率も改められている。

4

その他

20～23…損金算入される利子税、延滞金等　　24～29…損金不算入の附帯税等

なお、「その他」に記載される項目で、充当金取崩しによる納付したもの、また、仮払経理による納付した源泉所得税等がある場合には、その金額を別表四で減算する。

5

納税充当金　30～41

未払法人税等、未払事業税の勘定より記入するもので、別表五(一)26の納税充当金の内訳を示すものといえる。

6

通算法人の通算税効果額　42～45

グループ通算制度を適用している法人が、通算税効果額の授受を行っている場合に記載する。

他の別表との関連

法人税及び地方法人税1～5　→　別表五(一)27　　道府県民税6～10　→　別表五(一)29

市町村民税11～15　→　別表五(一)30　　損金不算入の租税公課24～29　→　別表四

納税充当金30～41　→　別表五(一)26　　35～37　→　別表四13

通算法人の通算税効果額42～45　→　別表五(一)28

租税公課の納付状況等に関する明細書

事業年度	・ ・ ・ ・	法人名	

別表五(二) 令五・四・一以後終了事業年度分

[1]

税目及び事業年度			期首現在未納税額 ①	当期発生税額 ②	当期中の納付税額 充当金取崩しによる納付 ③	仮払経理による納付 ④	損金経理による納付 ⑤	期末現在未納税額 ①+②−③−④−⑤ ⑥
法人税及び地方法人税	・ ・	1	円		円	円	円	円
	・ ・	2						
	当期分 中間	3		27 ③				
	当期分 確定	4						
	計	5	27 ①					27 ④
道府県民税	・ ・	6						
	・ ・	7						
	当期分 中間	8		29 ③				
	当期分 確定	9						
	計	10	29 ①					29 ④
市町村民税	・ ・	11						
	・ ・	12						
	当期分 中間	13		30 ③				
	当期分 確定	14						
	計	15	30 ①					30 ④
事業税及び特別法人事業税 [2]	・ ・	16						
	・ ・	17		前期確定額を記載				
	当期中間分	18						
	計	19						
その他 [4] 損金算入のもの	利子税	20						
	延滞金（延納に係るもの）	21						
		22						
		23						
損金不算入のもの	加算税及び加算金	24						
	延滞税	25						
	延滞金（延納分を除く。）	26						
	過怠税	27						
		28						
		29						

[5]

納税充当金の計算

期首納税充当金		30	26 ① 円	取崩額 その他	損金算入のもの	36	円
繰入額	損金経理をした納税充当金	31			損金不算入のもの	37	
		32				38	
	計 (31)＋(32)	33	26 ③		仮払税金消却	39	
取崩額	法人税額等 (5の③)＋(10の③)＋(15の③)	34			計 (34)＋(35)＋(36)＋(37)＋(38)＋(39)	40	26 ②
	事業税及び特別法人事業税 (19の③)	35		期末納税充当金 (30)＋(33)－(40)		41	26 ④

[6]

通算法人の通算税効果額の発生状況等の明細

事業年度		期首現在未決済額 ①	当期発生額 ②	当期中の決済額 支払額 ③	受取額 ④	期末現在未決済額 ⑤
・ ・	42	円		円	円	円
・ ・	43					
当期分	44		中間 確定 28 ③			
計	45					

［網掛け］の中の番号は別表五（一）の各欄を示す。

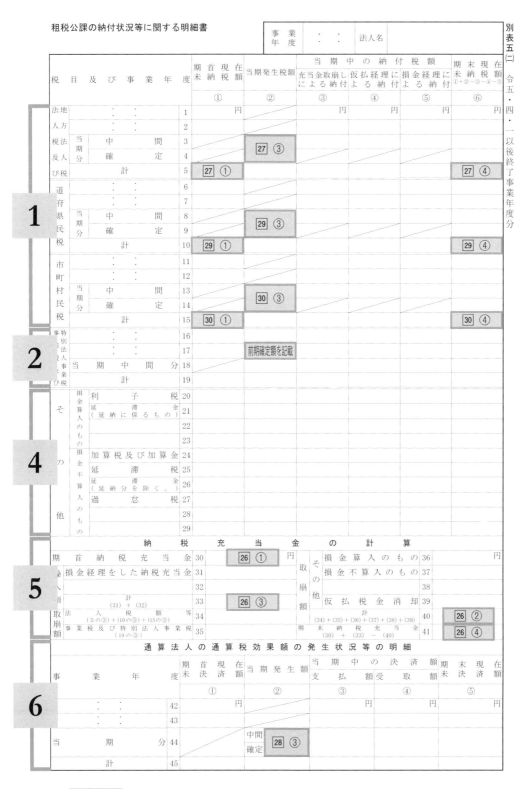

別表六(一)

所得税額の控除に関する明細書

Case 法人が受取利息、受取配当金等の源泉所得税について税額控除を受けるときに作成し、その金額は別表四で加算され別表一で税額控除される。

1 利子・配当の会計処理

受取額と源泉所得税を両建処理する方法とネット処理があるが、会計的には源泉所得税を仮払金処理し期末に未払法人税等と相殺する方法が望ましい。

2 控除される所得税額の計算

(1) 個別法と簡便法による方法があり有利選択できる。

(2) 簡便法の適用は、a 公社債、b 株式及び出資、c 集団投資信託の受益権の区分ごとに行い、同一区分に属するものはすべての銘柄ごとに適用する。

3 未収計上と税額控除の関係

未収金計上（確定収益）は税額控除可、未収収益（発生収益）は不可。

4 元本の所有期間に関係なく所得税額の全額が税額控除の対象となるもの

預貯金の利子等（別表六(一)[1]）、中期国債ファンド、みなし配当に係る所得税額については、期間按分をせず、その全額が控除対象となる。

(注) 公社債等に係る利子の所得税の所有期間按分が平成28年１月１日以降支払われるものから廃止され、その全額が税額控除される。配当等については、従来どおり控除される所得税額の計算を行っていく。

5 留意点

受取利息、配当等の受取りに際して所得税及び復興特別所得税が源泉徴収されるが、平成26年４月以後開始事業年度より、復興特別所得税（2.1％）は、所得税とみなして②の所得税額に含めて記載する。

(参考) 預貯金の利子の平成28年１月１日前の源泉徴収税率は20.315％（うち、５％は利子割）。なお、28年１月１日以後に法人に支払われる利子等に係る道府県民税利子割が廃止され源泉徴収税率は15.315％（個人は20.315％）となっている。上場株式の配当については平成26年１月１日より、7.147％（個人はこれに３％の住民税が上乗せされ10.147％）から15.315％（個人は20.315％、うち５％は住民税）が源泉徴収されている。なお、非上場株式の配当については20.42％（20％×1.021）の所得税が源泉徴収されている。

財務諸表及び他の別表との関連

[6]③　→　別表四[29]、別表一[16]

①　→　営業外収益　　②　→　租税公課又は仮払金等

所得税額の控除に関する明細書

事業年度	令5・4・1 令6・3・31	法人名	

別表六(一) 令五・四・一以後終了事業年度分

区分		収入金額 ①	①について課される所得税額 ②	②のうち控除を受ける所得税額 ③
公社債及び預貯金の利子、合同運用信託、公社債投資信託及び公社債等運用投資信託(特定公社債等運用投資信託を除く。)の収益の分配並びに特定公社債等運用投資信託の受益権及び特定目的信託の社債的受益権に係る剰余金の配当	1	円 118,000	円 18,071	円 18,071
剰余金の配当(特定公社債等運用投資信託の受益権及び特定目的信託の社債的受益権に係るものを除く。)、利益の配当、剰余金の分配及び金銭の分配(みなし配当等を除く。)	2	45,000	8,678	7,663
集団投資信託(合同運用信託、公社債投資信託及び公社債等運用投資信託(特定公社債等運用投資信託を除く。)を除く。)の収益の分配	3			
割引債の償還差益	4			
その他	5			
計	6	163,000	26,749	25,734

→ 別表四29、別表一16へ

2

剰余金の配当(特定公社債等運用投資信託の受益権及び特定目的信託の社債的受益権に係るものを除く。)、利益の配当、剰余金の分配及び金銭の分配(みなし配当等を除く。)、集団投資信託(合同運用信託、公社債投資信託及び公社債等運用投資信託(特定公社債等運用投資信託を除く。)を除く。)の収益の分配又は割引債の償還差益に係る控除を受ける所得税額の計算

個別法による場合	銘柄	収入金額 7	所得税額 8	配当等の計算期間 9	(9)のうち元本所有期間 10	所有期間割合 (10)/(9) (小数点以下3位未満切上げ) 11	控除を受ける所得税額 (8)×(11) 12
		円	円	月	月		円

銘柄別簡便法による場合	銘柄	収入金額 13	所得税額 14	配当等の計算期末の所有元本数等 15	配当等の計算期首の所有元本数等 16	((15)−(16))/(2又は12) (マイナスの場合は0) 17	所有元本割合 ((16)+(17))/(15) (小数点以下3位未満切上げ)(1を超える場合は1) 18	控除を受ける所得税額 (14)×(18) 19
	××上場株式	10,000 円	1,531 円	2,000	2,000	0	1	1,531 円
	××非上場株式	35,000	7,147	19,600	14,000	2,800	0.858	6,132

その他に係る控除を受ける所得税額の明細

支払者の氏名又は法人名	支払者の住所又は所在地	支払を受けた年月日	収入金額 20	控除を受ける所得税額 21	参考
		・ ・	円	円	
		・ ・			
		・ ・			
		・ ・			
		・ ・			
計					

別表六(二)

内国法人の外国税額の控除に関する明細書

Case　外国税額控除の適用を受け、その控除限度額の計算を行うときに作成する。なお、配当金の間接税額控除等は平成21年度改正で廃止された。

1 控除限度額の計算

(1)　当期の法人税額[2]×当期の調整国外所得金額[16]／当期の全世界所得金額[9]＝控除限度額[17]

(2)　当期の控除対象外国法人税額……………………………………[1]

（(1)(2)のいずれか少ない金額[18]）

なお、グループ通算会社における税額控除不足額相当額[21]がある場合には、税額控除可能額は[23]（＝[21]＋[22]）となる。

2 国外所得の計算

(1)　国外で発生したその他の国外源泉所得の計算[25]～[46]…共通費用、共通利子の配賦計算、国外業務に係る貸倒引当金等の引当金、資産の評価損、損金不算入の寄附金、交際費の調整計算を行う。

(2)　国外事業所等帰属所得に係る所得の金額[10]…国外事業所等に帰属する所得の計算は、別表六(二)付表一で行い、別表六(二)[10]に移記する。

(3)　非課税国外所得[13]…非課税国外所得の全額が国外所得より控除される。

(4)　税率の高い部分の除外…納付した外国法人税から税率の高い部分を控除したものが、控除対象外国法人税額となる。利子に対して源泉徴収された外国法人税額と、これ以外の外国法人税額とに分け、各々、所定の高率部分を除外する。

3 国外所得金額の限度額の計算　[15]

[9]×90％＝限度額[15]

4 地方法人税に係る外国税額の控除額　[56]

控除対象外国法人税額[49]と地方法人税控除限度額[52]のうち少ない金額が外国税額控除額[53]となる。

なお、グループ通算会社における税額控除不足相当額[55]がある場合には、[56]（＝[54]＋[55]）が外国税額の控除額となる。

5 書類の保存

外国法人税が課されたことを証する書類等を保存することが必要。

他の別表との関連　[23] → 別表一[17]　　[25] → 別表四[30]

[19] → 前3年以内の控除余裕額のうち、当期使用額（別表六(三)[30]②）

[20] → 当期発生の控除余裕額のうち、当期使用額（別表六(三)[34]②）

[22] ← 別表六(二)付表六[6]の計　　[55] ← 同[13]の計

内国法人の外国税額の控除に関する明細書

事業年度等	令5・4・1 令6・3・31	法人名	ＡＢ（株）

別表六(二)　令五・四・一以後終了事業年度等分

Ⅰ　法人税に係る外国税額の控除に関する明細書

			円
	当期の控除対象外国法人税額 （別表六(二の二)「21」）	1	300,000
当期の法人税の控除限度額の計算	当期の法人税額 ((別表一「2」-「3」)－別表六(五の二)「5の③」－別表十七(三の六)「1」) （マイナスの場合は０）	2	53,400,000
当期の所得金額	所得金額又は欠損金額 （別表四「52の①」）	3	178,000,000
当期の所得金額	繰越欠損金の当期控除額 （別表七(一)「4の計」）	4	
当期の所得金額	対外船舶運航事業者の日本船舶による収入金額に係る所得の金額の損金算入額 （別表十(四)「20」）	5	
当期の所得金額	対外船舶運航事業者の日本船舶による収入金額に係る所得の金額の益金算入額 （別表十(四)「21」又は「23」）	6	
当期の所得金額	組合等損失額の損金不算入額 （別表九(二)「6」）	7	
当期の所得金額	組合等損失超過合計額の損金算入額 （別表九(二)「9」）	8	
当期の所得金額	計 (3)＋(4)＋(5)－(6)－(7)＋(8) （マイナスの場合は０）	9	178,000,000
当期の調整国外所得金額	国外事業所等帰属所得に係る所得の金額 （別表六(二)付表一「25」）	10	
当期の調整国外所得金額	その他の国外源泉所得に係る所得の金額 (46の①)	11	2,724,000
当期の調整国外所得金額	(10)＋(11) （マイナスの場合は０）	12	2,724,000
当期の調整国外所得金額	非課税国外所得の金額 ((46の②)＋(別表六(二)付表一「26」)) （マイナスの場合は０）	13	
当期の調整国外所得金額	(12)－(13) （マイナスの場合は０）	14	2,724,000
当期の調整国外所得金額	(9)×90%	15	160,200,000
当期の調整国外所得金額	調整国外所得金額 ((14)と(15)のうち少ない金額)	16	2,724,000
当期の法人税の控除限度額の計算	法人税の控除限度額 (2)×(16)/(9) （通算法人の場合は別表六(二)付表五「35」）	17	817,200
当期に控除できる金額の計算	法第69条第1項により控除できる金額 ((1)と(17)のうち少ない金額)	18	300,000
当期に控除できる金額の計算	法第69条第2項により控除できる金額 （別表六(三)「30の②」）	19	
当期に控除できる金額の計算	法第69条第3項により控除できる金額 （別表六(三)「34の②」）	20	－
当期に控除できる金額の計算	((18)＋(19)＋(20))又は当初申告税額控除額	21	300,000
当期に控除できる金額の計算	法第69条第18項により控除できる金額 （別表六(二)付表六「6の計」）	22	－
当期に控除できる金額の計算	当期に控除できる金額 (21)＋(22)	23	300,000

2(2) → 10　2(3) → 13　3 → 15　1 → 17　23 → 別表一17へ

当期のその他の国外源泉所得に係る所得の金額の計算	区分		国外所得対応分 ①	①のうち非課税所得分 ②
	その他の国外源泉所得に係る当期利益又は当期欠損の額	24	円 2,700,000	円
加算	納付した控除対象外国法人税額	25	300,000	
加算	交際費等の損金不算入額	26		
加算	貸倒引当金の戻入額	27		
加算		28		
加算		29		
加算		30		
加算		31		
加算		32		
加算		33		
加算		34		
加算	小計	35	300,000	
減算	貸倒引当金の繰入額	36		
減算	共通経費	37	45,000	
減算	共通利子	38	231,000	
減算		39		
減算		40		
減算		41		
減算		42		
減算		43		
減算		44		
減算	小計	45	276,000	
	計 (24)＋(35)－(45)	46	2,724,000	

2 → 24～45

Ⅱ　地方法人税に係る外国税額の控除に関する明細書

			円			円
	当期の控除対象外国法人税額 (1)	47	300,000	地方法人税控除限度額 (51)×(16)/(9) （通算法人の場合は別表六(二)付表五「43」）	52	84,171
	法人税の控除限度額 (17)	48	817,200	地方法第12条第1項により控除できる金額 ((49)と(52)のうち少ない金額)	53	84,171
	差引控除対象外国法人税額 (47)－(48)	49	－	(53)又は当初申告税額控除額	54	84,171
地方法人税額の計算	課税標準法人税額 （別表一「2」－「3」）	50	53,400,000	地方法第12条第8項により控除できる金額 （別表六(二)付表六「13の計」）	55	－
地方法人税額の計算	地方法人税額 (50)×10.3%－(((別表六(五の二)「5の③」)＋(別表十七(三の六)「1」)－(50))と０のうち多い金額) （マイナスの場合は０）	51	5,500,200	外国税額の控除額 (54)＋(55)	56	84,171

4 → 56

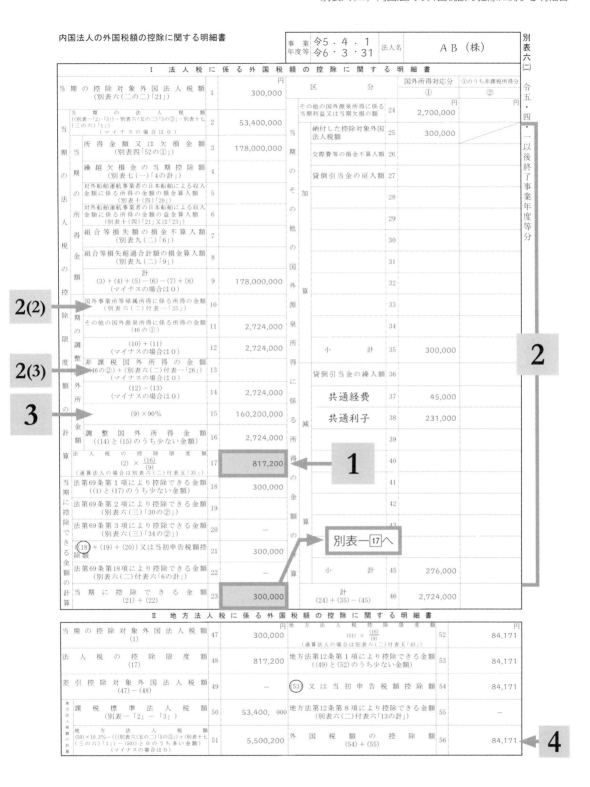

別表六(二の二)

当期の控除対象外国法人税額に関する明細書

Case 外国税額控除の適用を受ける場合、その明細を示すために作成する。なお、配当金の間接税額控除等は平成21年度改正で廃止された。

1 当期控除対象外国法人税額

- 直接納付 ─┬─ 直接納付 [1]、[2]
  　　　　　└─ みなし納付[3]、[4]

2 当期に減額された控除対象外国法人税額

- 直接納付 [10]
- みなし納付 [11]
- 特定外国子会社等 [12]

3 前期までに減額された控除対象外国法人税額等

前期までに減額された控除対象外国法人税額等の未充当額（前期の別表六(三)の当期分の当期使用額⑤の外書の金額）を最近の事業年度から減額分が残っているものとして各期別に記載していく。

（注）当期又は前期以前に減額された外国法人税額がある場合には、これらの金額[19]を当期に納付した控除対象外国法人税額[9]から控除した後の金額[21]が当期の控除対象外国法人税額となる。

4 特定外国子会社等（合算課税）に係る控除対象外国法人税額

- 税額 [6]

他の別表との関連

[21] → 別表六(二)[1]

[1] ← 別表六(四)[29]

当期の控除対象外国法人税額に関する明細書

事業年度	令5・4・1 令6・3・31	法人名	ＡＢ（株）

別表六(二の二) 令五・四・一以後終了事業年度分

当期に納付する控除対象外国法人税額の計算

区分	項目	番号	金額（円）
納付分	控除対象外国法人税額 (別表六(四)「29」)＋(別表六(四の二)「25」)	1	300,000
納付分	利子等に係る控除対象外国法人税額 (別表六(五)「14」)	2	
みなし納付分	控除対象外国法人税額 (別表六(四)「30」)＋(別表六(四の二)「26」)	3	
みなし納付分	利子等に係る控除対象外国法人税額 (別表六(五)「15」)	4	
	計 (1)＋(2)＋(3)＋(4)	5	300,000
	外国関係会社に係る控除対象外国法人税額 (別表十七(三の五)「37」)	6	
	納付した控除対象外国法人税額計 (1)＋(2)＋(6)	7	300,000
	納付したとみなされる控除対象外国法人税額計 (3)＋(4)	8	
	計 (7)＋(8)	9	300,000

当期に減額された控除対象外国法人税額

区分	項目	番号	金額（円）
当期に減額された控除対象外国法人税額	納付分に係る減額分 (別表六(四)「31」)	10	
当期に減額された控除対象外国法人税額	みなし納付分に係る減額分 (別表六(四)「32」)	11	
当期に減額された控除対象外国法人税額	外国関係会社に係る減額分 (別表十七(三の五)「36」)	12	
当期に減額された控除対象外国法人税額	計 (10)＋(11)＋(12)	13	
前期まで外国法人税額に充当されたもののうち未控除対象分	・ ・ 期分	14	
前期まで外国法人税額に充当されたもののうち未控除対象分	・ ・ 期分	15	
前期まで外国法人税額に充当されたもののうち未控除対象分	・ ・ 期分	16	
前期まで外国法人税額に充当されたもののうち未控除対象分	・ ・ 期分	17	
前期まで外国法人税額に充当されたもののうち未控除対象分	計 (14)＋(15)＋(16)＋(17)	18	
	合計 (13)＋(18)	19	

項目	番号	金額（円）
(19) － (9)	20	別表六(二)1へ
当期の控除対象外国法人税額 (9) － (19)	21	300,000

別表六(四)29より → 1

1　2　3　4

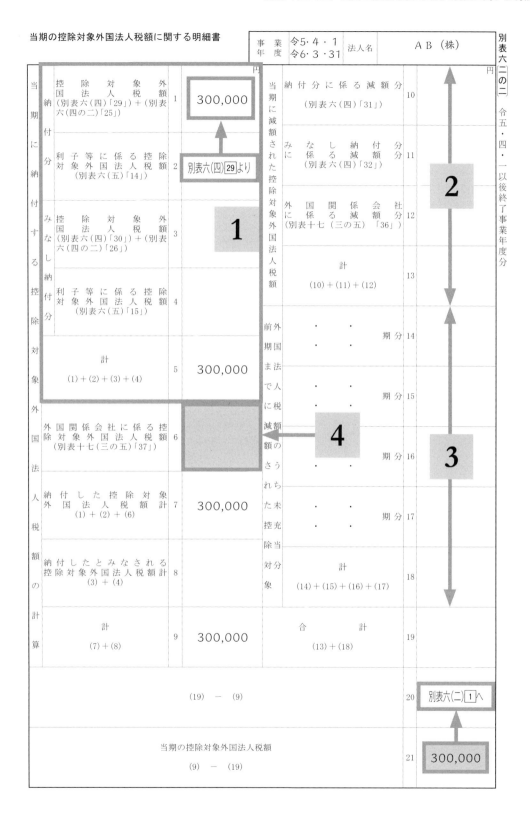

別表六(三)

外国税額の繰越控除余裕額又は繰越控除限度超過額等の計算に関する明細書

Case　外国税額の控除余裕額、控除限度超過額の当期発生、繰越等を記載する。

1 控除余裕額と控除限度超過額

控除対象外国法人税額が控除限度額より小さい場合の差額を控除余裕額といい、逆に大きい場合を控除限度超過額という。

その控除余裕額は3年間の繰越しが認められ、控除限度超過額が生じた場合には、それに充当して外国税額控除を行うことができる。

控除限度超過額も同様に3年間の繰越しが認められ、限度額に余裕があれば外国税額控除を行うことができる。

- 控除余裕額　[7]～[10]
- 控除限度超過額　[6]－[5]＝[11]（「当期分」欄[11]で当期発生額④の合計）

2 控除の順序

控除余裕額、控除限度超過額は、いずれも国税、地方税の順で古い年度のものから使用していく。

3 地方税の控除限度額の計算　[3]、[4]

標準税率で計算する場合は1％、6％を用いるが、実際の税率を用いる場合は、別表六(三)付表一を使用する。

4 法人税額から控除できない場合の地方法人税、法人住民税からの控除

法人税から控除しきれない外国税額は、地方法人税額から、次に法人住民税の申告において住民税の控除限度額の範囲内で控除していく。

他の別表との関連

[1]　←　別表六(二)[17]　等

[30]②→　別表六(二)[19]

[34]②→　別表六(二)[20]

外国税額の繰越控除余裕額又は繰越控除限度超過額の計算に関する明細書

事業年度	令5・4・1 令6・3・31	法人名	ＡＢ（株）

別表六(三) 令五・四・一以後終了事業年度分

当期の控除余裕額又は控除限度超過額の計算

区分		番号	金額	区分		番号	金額
控除限度額等	法人税 (別表六(二)「17」)又は(別表六の二「11」)	1	円 817,200	控除余裕額	国税 (1) − (6)	7	円 517,200
	地方法人税 (別表六(二)「52」)又は(別表六の二「46」)	2	84,171		道府県民税 (((1)＋(2)＋(3)−(6))と(3)のうち少ない金額)	8	8,172
	道府県民税 ((1)×1%)又は(別表六(三)付表一「28の④」)	3	8,172		市町村民税 (((5)−(6))と(4)のうち少ない金額)	9	49,032
	市町村民税 ((1)×6%)又は(別表六(三)付表一「28の⑤」)	4	49,032		計 (7)＋(8)＋(9)	10	574,404
	計 (1)＋(2)＋(3)＋(4)	5	958,575				
控除対象外国法人税額 (別表六(二の二)「21」)		6	300,000	控除限度超過額 (6) − (5)		11	—

前3年以内の控除余裕額又は控除限度超過額に関する明細

事業年度	区分		控除余裕額 前期繰越額又は当期発生額 ①	控除余裕額 当期使用額 ②	控除余裕額 翌期繰越額 ①−② ③	控除限度超過額 前期繰越額又は当期発生額 ④	控除限度超過額 当期使用額 ⑤	控除限度超過額 翌期繰越額 ④−⑤ ⑥
・・ ・・			円	円		円	外 円	
	道府県民税	13						
	市町村民税	14						
・・ ・・	国税	15			円		外	円
	道府県民税	16						
	市町村民税	17						
・・ ・・	国税	18					外	
	道府県民税	19						
	市町村民税	20						
・・ ・・	国税	21					外	
	道府県民税	22						
	市町村民税	23						
・・ ・・	国税	24					外	
	道府県民税	25						
	市町村民税	26						
・・ ・・	国税	27					外	
	道府県民税	28						
	市町村民税	29						
合計	国税	30					外	
	道府県民税	31						
	市町村民税	32						
	計 (30)＋(31)＋(32)	33						
当期分	国税	34	(7) 517,200		517,200	(11)	外(別表六(二の二)「20」−(33の外))	
	道府県民税	35	(8) 8,172		8,172			
	市町村民税	36	(9) 49,032		49,032		(33の②)	
	計 (34)＋(35)＋(36)	37	(10) 574,404	(33の⑤)	574,404			

1

2

2

1

3

実際の税率を用いるときは
別表六（三）付表一を作成

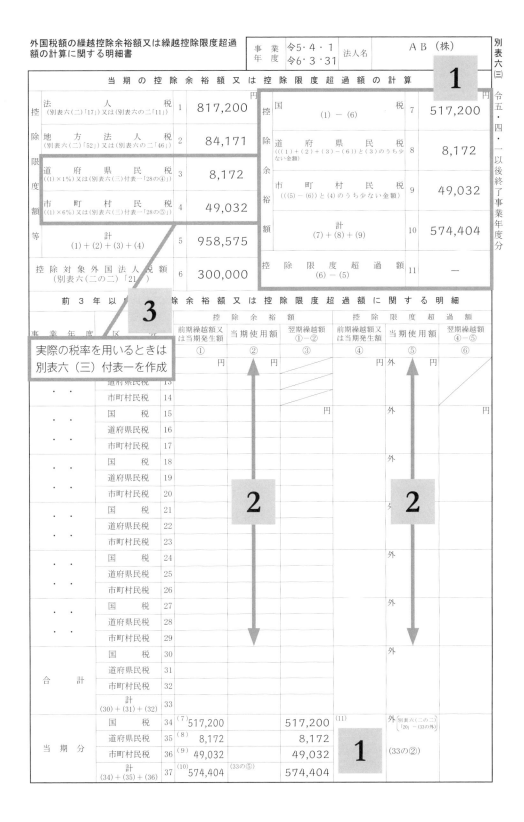

別表六(四)

控除対象外国法人税額に関する明細書

Case　控除の対象となる外国法人税額、みなし納付税額について記載する。

1 控除対象外国法人税額

納付した外国法人税額から所得に対する負担が高率な部分を除いたものが、控除対象外国法人税額となる。

⑴　利子等について源泉徴収された外国法人税

利子等につき、平成28年４月１日以降より利子の所得率（別表六(五)24）により高率負担部分を判定し、所得率が20％以下の場合は所定の10％又は15％を超える部分が除外される。なお、所得率が20％超の場合は、外国源泉税額の全額が控除対象となる。

⑵　利子等以外の外国法人税20

課税標準の35％以上の高率負担部分は除いて、控除対象外国法人税額を計算する。

⑶　別表六(四の二)

外国子会社の配当が外国の法令により損金算入される場合には、平成28年４月１日以後に開始する事業年度より益金不算入の対象から除外されることになった。

この配当に係る外国法人税額は、別表六(四の二)で当期の控除対象外国法人税額を計算し、別表六(二の二)1に移記し、税額控除の対象としていく。

2 みなし外国法人税額

租税条約により、みなし外国税額控除の適用がある場合に、みなし外国法人税額18を計算する。

他の別表との関連

29　→　別表六（二の二）1
30　→　別表六（二の二）3
31　→　別表六（二の二）10
32　→　別表六（二の二）11

控除対象外国法人税額に関する明細書

事業年度	令5・4・1 令6・3・31	法人名 AB(株)

別表六(四) 令五・四・一以後終了事業年度分

区分	項目	番号					
	国名	1	×××国				
	所得の種類	2	ロイヤリティ				
	税目	3	所得税				
	納付確定日(納付すべき日)又は納付日	4	5・10・31	・ ・	・ ・	・ ・	・ ・
	源泉・申告・賦課の区分	5	(源)・申・賦	源・申・賦	源・申・賦	源・申・賦	源・申・賦
	事業年度又は計算期間	6	5・4・1 6・9・30	・ ・ ・ ・	・ ・ ・ ・	・ ・ ・ ・	・ ・ ・ ・
納付外国法人税額	課税標準	7	30,000 $				
	税率(%)	8	10%				
	税額 (7)×(8)	9	3,000 $				
	税額控除額	10					
	納付すべき税額 (9)−(10)	11	3,000 $				
みなし納付外国法人税額	みなし納付の基礎となる条約及び相手国の法令の根拠規定	12					
	(12)の規定の適用がないものとした場合の外国法人税額 課税標準	13					
	税率(%)	14					
	税額 (13)×(14)	15					
	税額控除額	16					
	納付すべき税額 (15)−(16)	17					
	納付したとみなされる外国法人税額 (17)−(11)	18					
控除対象外国法人税額	外国法人税額の合計 (11)+(18)	19	3,000 $				
	控除対象外国法人税額(((7)又は(13))×35%)と(19)のうち少ない金額	20	3,000 $				
	納付分 (11)と(20)のうち少ない金額	21	(300,000 円) 3,000 $	(円)	(円)	(円)	(円)
	みなし納付分 (20)−(21)	22	(円)	(円)	(円)	(円)	(円)
外国法人税額が異動した場合	納付分 増額又は減額前の事業年度の(21)の金額	23					
	(21)≧(23)の場合 (21)−(23)	24	(円)	(円)	(円)	(円)	(円)
	(21)<(23)の場合 (23)−(21)	25	(円)	(円)	(円)	(円)	(円)
	みなし納付分 増額又は減額前の事業年度の(22)の金額	26					
	(22)≧(26)の場合 (22)−(26)	27	(円)	(円)	(円)	(円)	(円)
	(22)<(26)の場合 (26)−(22)	28	(円)	(円)	(円)	(円)	(円)

納付した控除対象外国法人税額((21)欄又は(24)欄の合計)	29	300,000 円	減額された納付控除対象外国法人税額((25)欄の合計)	31	円
納付したとみなされる控除対象外国法人税額((22)欄又は(27)欄の合計)	30	円	減額されたみなし納付控除対象外国法人税額((28)欄の合計)	32	円

1

2

1

別表六(二の二)1へ

別表六(六)・別表六(六)付表

法人税の額から控除される特別控除額に関する明細書
前期繰越分に係る当期税額控除可能額及び調整前法人税額超過構成額に関する明細書

Case　税額控除の適用を受け、繰越税額控除限度超過額の繰越控除等を行うときに作成する。

1 法人税の額から控除される特別控除額

● 当期税額控除可能額[1]（＝[7]の合計）

● (調整前法人税額[2] － 試験研究費に係る個別控除対象額の法人税額の特別控除額[3]) ×90％＝当期税額基準額[4]

} いずれか少ない金額[5]

2 法人税額超過額

[1]－([5]－[3])＝[6]……法人税額超過構成額[8]の合計

[8]は各税額控除項目について、当期税額控除可能額[7]のうち税額控除できない金額を記載する。

3 適用を受ける各特別控除制度

(1)　法人が税額控除の適用を受ける場合、税額控除額は調整前法人税額の90％が限度となり、法人税の特別控除額の計算[5]（[1]と[4]のうち少ない金額＋[3]）を行っていく。

(2)　当期税額控除可能額[7]から当期に税額控除できなかった金額[8]を差引いた金額[9]が各税額控除項目ごとの当期税額控除額となる。

　当期の法人税の税額控除額[5]を各税額控除項目ごとに示し、その合計額が[9]合計欄となる。

(3)　法人が税額控除の適用を受けようとする場合に税額控除可能額のうち、当期の法人税額を超える金額は繰越税額控除限度超過額として繰越控除していく。

(4)　別表六(六)では、当期の税額控除可能額[7]と調整前法人税額超過構成額[8]を前期繰越分、当期分に分けて記載し、その合計額を計算していく。また、前期繰越分について当期控除可能額、繰越額の明細は、別表六(六)付表に記載していく。

　なお、付表[2]の調整前法人税額超過構成額の記入について、別表六(六)[6]の金額のうち、控除可能期間の長いものから成るものとして記載し、控除可能期間が同じものは法人の選択によるものとされる。

(5)　グループ通算制度適用法人で当初申告の税額控除可能額を超える法人税の税額控除がある場合、[3]（＝別表六(十六)[14]＋[28]）に記入する。

他の別表との関連

適用を受ける各税額控除[7]①～㉘　←　各別表　　各前期繰越分　←　別表六(六)付表[1]、[2]
法人税の特別控除額[5]＝[9]合計欄　→　別表一[3]　　[8]、[9]　→　各税額控除項目ごとの当期の法人税額の超過構成額欄、税額控除額欄

法人税の額から控除される特別控除額に関する明細書

事業年度	令5・4・1 令6・3・31	法人名	

別表六(六) 令五・四・一以後終了事業年度分

法人税額の特別控除額及び調整前法人税額超過額の計算

1 〜 3

当期税額控除可能額 (7の合計)	1	20,000,000 円	当期税額基準額 $((2)-(3)) \times \frac{90}{100}$	4	293,400,000 円
調整前法人税額 (別表一「2」又は別表一の二「2」若しくは「13」)	2	326,000,000	法人税額の特別控除額 ((1)と(4)のうち少ない金額)+(3)	5	20,000,000
試験研究費の額に係る個別控除対象額の法人税額の特別控除額 (別表六(十六)「14」+「28」)	3		調整前法人税額超過額 (1)−((5)−(3))	6	

別表一 3 へ

2

当期税額控除可能額、調整前法人税額超過構成額及び法人税額の特別控除額の明細

適用を受ける各特別控除制度			当期税額控除可能額 7	調整前法人税額超過構成額 8	法人税額の特別控除額 9
一般試験研究費の額に係る法人税額の特別控除	当期分	①	別表六(九)「26」 円	円	別表六(九)「28」 円
中小企業者等の試験研究費の額に係る法人税額の特別控除	当期分	②	別表六(十)「19」 17,000,000		別表六(十)「21」 17,000,000
特別試験研究費の額に係る法人税額の特別控除	当期分	③	別表六(十四)「9」		別表六(十四)「11」
中小企業者等が機械等を取得した場合の法人税額の特別控除	前期繰越分計	④	別表六(六)付表「1の③」 1,000,000	別表六(六)付表「2の③」	別表六(十七)「21」 1,000,000
	当期分	⑤	別表六(十七)「14」		別表六(十七)「16」
沖縄の特定地域において工業用機械等を取得した場合の法人税額の特別控除	前期繰越分計	⑥	別表六(六)付表「1の⑧」	別表六(六)付表「2の⑧」	別表六(十八)「23」
	当期分	⑦	別表六(十八)「16」		
国家戦略特別区域において機械等を取得した場合の法人税額の特別控除	当期分	⑧	別表六(十九)「23」		
国際戦略総合特別区域において機械等を取得した場合の法人税額の特別控除	当期分	⑨	別表六(二十)「23」		別表六(二十)「25」
地域経済牽引事業の促進区域内において特定事業用機械等を取得した場合の法人税額の特別控除	当期分	⑩	別表六(二十一)「17」		別表六(二十一)「19」
地方活力向上地域等において特定建物等を取得した場合の法人税額の特別控除	当期分	⑪	別表六(二十二)「16」		別表六(二十二)「18」
地方活力向上地域等において雇用者の数が増加した場合の法人税額の特別控除	当期分	⑫	別表六(二十三)「19」		別表六(二十三)「21」
		⑬	別表六(二十三)「29」		別表六(二十三)「31」
認定地方公共団体の寄附活用事業に関連する寄附をした場合の法人税額の特別控除	当期分	⑭	別表六(二十四)「8」		別表六(二十四)「10」
中小企業者等が特定経営力向上設備等を取得した場合の法人税額の特別控除	前期繰越分計	⑮	別表六(六)付表「1の⑪」	別表六(六)付表「2の⑪」	別表六(二十五)「22」
	当期分	⑯	別表六(二十五)「15」		別表六(二十五)「17」
給与等の支給額が増加した場合の法人税額の特別控除	当期分	⑰	別表六(二十六)「30」 2,000,000		別表六(二十六)「32」 2,000,000
認定特定高度情報通信技術活用設備を取得した場合の法人税額の特別控除	当期分	⑱	別表六(二十七)「18」		別表六(二十七)「20」
事業適応設備を取得した場合等の法人税額の特別控除	当期分	⑲	別表六(二十八)「18」		別表六(二十八)「20」
		⑳	別表六(二十八)「25」		別表六(二十八)「27」
		㉑	別表六(二十八)「32」		別表六(二十八)「34」
特定復興産業集積区域等において機械等を取得した場合の法人税額の特別控除	前期繰越分計	㉒	別表六(六)付表「1の⑯」	別表六(六)付表「2の⑯」	別表六(二十九)「27」
	当期分	㉓	別表六(二十九)「20」		別表六(二十九)「22」
特定復興産業集積区域等において被災雇用者等を雇用した場合の法人税額の特別控除	当期分	㉔	別表六(三十)「11」		別表六(三十)「13」
合計			20,000,000	(6)	(5)−(3) 20,000,000

適用を受ける各特別控除項目ごとに前期分と当期分に分けて記載する。

前期繰越分に係る当期税額控除可能額及び調整前法人税額超過構成額に関する明細書

事業年度	令5・4・1 令6・3・31	法人名	

別表六(六)付表　令五・四・一以後終了事業年度分

適用を受ける各特別控除制度	事業年度		当期税額控除可能額 1	調整前法人税額超過構成額 2
中小企業者等が機械等を取得した場合の法人税額の特別控除	令4・4・1 令5・3・31	①	1,000,000 円	円
	・・	②		
	計	③	別表六(十七)「19」 1,000,000	→ 別表六(六)7④へ
沖縄の特定地域において工業用機械等を取得した場合の法人税額の特別控除	・・	④		
	・・	⑤		
	・・	⑥		
	・・	⑦		
	計	⑧	別表六(十八)「21」	
中小企業者等が特定経営力向上設備等を取得した場合の法人税額の特別控除	・・	⑨		
	・・	⑩		
	計	⑪	別表六(二十五)「20」	
特定復興産業集積区域等において機械等を取得した場合の法人税額の特別控除	・・	⑫		
	・・	⑬		
	・・	⑭		
	・・	⑮		
	計	⑯	別表六(二十九)「25」	

Column 2 地方税の税率

地方税の税率を以下に標準税率と制限税率（税率の上限）等を示す。なお、一定額規模以下の法人（資本金、かつ所得金額による）については、不均一課税の税率（軽減税率）が各都道府県の条例で定められ税率が低くなっている。

なお、事業税では一定の規模以上（3以上の都道府県に事務所等があり、かつ資本金が1千万円以上）になると軽減税率不適用法人となる。事業税の記載例は47ページを参照。

また、法人住民税、事業税の税率は各自治体毎に軽減税率、超過税率が異なるので留意する。

下記の税率は令和4年4月1日以後開始する事業年度から適用されるものを示している。

1 法人住民税の法人税割の税率

道府県民税	標準税率	1.0%	制限税率	2.0%
市町村民税	〃	6.0%	〃	8.4%

(参考) 東京都23区の都民税は7.0%（標準税率）、10.4%（超過税率）

2 法人事業税（一般の所得課税法人の事業税率）

(1) 資本金1億円以下の普通法人の所得割の税率

	標準税率	超過税率（東京都のケース）
年400万円以下の所得	3.5%	3.75 %
年400万円超800万円以下の所得	5.3%	5.665%
年800万円超の所得	7.0%(注)	7.48 %

(2) 外形標準課税法人（資本金1億円超の普通法人）

	標準税率	超過税率（東京都のケース）
所得割	1.0%	1.18 %
付加価値割	1.2%	1.26 %
資本割	0.5%	0.525%

(3) 特別法人事業税の税率（課税標準は基準法人所得割額）

一般の所得課税法人	37%
資本金1億円超の外形標準課税法人	260%

別表六(七)

特定税額控除規定の適用可否の判定に関する明細書

Case 大法人が特定税額控除規定の適用可否の判定を行い、一定の税額控除の適用を受ける場合に作成する。

1 適用対象法人

中小企業者等以外の大法人が平成30年4月1日から令和6年3月31日（令和6年度改正で3年延長見込）までの間に開始する各事業年度において、一定の税額控除の適用を受ける場合に適用される。

なお、中小企業者であっても適用除外事業者（42ページ参照）に該当する場合には、大法人並みとして、この適用対象法人となる。

2 適用要件

(1)又は(2)の要件のいずれか満たすことが必要である。

(1)　継続雇用者給与等支給額[3]が前期の支給額[4]を超えること。令和4年4月1日以後に開始する事業年度においては、一定の大企業（資本金10億円以上かつ従業員1,000人以上の法人）について1％以上の増加割合（[5]）の要件を満たす必要がある。

(2)　国内設備投資額[8]が当期の減価償却費総額[9]の30％（令和6年度改正で一定の大企業に対して40％に改正見込）相当額を超えること（[8]>[10]）

なお、所得金額[12]が前期の所得金額[13]以下の場合には制限の対象外とされる。この場合(1)、(2)の要件の判定、明細表への記載は省略できる。

（注1） 所得金額は欠損金の繰越控除前の金額等をいう。なお、[12]の別表四付表、別表七の二は、グループ法人通算制度適用法人が使用する。

（注2） 国内設備投資額は、当期に取得した国内資産（有形、無形固定資産をいい、建設仮勘定を除く）の当期末における取得価額の合計額をいい、当期の減価償却費は特別償却準備金の当期積立額を含み、過年度の減価償却額の当期認容額を除くものをいう。

（注3） 令和6年度改正で「従業員数が2,000人超の法人」が、一定の大企業と同様に扱われ、給与要件、設備投資要件が適用される。

3 対象となる税額控除

生産性の向上に関連する以下の税額控除が対象とされ、特定の地域、特定の業種に限定した措置法上の税額控除は除かれている。

(1)　一般試験研究費等の税額控除（40ページ参照）

(2)　地域経済牽引事業の促進区域内の特定事業用機械等の税額控除（56ページ参照）

(3)　認定特定高度情報通信技術活用設備の税額控除（78ページ参照）

(4)　事業適応設備を取得した場合等の税額控除（80ページ参照）

なお、(1)～(4)の税額控除の適用を受けるときには、別表六(七)を添付することに留意する。別表六(八)は、グループ通算法人が研究開発税制を適用する場合に通算グループを一体として計算し、適用要件の判定を行うために別表六(七)の他にグループ通算制度を適用しているグループすべての法人が使用する。

特定税額控除規定の適用可否の判定に関する明細書

事業年度	令5・4・1 令6・3・31	法人名	

別表六(七) 令五・四・一以後終了事業年度分

2(1)

継続雇用者給与等支給額に係る要件			
期末現在の資本金の額又は出資金の額	1	800,000,000 円
期末現在の常時使用する従業員の数	2	45 人
継続雇用者給与等支給額 (21の①)	3	303,400,000 円
継続雇用者比較給与等支給額 (21の②) 又は (21の③)	4	300,000,000
継続雇用者給与等支給増加割合 ((3)−(4))/(4) (((3)−(4)) < 0 又は (3) = (4) = 0 の場合は0)	5	1.1%
(1) ≧ 10億円かつ (2) ≧ 1,000人の場合において、(13) > 0 のとき又は設立事業年度若しくは合併等事業年度に該当するとき ((5) ≧ 0.01又は0.005) 又は ((3) = (4) = 0)	6	該当・(非該当)
同上以外の場合 ((3) > (4)) 又は ((3) = (4) = 0)	7	(該当)・非該当

2(2)

国内設備投資額に係る要件		
国内設備投資額	8	30,000,000 円
当期償却費総額 (24)	9	60,000,000
当期償却費総額の30%相当額 (9) × 30/100	10	18,000,000
(8) > (10)	11	(該当)・非該当

2 (注1)

所得金額に係る要件		
対象年度の基準所得等金額 ((別表四「52の①」−「37の①」−「38の①」−「40の①」−「42の①」−「44の①」) + (別表四付表「9の①」) + (別表七の二「5」−「11」)) × 12/対象年度の月数 (マイナスの場合は0)	12	120,000,000 円
前事業年度の基準所得等金額の合計額 ((前事業年度の月数調整前の(12))の合計) (マイナスの場合は0)	13	110,000,000
(12) ≦ (13)	14	該当・(非該当)

継続雇用者給与等支給額及び継続雇用者比較給与等支給額の計算

		継続雇用者給与等支給額の計算 当期 ①	継続雇用者比較給与等支給額の計算 前事業年度 ②	前一年事業年度特定期間 ③
事業年度等	15		令4.4.1 令5・3・31	・・ ・・
継続雇用者に対する給与等の支給額	16	303,400,000 円	300,000,000 円	円
同上の給与等に充てるため他の者から支払を受ける金額	17	10,000,000	12,000,000	
同上のうち雇用安定助成金額	18	10,000,000	12,000,000	
差引 (16) − (17) + (18)	19	303,400,000	300,000,000	
当期の月数 / (15の③)の月数	20	12/12	12/12	
継続雇用者給与等支給額及び継続雇用者比較給与等支給額 (19) 又は ((19) × (20))	21	303,400,000	300,000,000	円

当期償却費総額の計算

損益計算書に計上された減価償却費の額	22	55,000,000 円	当期償却費総額 (22) + (23)	24	60,000,000 円
剰余金の処分の方法により特別償却準備金として積み立てた金額その他上記以外の金額	23	5,000,000			

2 (注2)

別表六(九)

一般試験研究費に係る法人税額の特別控除に関する明細書

Case　青色申告法人が、試験研究費の税額控除を受ける場合に作成する。なお、大法人の場合、税額控除の適用にあたっては措置法適用の要件を満たす必要がある（別表六(七)を参照)。

1 試験研究費に係る税額控除

(1)　税額控除限度額[15]

控除対象試験研究費の額[4]×税額控除割合([17])＝税額控除限度額[18]

(2)　試験研究費の増減額[6](＝[1]－[5]）の割合[7](＝[6]÷[5]）が12％超と12％以下で税額控除割合が異なる。

イ　[7]が12％超の場合

11.5％＋([7]－12％)×37.5％＝税額控除割合[15]　**(注)** 税額控除割合：上限14％

ロ　[7]が12％以下の場合

11.5％－(12％－[7])×25％＝税額控除割合[16]　**(注)** 税額控除割合：下限１％

令和５年度改正で試験研究費の増減率に応じたカーブの見直しが行われ、税額控除率の下限が２％より１％に引き下げられ令和５年４月１日以後開始する事業年度より適用される。

(注)　設立事業年度又は比較試験研究費の額[5]がゼロの場合　　税額控除割合[10]は8.5％

(3)　特例加算（[20]）

売上に対する試験研究費割合[9]が10％超の場合は、控除割増率[11]（([9]－10％)×0.5　但し上限10％）が適用され、また税額基準額に特例加算[20]（([9]－10％)×２　但し上限10％）がある。

(4)　令和５年度改正で、税額控除額の上限（原則25％）に達した場合でも試験研究費の増減に応じて、税額控除の上限が５％の範囲で変動する特例が新設された（[23]、[24]）。

[7]＞４％…[23]＝([7]－４％)×0.625　　　[7]＜４％…[24]＝([7]＋４％)×0.625

(5)　当期税額控除可能額[26]…税額控除限度額[18]と当期税額基準額[25]のうち少ない金額

なお、税額基準額[25]は25％がベースとなるが、特例加算をプラスすると[25]は[19]×{0.25＋([20]と[23]のうち高い割合）又は[24]}　となる。[25]の別表六(十五)[9]及び[26]の別表六(九)付表[31]等は、グループ通算適用法人が記載する。

2 留意事項

(1)　試験研究費の割合は、当期の試験研究費について前３年間平均の比較試験研究費に対する増減割合[7]と４年間の平均売上金額に対する割合[9]があり、12％を基準に税額控除割合は[15]又は[16]となる。後者の[9]はその割合が10％を超えると税額控除割合が割増しされ[11]、税額控除限度額[18]が増加し、また、税額基準額も特例加算[20]される。

(2)　試験研究費の範囲は44ページを参照。特別試験研究費について、別表六(十四)で税額控除の適用を受ける場合には[1]より特別試験研究費を控除した金額を[2]に記載する。

(3)　比較試験研究費及び平均売上金額については別表六(十一)で算出する。

(4)　別表六(十六)は、通算法人が当初申告の税額控除を超える税額控除がある場合に記載する。

一般試験研究費の額に係る法人税額の特別控除に関する明細書	事業年度	令5・4・1 令6・3・31	法人名	A会社

別表六(九) 令五・四・一以後終了事業年度分

特定税額控除規定の適用可否			
試験研究費の額		1	275,000,000円
控除対象試験研究費の額の計算	同上のうち特別試験研究費以外の額	2	275,000,000
	(1)のうち一般試験研究費の額に係る税額控除の対象とする特別試験研究費の額	3	—
	控除対象試験研究費の額 (2)+(3)	4	275,000,000
増減試験研究費割合の計算	比較試験研究費の額 (別表六(十一)「5」)	5	245,000,000
	増減試験研究費の額 (1)−(5)	6	30,000,000
	増減試験研究費割合 (6)/(5)	7	0.1224
令和8年3月31日以前に開始する事業年度の場合の試験研究費割合の計算	平均売上金額 (別表六(十一)「10」)	8	4,352,500,000円
	試験研究費割合 (1)/(8)	9	0.0631
設立事業年度の場合又は(5)=0の場合		10	0.085
税額控除割合の計算	(9)>10%の場合の控除割増率 $((9)-\frac{10}{100})\times 0.5$ (0.1を超える場合は0.1)	11	
令和5年3月31日以前に開始した事業年度の場合	(7)>9.4%の場合 $\frac{10.145}{100}+((7)-\frac{9.4}{100})\times 0.35$	12	
	(7)≦9.4%の場合 $\frac{10.145}{100}-(\frac{9.4}{100}-(7))\times 0.175$ (0.02未満の場合は0.02)	13	
	税額控除割合 ((10)、(12)又は(13))+((10)、(12)又は(13))×(11) (小数点以下3位未満切捨て) (0.14を超える場合は0.14)	14	
令和5年4月1日以後に開始する事業年度の場合	(7)>12%かつ令和8年3月31日以前に開始する事業年度の場合 $\frac{11.5}{100}+((7)-\frac{12}{100})\times 0.375$	15	0.1159
	(10)及び(15)以外の場合 $\frac{11.5}{100}-(\frac{12}{100}-(7))\times 0.25$ (0.01未満の場合は0.01)	16	
	税額控除割合 ((10)、(15)又は(16))+((10)、(15)又は(16))×(11) (小数点以下3位未満切捨て) (0.1又は0.14を超える場合は0.1又は0.14)	17	0.115

税額控除限度額 (4)×((14)又は(17))		18	31,625,000円
調整前法人税額 (別表一「2」又は別表一の二「2」若しくは「13」)		19	152,000,000
当期税額基準額の計算	令和5年3月31日以前に開始した事業年度の場合：(9)>10%の場合の特例加算割合 $((9)-\frac{10}{100})\times 2$ (小数点以下3位未満切捨て) (0.1を超える場合は0.1)	20	
	基準年度比売上金額減少割合≧2%の場合の特例加算割合 (別表六(十二)「11」)	21	
	当期税額基準額 ((19)+(別表六(十五)「9」))×(0.25+(20)+(21))	22	円
	令和5年4月1日以後に開始する事業年度の場合：(7)>4%かつ令和8年3月31日以前に開始する事業年度の場合 $((7)-\frac{4}{100})\times 0.625$ (小数点以下3位未満切捨て) (0.05を超える場合は0.05)	23	0.05
	(7)<マイナス4%かつ令和8年3月31日以前に開始する事業年度の場合((9)>10%の場合を除く。) $((7)+\frac{4}{100})\times 0.625$ (小数点以下3位未満切捨て) (マイナス0.05未満の場合はマイナス0.05)	24	
	当期税額基準額 ((19)+(別表六(十五)「9」))×(0.25+(((20)と(23)のうち高い割合)又は(24)))	25	45,600,000円
当期税額控除可能額 ((18)と((22)又は(25))のうち少ない金額)又は(別表六(九)付表「31」、「34」又は「36」)		26	31,625,000
調整前法人税額超過構成額 (別表六(六)「8の①」)		27	
法人税額の特別控除額 (26)−(27)		28	31,625,000

2(2) 2(3) 2(4) 2(4) 1(2)(注) 1(3) 1(2) 1(1) 1(3)

別表六(六)7①へ

他の別表との関連

26 → 別表六(六)7① 平均売上金額8 ← 別表六(十一)10

比較試験研究費の額5 ← 別表六(十一)5

【適用額明細書との関連】

28…(条項)第42条の4第1項 (区分)00688

別表六(十)

中小企業者等の試験研究費に係る法人税額の特別控除に関する明細書

Case　青色申告法人である中小企業者が、試験研究費の税額控除（総額型）を受ける場合に作成する（中小企業技術基盤強化税制）。

1　試験研究費の総額に係る税額控除

令和５年４月１日から令和８年３月31日までの間に開始する事業年度において(1)の他に増減試験研究費割合[7]が12％を超える場合には、(2)の特例がある。

(1)　税額控除限度額　　試験研究費の額[4]×12％＝税額控除限度額[13]

(2)　増減試験研究費割合[7]が12％超の場合の特例

12％＋(増減試験研究費割合[7]－12％)×37.5％＝税額控除割合[10]

(注)　税額控除割合の上限は17％。税額控除限度額の上限は[7]>12％の場合、法人税額の35％(25％＋10％の上乗せ）[15]となる。

(3)　売上に対する試験研究費の割合[9]が10％超の場合の税額控除割合及び税額基準額の特例　　試験研究費割合[9]が10％超の場合は税額控除割合が割増しされ[11]（(＝[9]－10％)×0.5　上限は10％)、その合計額が税額控除割合[12]となる。なお、当期の税額基準は法人税額の25％がベースになるが、[9]が10％超の場合は特例加算[16]（＝([9]－0.1％)×２）がある。

(4)　当期税額基準額[18]　　税額基準額[18]は25％がベースとなるが、特例加算があると、[14]×35％、[14]×(25％＋[16]）となる。

(注)　[18]の別表六(十五)[9]は、該当するグループ通算適用法人が記載する。なお、別表六(十)付表は、通算法人の税額控除の配分額の付表である。

(5)　当期税額控除可能額[19]　　[13]と[18]のうち少ない金額

2　留意事項

(1)　中小企業者等　　中小企業者は資本金１億円以下の法人等であるが、中小企業者等はこれに農業協同組合等が含まれる。租税特別措置法上の大規模法人（資本金１億円超の法人等）に法人税法上の大法人（資本金５億円以上等の100％子会社・孫会社）が、平成31年度改正で加えられた。資本金が１億円以下であっても２分の１以上又は複数の大規模法人に３分の２以上の株式を保有されている場合はもとより、大法人の子会社の他に孫会社はみなし大企業として措置法上の中小企業者等の税額控除などの特例の適用が受けられないことに留意する。

(2)　適用除外事業者　　中小企業者向けの租税特別措置法の適用を受ける場合、中小企業者の判定として資本金１億円以下等の要件に加えて、課税所得の３年間平均15億円以下の要件が加わり、平成31年４月１日開始事業年度より適用されている。中小企業者の判定でみなし大企業に該当しない場合でも、適用除外事業者に該当する場合があるので留意する（63ページ参照）。

中小企業者等の試験研究費の額に係る法人税額の特別控除に関する明細書

事業年度	令5 . 4 . 1 ～ 令6 . 3 . 31	法人名	B会社（中小法人）

別表六(十) 令五・四・一以後終了事業年度分

区分	項目	番号	金額
	試験研究費の額	1	10,000,000円
控除対象試験研究費の額の計算	同上のうち特別試験研究費以外の額	2	10,000,000
	(1)のうち中小企業者等の試験研究費の額に係る税額控除の対象とする特別試験研究費の額	3	–
	控除対象試験研究費の額 (2)＋(3)	4	10,000,000
増減試験研究費割合の計算	比較試験研究費の額 (別表六(十一)「5」)	5	9,500,000
	増減試験研究費の額 (1)－(5)	6	500,000
	増減試験研究費割合 $\frac{(6)}{(5)}$	7	0.052
試験研究費割合の計算	平均売上金額 (別表六(十一)「10」)	8	95,000,000円
	試験研究費割合 $\frac{(1)}{(8)}$	9	**1(3)** 0.1052
税額控除割合の計算	割増前税額控除割合 $\frac{12}{100}$＋((7)－$\frac{9.4又は12}{100}$)×(0.35又は0.375) (0.12未満の場合、設立事業年度の場合又は(5)＝0の場合は0.12)	10	**1(2)** 0.12
	(9)＞10％の場合の控除割増率 ((9)－$\frac{10}{100}$)×0.5 (0.1を超える場合は0.1)	11	0.0026
	税額控除割合 (10)＋(10)×(11) (小数点以下3位未満切捨て) (0.17を超える場合は0.17)	12	0.120

区分	項目	番号	金額
	中小企業者等税額控除限度額 (4)×((12)又は0.12)	13	**1** 1,200,000円
	調整前法人税額 (別表一「2」又は別表一の二「2」若しくは「13」)	14	8,000,000
当期税額基準額の計算（令和8年3月31日以前に開始する事業年度の場合）	(7)＞9.4％又は(7)＞12％の場合	15	0.35
	(9)＞10％の場合の特例加算割合 ((9)－$\frac{10}{100}$)×2 (小数点以下3位未満切捨て) (0.1を超える場合は0.1)	16	0.010
	基準年度比売上金額減少割合≧2％かつ令和5年3月31日以前に開始した事業年度の場合の特例加算割合 (別表六(十二)「11」)	17	–
	当期税額基準額 ((14)＋(別表六(十五)「9」))×(((15)、(0.25＋(16))又は0.25)＋(17))	18	**1(4)** 2,080,000円
	当期税額控除可能額 ((13)と(18)のうち少ない金額) 又は(別表六(十)付表「24」、「27」又は「29」)	19	1,200,000 → 別表六(六) 7 ②へ
	調整前法人税額超過構成額 (別表六(六)「8の②」)	20	
	法人税額の特別控除額 (19)－(20)	21	1,200,000

（注） 5を9,500,000円、8を95,000,000円と仮定する。

他の別表との関連　19 → 別表六(六) 7 ②

比較試験研究費の額 5 ← 別表六(十一) 5　　平均売上金額 8 ← 別表六(十一) 10

【適用額明細書との関連】

21…（条項）第42条の4第4項　（区分）00689

別表六(十一)

試験研究を行った場合の法人税額の特別控除における比較試験研究費の額及び平均売上金額の計算に関する明細書

Case　試験研究費の税額控除を受ける場合に、上段で比較試験研究費の額について、下段で平均売上金額の計算を行うときに作成する。

1　増減試験研究費と売上に対する試験研究費割合

当期の試験研究費と3年平均の試験研究費の増減の割合に応じ1％から14％（中小法人は12～17％）の税額控除率が適用される。別表六(九)15～17、別表六(十)10～12参照。

また、試験研究費が4年平均の売上金額の10％超の場合には、税額控除率が一定の算式により加算される。別表六(九)11、17、別表六(十)11、12参照。

この場合の税額控除の上限は10％として25％に上乗せされる。別表六(九)16、別表六(十)16参照。

2　比較試験研究費の額　5

当期前3年以内の試験研究費の平均額をいい、次の算式により求める。

当期前3年以内の試験研究費の合計額÷各事業年度の数

3　平均売上金額　10

当期及び当期前3年以内の売上金額の平均額をいう。

4　試験研究費の範囲

(1)　直接試験研究に従事していない者の人件費を除く。

(2)　通常の試験研究費、開発的な試験研究費かを問わない。

(3)　損金に算入された試験研究費

a　寄附金、交際費等の損金不算入部分を除く。

b　平成29年度改正で試験研究費の範囲に従来のモノ作りのための研究開発の他に、IoT、AI等を活用したサービス開発が追加された。

c　令和3年度改正で、クラウドを通じてサービス提供を行うソフトウエアの制作に要した開発費について試験研究費の対象とされた。

他の別表との関連

比較試験研究費の額5　→　別表六(九)5、別表六(十)5

平均売上金額10　→　別表六(九)8、別表六(十)8

試験研究を行った場合の法人税額の特別控除における比較試験研究費の額及び平均売上金額の計算に関する明細書

事業年度	令5・4・1 令6・3・31	法人名	A会社

別表六(十一) 令五・四・一以後終了事業年度分

比較試験研究費の額の計算

	事業年度	試験研究費の額	当期の月数 / (1)の事業年度の月数	改定試験研究費の額 (2)×(3)
	1	2	3	4
調整対象年度	令2・4・1 令3・3・31	245,000,000円	12/12	245,000,000円
	令3・4・1 令4・3・31	228,000,000	12/12	228,000,000
	令4・4・1 令5・3・31	262,000,000	12/12	262,000,000
	・ ・			
	・ ・			
	・ ・			
計				735,000,000
比較試験研究費の額 (4の計)÷(調整対象年度数)			5	**2** 245,000,000円

平均売上金額の計算

	事業年度	売上金額	当期の月数 / (6)の事業年度の月数	改定売上金額 (7)×(8)
	6	7	8	9
売上調整年度	令2・4・1 令3・3・31	4,310,000,000円	12/12	4,310,000,000円
	令3・4・1 令4・3・31	4,320,000,000	12/12	4,320,000,000
	令4・4・1 令5・3・31	4,340,000,000	12/12	4,340,000,000
	・ ・			
	・ ・			
	・ ・			
当期				4,440,000,000
計				17,410,000,000
平均売上金額 (9の計)÷(1＋売上調整年度数)			10	**3** 4,352,500,000円

2 → 別表六(九)又は(十)5へ

3 → 別表六(九)又は(十)8へ

別表六(十四)

特別試験研究費に係る法人税額の特別控除に関する明細書

Case　青色申告法人が、特別試験研究費の税額控除（オープンイノベーション型）を受ける場合に作成する。なお、大法人の場合は、措置法適用の要件を満たす必要がある（別表六(七)を参照）。

1　特別試験研究費の税額控除

(1)　特別研究機関等、大学等との共同、委託研究（１号）

特別試験研究費(注１)[4]×30％＝限度額

（注）　対象となる特別試験研究費[3]と１号特別試験研究費[15]のうち少ない金額＝[4]

(2)　特定新事業開拓事業者との共同(注２)、委託研究（２号）

特別試験研究費[5]×25％＝限度額

(3)　(1)(2)以外の試験研究（民間企業、技術研究組合との共同、委託研究）（３号）

([3]－[4]－[5])×20％＝限度額

(4)　特別税額控除額

(1)＋(2)＋(3)＝特別研究税額控除限度額[6]
調整前法人税額[7]×10％(注３)＝税額基準額[8]
} いずれか少ない金額[9]

（注１）　一般試験研究費に係る税額控除又は中小企業者等の試験研究費の税額控除の適用を受ける場合には、特別試験研究費からこの部分を除いて計算する[2]。

（注２）　令和５年度改正で特定新事業開拓事業者（研究開発型スタートアップ企業）については、一定の要件が付され経済産業大臣からの証明書の写しを申告書に添付することが必要となった。

（注３）　平成31年度改正で10％（総額型と別枠）に改正された。

（注４）　別表六(十四)付表は、グループ通算法人の税額控除の配分額の付表である。

2　特別試験研究費の範囲

(1)　特別試験研究費とは、国の試験研究機関、大学等他の者と共同して行う試験研究等をいい、平成29年度改正で特別試験研究費について対象となる費用項目が限定されていたが撤廃され、特別試験研究費の額についての確認手続も簡略化された。

(2)　平成31年度改正では研究開発型ベンチャー企業との共同研究、委託研究に係る税額控除割合が25％とされた。なお、この委託研究は、基礎研究、応用研究又は知的財産の利用を目的とした研究開発に限られ、単なる外注等は除かれる。

(3)　令和３年度改正で、大学等との共同研究、委託研究（中小企業者等が行うものは除く）について、契約上の試験研究費の総見込額が50万円超に限定された。

(4)　令和５年度改正で、高度専門知識等を有する者に対して人件費を支出して行う試験研究費が追加され、税額控除割合は20％とされた。なお、別表六(十四）付表１を参照（48ページ）。

他の別表との関連

[2]　←　別表六(九)[3]又は別表六(十)[3]　　[9]　→　別表六(六)[7]③

特別試験研究費の額に係る法人税額の特別控除に関する明細書

事業年度	令5．4．1 令6．3．31	法人名	○○会社

別表六(十四) 令五・四・一以後終了事業年度分

項目		金額	項目		金額
特定税額控除規定の適用可否					可
特別試験研究費の額 (14の計)	1	50,000,000円	調整前法人税額 (別表一「2」又は別表一の二「2」若しくは「13」)	7	152,000,000円
控除対象済特別試験研究費の額 (別表六(九)「3」)又は(別表六(十)「3」)	2		当期税額基準額 ((7)+(別表六(十五)「18」))× $\frac{10}{100}$	8	1(4) 15,200,000
差引対象特別試験研究費の額 (1)−(2)	3	50,000,000			
1(1) 同上のうち税額控除割合が30%である試験研究に係る特別試験研究費の額 ((3)と(15)のうち少ない金額)	4	20,000,000	当期税額控除可能額 ((6)と(8)のうち少ない金額)又は(別表六(十四)付表二「13」、「16」又は「18」)	9	12,500,000
1(2) (3)のうち税額控除割合が25%である試験研究に係る特別試験研究費の額 (((3)−(4))と(16)のうち少ない金額)	5	10,000,000	調整前法人税額超過構成額 (別表六(六)「8の③」)	10	−
1(4) 特別研究税額控除限度額 (4)× $\frac{30}{100}$ +(5)× $\frac{25}{100}$ +((3)−(4)−(5))× $\frac{20}{100}$	6	12,500,000	法人税額の特別控除額 (9)−(10)	11	12,500,000

→ 別表六(六)[7]③へ

2 特別試験研究費の額の明細

措法第42条の4第7項各号の該当号 12	特別試験研究の内容 13	特別試験研究費の額 14
(第1号)・第2号・第3号	××大学との共同研究	20,000,000円
第1号・(第2号)・第3号	○○スタートアップ企業への委託研究	10,000,000
第1号・第2号・(第3号)	××研究組合との共同研究	12,000,000
第1号・第2号・(第3号)	××(株)との共同研究	8,000,000
第1号・第2号・第3号		
計		50,000,000
(14の計)のうち(12)が第1号である試験研究に係る特別試験研究費の額	15	20,000,000
(14の計)のうち(12)が第2号である試験研究に係る特別試験研究費の額	16	10,000,000

【適用額明細書との関連】

[11]…(条項)第42条の4第7項　(区分)00639

別表六(十四)付表一

新規高度人件費割合等の計算に関する明細書

新規高度人件費割合等の計算に関する明細書

事業年度	令5・4・1 令6・3・31	法人名	C会社

試験研究費の額	1	円 200,000,000	(4)/(12)	5	1.142
同上のうち新規高度研究業務従事者に対する人件費の額(工業化研究に該当する試験研究に係る人件費の額を除く。)	2	4,000,000	(2)のうち措令第27条の4第25項第1号又は第2号に定める試験研究費の額に該当する金額	6	円 −
(1)のうち役員又は使用人に対する人件費の額	3	100,000,000	新規高度研究業務従事者に対する特別試験研究費の額 (2)−(6) ((5)＜1.03の場合又は(11)＝0の場合は0)	7	4,000,000
新規高度人件費割合 (2)/(3)	4	0.04			
前事業年度の新規高度人件費割合の明細					
前事業年度	8	令4・4・1 令5・3・31	(9)のうち役員又は使用人に対する人件費の額	11	円 90,000,000
試験研究費の額	9	円 180,000,000			
同上のうち新規高度研究業務従事者に対する人件費の額(工業化研究に該当する試験研究に係る人件費の額を除く。)	10	3,200,000	前事業年度の新規高度人件費割合 (10)/(11)	12	0.035

別表六(十四)付表一　令五・四・一以後終了事業年度分

別表六(十四)付表一は令和5年度改正で高度研究人材の活用を促す制度として創設された。博士号取得者や一定の経験を有する人材を外部から雇用した場合の人件費（工業化研究は除かれる）の占める割合4が前事業年度比で3％以上増加した場合5には、その人件費が特別試験研究費として追加され、税額控除割合は20％とされる。

Column 3 特別法人事業税の申告書 記載のポイントと記載例

1 法人事業税で超過税率の適用がある法人

(1) 第六号様式別表十四の記載

超過税率(注1)を適用している場合には、第六号様式別表十四を使用し、標準税率で基準法人所得割額を計算する。

(注1) 一般の法人は、東京都の例では資本金が1億円超なら超過課税、また、資本金1億円以下でも年間所得が2,500万円超の場合には超過課税される。

(2) 第六号様式

第六号様式で特別法人事業税額を計算する。第六号様式別表十四で求めた基準法人所得割額を53に移記し、特別法人事業税の税率(注2)を乗じて税額を計算する。

(注2) 資本金1億円超の外形標準課税法人の特別法人事業税の税率は260%、一般の所得課税法人は37%となる。

2 法人事業税で標準税率の適用がある法人

超過税率を用いていないので、第六号様式別表十四の記載は不要で、標準税率で計算した32又は33の税額を課税標準53に記載して税額計算する。

3 記載例

東京都に本社のみが所在する資本金8,000万円の普通法人(令和5年3月期1年決算法人)で超過税率を適用し、年間所得金額5,000万円とした場合の記載例は以下のとおり。

第六号様式・事業税

摘要		課税標準	税率(1/100)	税額
所得割 所得金額総額(㊽−㊾)又は別表5㊱	㉘	50000000		
所得割 年400万円以下の金額	㉙	4000000	3.75	150000
所得割 年400万円を超え年800万円以下の金額	㉚	4000000	5.665	226600
所得割 年800万円を超える金額	㉛	42000000	7.48	3141600
所得割 計 ㉙+㉚+㉛	㉜	50000000		3518200

第六号様式・特別法人事業税

摘要		課税標準	税率(1/100)	税額
所得割に係る特別法人事業税額	㊸	3292000	37	1218000
収入割に係る特別法人事業税額	㊹	00		00
合計特別法人事業税額(㊸+㊹)	㊺			1218000

第六号様式別表十四

1. 基準法人所得割額の計算

摘要			所得割の課税標準	税率(1/100)	基準法人所得割額
法第七十二条の二第一項第一号に掲げる事業の所得割	所得金額総額	①	50000000		
	年400万円以下の金額	②	4000000	3.5	140000
	年400万円を超え年800万円以下の金額	③	4000000	5.3	212000
	年800万円を超える金額	④	42000000	7.0	2940000
	計 ②+③+④	⑤	50000000		3292000
	軽減税率不適用法人の金額	⑥	000		00

別表六(十七)

中小企業者等が機械等を取得した場合の法人税額の特別控除に関する明細書

Case　資本金3,000万円以下の青色申告法人である特定中小企業者等が機械等を取得し税額控除の適用を受けるときに作成する（中小企業投資促進税制）。

1 適用対象法人

特定中小企業者が特定機械装置を取得した場合には、30％の特別償却又は７％の税額控除ができる。

資本金3,000万円超の中小企業者等は、税額控除の適用はなく、特別償却の適用（148ページ参照）となる。

特定中小企業者等とは、中小企業者等(注)のうち資本金3,000万円以下の法人をいう。また、中小企業者等のうち適用除外事業者（課税所得が３年平均15億円超）は除かれる。

（注）　中小企業者等……42ページ参照。

2 税額控除の計算

資本金3,000万円以下の特定中小企業者等が特定機械装置等を取得した場合

取得価額10×７％＝税額控除限度額11 ┐
調整前法人税額12×20％＝税額基準額13 ┘ いずれか少ない方14

3 適用要件

特定中小企業者等が平成10年６月１日～令和７年３月31日までの指定期間で指定事業の用に供される以下の特定機械等を取得した場合に適用がある。令和３年度改正で商業・サービス業・農林水産業活性化税制が廃止され、これらの対象業種を取り込み、不動産業・物品賃貸業・料亭等が追加された。なお、令和５年度改正については148ページ参照。

4 特定機械等

イ　機械装置……１台の取得価額160万円以上のもの

ロ　工具(注１)……測定、検査工具で１台120万円以上又は１台30万円以上かつ複数資産の取得価額合計額で120万円以上のもの

ハ　ソフトウエア……所定のソフトウエアで一又は取得価額合計額で70万円以上のもの

ニ　車両運搬具……3.5トン以上の貨物運送用自動車

ホ　船舶(注２)……内航海運業の海上運送業に供される船舶

（注１）　平成29年度改正で器具備品が対象外となっていることに留意する。

（注２）　船舶の場合、取得価額の75％が適用対象となる9。

5 繰越控除　25

税額控除限度超過額は１年間の繰越控除ができる25。

財務諸表及び他の別表との関連

7 → 固定資産 a/c　　14 → 別表六(六)7⑤

中小企業者等が機械等を取得した場合の法人税額の特別控除に関する明細書	事業年度	令5・4・1 令6・3・31	法人名	××（株）（資本金２千万円）

別表六(十七) 令五・四・一以後終了事業年度分

1

事業種目		1	1				
資産区分	種類	2	製造業				
	設備の種類又は区分	3	機械装置				
	細目	4	○○機械				
	取得年月日	5	5・8・1	・ ・	・ ・	・ ・	・ ・
	指定事業の用に供した年月日	6	5・8・1	・ ・	・ ・	・ ・	・ ・
取得価額	取得価額又は製作価額	7	2,000,000 円	円	円	円	円
	法人税法上の圧縮記帳による積立金計上額	8					
	差引改定取得価額 ((7)−(8)) 又は (((7)−(8))×$\frac{75}{100}$)	9	2,000,000				

3

4

法人税額の特別控除額の計算

2

当期分	取得価額の合計額 ((9)の合計)	10	2,000,000 円	…期税額基準額残額 …−(14)−(別表六(二十五)「15」)	17	円
	税額控除限度額 (10)×$\frac{7}{100}$	11	140,000	期繰越分 繰越税額控除限度超過額 (23の計)	18	
	調整前法人税額 (別表一「2」又は別表一の二「2」若しくは「13」)	12	80,000,000	同上のうち当期繰越税額控除可能額 ((17)と(18)のうち少ない金額)	19	
	当期税額基準額 (12)×$\frac{20}{100}$	13	16,000,000	調整前法人税額超過構成額 (別表六(六)「8の④」)	20	
	当期税額控除可能額 ((11)と(13)のうち少ない金額)	14	140,000	当期繰越税額控除額 (19)−(20)	21	
	調整前法人税額超過構成額 (別表六(六)「8の⑤」)	15		法人税額の特別控除額 (16)+(21)	22	140,000
	当期税額控除額 (14)−(15)	16	140,000			

別表六(六) 7 ⑤へ

5

翌期繰越税額控除限度超過額の計算

年度	前期繰越額又は当期税額控除限度額 23	当期控除可能額 24	翌期繰越額 (23)−(24) 25
・ ・	円	円	
・ ・			外 円
計		(19)	
当期分	(11)	(14)	外
合計			

機械装置等の概要

【適用額明細書との関連】

16…（条項）第42条の６第２項　（区分）00043

21…（条項）第42条の６第３項　（区分）00044

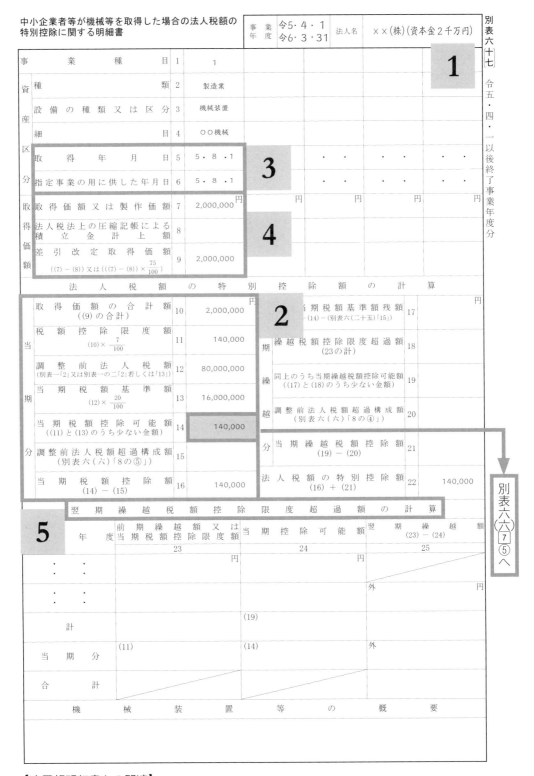

別表六(十九)

国家戦略特別区域において機械等を取得した場合の法人税額の特別控除に関する明細書

Case　青色申告法人で一定の特定事業を行う法人が、国家戦略特区内において機械装置等を取得し税額控除の適用を受けるときに作成する。

1 適用対象法人

特定事業の実施主体として国家戦略特区法の認定区域計画に定められた法人が適用対象となる。なお、特別償却の選択も認められる。

2 税額控除の計算

イ　機械装置、開発研究用の器具備品

取得価額×14％＝税額控除限度額[19]

ロ　建物、建物附属設備、構築物

取得価額×７％＝税額控除限度額[19]

ハ　調整前法人税額[21]×20％＝税額基準額[22]

[20]と[22]のいずれか少ない金額が当期の税額控除可能額[23]となる。

3 取得要件 [7] 及び事業供用要件 [8]

一定の特定事業を行う法人が、平成26年４月１日より令和６年３月31日（令和６年度改正で２年延長見込）までの間に国家戦略特別区域内において、特定の機械装置等又は建物等を新規取得し、特定事業の用に供することが必要。

4 取得価額要件 [9]

イ　機械装置　１台2,000万円以上

ロ　開発研究用の器具設備　１台1,000万円以上

ハ　建物、建物附属設備、構築物　一の建物等の合計額で１億円以上

5 特別償却との関係

税額控除に代えて特別償却（建物等23％、機械装置等45％）が選択できる。150ページ参照。

6 所得控除との関係

国家戦略特区内において、指定法人が特例措置の適用を受ける特定の事業を行う場合には、５年間に20％（令和６年度改正で18％に引下げの見込）の所得控除が認められる（別表十(二)参照)。

財務諸表及び他の別表との関連

[9] → 固定資産 a/c　　[23] → 別表六(六)[7]⑧

国家戦略特別区域において機械等を取得した場合の法人税額の特別控除に関する明細書	事業年度	令5・4・1 令6・3・31	法人名	

別表六(十九) 令五・四・一以後終了事業年度分

国家戦略特別区域の名称		1	XXX				
特定事業の内容		2	XX事業				
資産区分	種類	3	機械装置				
	構造、用途、設備の種類又は区分	4	XX設備				
	細目	5	XX機械				
	国家戦略特別区域担当大臣の確認を受けた事業実施計画に記載されることとなった年月日	6	5・6・10	・・	・・	・・	・・
	取得年月日	7	6・2・10		・・	・・	・・
	特定事業の用に供した年月日	8	6・3・1		・・	・・	・・
取得価額	取得価額又は製作価額	9	80,000,000円	円	円	円	円
	法人税法上の圧縮記帳による積立金計上額	10					
	差引改定取得価額 (9)－(10)	11	80,000,000				

3

4

法人税額の特別控除額の計算

2

(11)のうち(7)が平成31年3月31日以前であるものに係る額の合計額	12	円	調整前法人税額 (別表一「2」又は別表一の二「2」若しくは「13」)	21	円 200,000,000
同上のうち建物及びその附属設備並びに構築物に係る額	13				
(11)のうち(7)が平成31年4月1日以後であるものに係る額の合計額	14	80,000,000	当期税額基準額 $(21) \times \frac{20}{100}$	22	40,000,000
同上のうち建物及びその附属設備並びに構築物に係る額	15	–			
(14)のうち(6)が平成31年3月31日以前であるものに係る額	16	–	当期税額控除可能額 ((20)と(22)のうち少ない金額)	23	11,200,000
同上のうち建物及びその附属設備並びに構築物に係る額	17	–			
税額控除限度額の計算 $(((12)-(13))+((16)-(17)))\times\frac{15}{100}+((13)+(17))\times\frac{8}{100}$	18		調整前法人税額超過構成額 (別表六(六)「8の⑧」)	24	
$(((14)-(15))-((16)-(17)))\times\frac{14}{100}+((15)-(17))\times\frac{7}{100}$	19	11,200,000			
税額控除限度額 (18)＋(19)	20	11,200,000	法人税額の特別控除額 (23)－(24)	25	11,200,000

別表六(六)7⑧へ

機械設備等の概要
XXXX

【適用額明細書との関連】

25… (条項) 第42条の10第2項 (区分) 00507

別表六(二十)

国際戦略総合特別区域において機械等を取得した場合の法人税額の特別控除に関する明細書

Case 指定法人が国際戦略総合特区内において特定の機械装置、器具備品、建物等を取得し、税額控除を受けるときに作成する。

1 適用対象法人

総合特別区域法第26条1項に規定する認定地方公共団体の指定を受けた法人が適用対象となる。なお、特別償却の選択も認められる。特別償却については152ページ参照。

2 税額控除の計算

- 建物等の取得価額[15]×5％＋機械装置、一定の器具備品の取得価額（[14]－[15]）×10％……………………＝税額控除限度額[20]
- 調整前法人税額[21]×20％＝税額基準額[22]

（上記）いずれか少ない金額[23]

（注） 令和6年度改正で5％は4％に、10％は8％に引下げられる見込。

3 取得要件 [6][7] 及び事業供用要件 [8]

指定法人が平成23年8月1日より令和6年3月31日（令和6年度改正で2年延長見込）までの間に国際戦略総合特区内において、特定の機械装置等又は建物等を新規取得し特定国際戦略事業の用に供することが必要。

4 取得価額要件 [9]

一定金額以上の取得に限られる。

- 建物及びその附属設備、構築物については取得価額の合計額が1億円以上
- 機械装置については1台2,000万円以上
- 器具備品（専ら開発研究用）については1台1,000万円以上

5 特別償却との関係

税額控除に代えて特別償却（建物等17％、機械装置等34％）も選択できる。152ページ参照。

6 所得控除との関係

国際戦略総合特区における指定法人の所得控除の特例は、平成28年度改正で廃止された。

財務諸表及び他の別表との関連

[9] → 固定資産 a/c　　[23] → 別表六(六)[7]⑨

国際戦略総合特別区域において機械等を取得した場合の法人税額の特別控除に関する明細書	事業年度	令5・4・1 令6・3・31	法人名	

別表六(二十) 令五・四・一以後終了事業年度分

項目		番号					
国際戦略総合特別区域の名称		1	ＸＸ国際戦略経済特区				
特定国際戦略事業の内容		2	ＸＸＸ				
資産区分	種類	3	建物				
	構造、用途、設備の種類又は区分	4	鉄筋鉄骨				
	細目	5	事務所				
	指定法人の指定法人事業実施計画に記載されることとなった年月日	6	5・1・6	・・	・・	・・	・・
	取得年月日	7	6・2・14	・・	・・	・・	・・
	特定国際戦略事業の用に供した年月日	8	6・3・1	・・	・・	・・	・・
取得価額	取得価額又は製作価額	9	円 500,000,000	円	円	円	円
	法人税法上の圧縮記帳による積立金計上額	10					
	差引改定取得価額 (9)－(10)	11	500,000,000				

3

4

2

法人税額の特別控除額の計算

項目	番号	金額	項目	番号	金額
(11)のうち(7)が平成31年3月31日以前であるものに係る額の合計額	12	円	調整前法人税額 (別表一「2」又は別表一の二「2」若しくは「13」)	21	円 300,000,000
同上のうち建物及びその附属設備並びに構築物に係る額	13				
(11)のうち(7)が平成31年4月1日以後であるものに係る額の合計額	14	500,000,000	当期税額基準額 $(21)\times\frac{20}{100}$	22	60,000,000
同上のうち建物及びその附属設備並びに構築物に係る額	15	500,000,000			
(14)のうち(6)が平成31年3月31日以前であるものに係る額	16	－	当期税額控除可能額 ((20)と(22)のうち少ない金額)	23	25,000,000
同上のうち建物及びその附属設備並びに構築物に係る額	17	－			
税額控除限度額の計算 $(((12)-(13))+((16)-(17)))\times\frac{12}{100}+((13)+(17))\times\frac{6}{100}$	18		調整前法人税額超過構成額 (別表六(六)「8の⑨」)	24	
$(((14)-(15))-((16)-(17)))\times\frac{10}{100}+((15)-(17))\times\frac{5}{100}$	19	25,000,000	法人税額の特別控除額 (23)－(24)	25	25,000,000
税額控除限度額 (18)＋(19)	20	25,000,000			

別表六(六)⑦⑨へ

機械設備等の概要
ＸＸＸ

【適用額明細書との関連】

25…（条項）第42条の11第２項　（区分）00301

別表六(二十一)

地域経済牽引事業の促進区域内において特定事業用機械等を取得した場合の法人税額の特別控除に関する明細書

Case　青色申告法人で一定の地域において地域経済を牽引する事業者として承認を受けた者が、特定の機械装置、器具備品、建物等を取得し、税額控除を受けるときに作成する（地域未来投資促進税制）。

なお、大法人の場合は措置法適用の要件を満たす必要がある（別表六(七)を参照）。

1　適用対象法人

地域経済促進法に規定する承認地域経済牽引事業者が、平成29年７月31日から令和７年３月31日までの間に事業促進地域内に施設等を新設又は増設し、その施設等を構成する機械装置、器具備品、建物、同附属設備、構築物を取得し事業の用に供した場合に、税額控除又は特別償却を選択適用できる。

2　税額控除額の計算

- 機械装置、器具備品（12－13）×４％(注)＋建物、附属設備、構築物（11－12）×２％＝税額控除限度額14
- 調整前法人税額15×20％＝税額基準額16

14と16のいずれか少ない金額17

（注）　地域の成長発展の基盤強化に著しく資するもの（付加価値増加率が８％以上）13は５％で主務大臣の確認が必要とされる。なお令和６年度改正で一定の要件を満たすと６％に引上げられる見込。

3　適用要件

⑴　事業者は地域経済牽引事業計画を作成し都道府県の承認を受ける必要があり、適用対象となる区域は地域経済促進法に定める促進区域となる。令和５年度改正で、対象事業者の年平均付加価値額が50億円以上、牽引事業が３億円以上の付加価値額の創出が見込まれること等が追加され計画承認日が令和５年４月１日以後のものから適用される。

⑵　適用対象資産は、上記事業計画に定められた施設又は設備でその合計額10が2,000万円以上のものをいう。

⑶　10の記載にあたっては、その取得価額合計額が80億円超の場合には80億円にその資産が占める割合を乗じた額を10に記載する。

4　特別償却との関係

税額控除に代えて特別償却（建物等20％、機械装置等40％又は50％）が選択できる。154ページ参照。

財務諸表及び他の別表との関連

8 → 固定資産 a/c　　17 → 別表六(六)7⑩

地域経済牽（けん）引事業の促進区域内において特定事業用機械等を取得した場合の法人税額の特別控除に関する明細書

事業年度	令5・4・1 ～ 令6・3・31	法人名	

別表六(二十一) 令五・四・一以後終了事業年度分

特定税額控除規定の適用可否						○
促進区域	1	XXX				
承認地域経済牽引事業の内容	2	XX事業				
資産区分 種類	3	機械装置				
資産区分 構造、用途、設備の種類又は区分	4	XX製造設備				
資産区分 細目	5	○○設備				
資産区分 取得年月日	6	5・11・20	・・	・・	・・	・・
資産区分 承認地域経済牽引事業の用に供した年月日	7	5・11・20	・・	・・	・・	・・
取得価額 取得価額又は製作価額	8	40,000,000円	円	円	円	円
取得価額 法人税法上の圧縮記帳による積立金計上額	9					
取得価額 差引改定取得価額 (8)－(9)	10	40,000,000				

3 (促進区域)　1 (資産区分)　3 (取得価額)

法人税額の特別控除額の計算 2

取得価額の合計額 ((10)の合計)	11	40,000,000円	調整前法人税額 (別表一「2」又は別表一の二「2」若しくは「13」)	15	120,000,000円
同上のうち機械及び装置並びに器具及び備品に係る額	12	40,000,000	当期税額基準額 (15)× $\frac{20}{100}$	16	24,000,000
同上のうち地域の成長発展の基盤強化に著しく資する事業の用に供したものに係る額	13	40,000,000	当期税額控除可能額 ((14)と(16)のうち少ない金額)	17	2,000,000
			調整前法人税額超過構成額 (別表六(六)「8の⑩」)	18	－
税額控除限度額 ((12)－(13))× $\frac{4}{100}$ +((13)× $\frac{5}{100}$)+((11)－(12))× $\frac{2}{100}$	14	2,000,000	法人税額の特別控除額 (17)－(18)	19	2,000,000

→ 別表六(六) 7 ⑩へ

機械設備等の概要

XXX

【適用額明細書との関連】

19…（条項）第42条の11の２第２項　（区分）00599

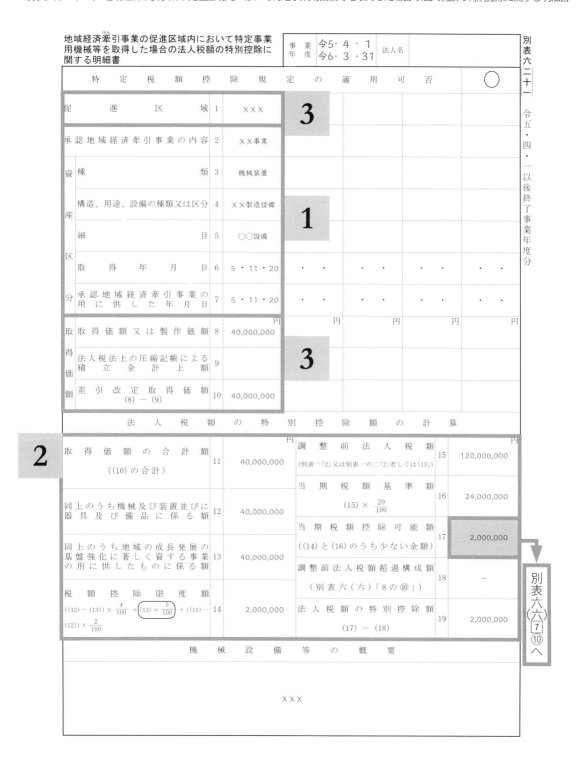

別表六(二十二)

地方活力向上地域等において特定建物等を取得した場合の法人税額の特別控除に関する明細書

Case　青色申告法人で地方再生法の認定を受け、地方活力向上地域において特定建物等を取得した場合、税額控除の適用を受けるときに作成する（地域拠点税制におけるオフィス減税措置)。

1 適用対象法人

平成27年８月10日から令和６年３月31日（令和６年度改正で２年延長見込）までの間に地方活力向上地域特定業務施設整備計画について認定を受けた法人が、認定から３年以内に建物、その附属設備、構築物の特定建物等（本社機能を有しない工場、営業所等を除く）を取得等し、事業供用した場合に税額控除又は特別償却を選択適用できる。特別償却については156ページ参照。

2 税額控除額の計算

(1)　平成29年４月１日以後開始事業年度から令和６年３月31日までの期間

特定建物等の取得価額[11]×４％(注)＝税額控除限度額[13]

(注)　拡充型計画の場合は４％、移転型計画の場合は７％

(2)　税額基準額[15]

調整前法人税額[14]×20％

3 適用対象区域

適用対象区域については、156ページを参照。

4 適用対象資産

特定業務施設に該当する建物（工場、営業所等を除く）及びその附属設備、構築物で取得価額の合計額が2,500万円（中小企業者にあっては、1,000万円、中小企業者のうち適用除外事業者は2,500万円(注)(42ページ **2** (2)参照)）以上のものに限られる。

(注)　令和６年度改正で3,500万円以上に、また特定建物の取得価額の合計額のうち適用対象金額の上限を80億円に改正される見込。

財務諸表及び他の別表との関連

[8] → 固定資産 a/c　　[16] → 別表六(六)[7]⑪

地方活力向上地域等において特定建物等を取得した場合の法人税額の特別控除に関する明細書

事業年度	令5・4・1 ～ 令6・3・31
法人名	

別表六(二十二) 令五・四・一以後終了事業年度分

項目	番号					
地方活力向上地域等特定業務施設整備計画の認定を受けた日	1	5・10・1	5・10・1	5・10・1	・ ・	・ ・
計画の区分及び事業実施地域	2	(拡充型)・移転型 ○○地域	(拡充型)・移転型 ○○地域	(拡充型)・移転型 ○○地域	拡充型・移転型	拡充型・移転型
資産区分 種類	3	建物	建物附属設備	構築物		
資産区分 構造、用途又は区分	4	鉄筋コンクリート造	XX設備	舗装道路		
資産区分 細目	5	事務所	XXX	XXX		
資産区分 取得年月日	6	6・3・20	6・3・20	6・3・20	・ ・	・ ・
資産区分 事業の用に供した年月日	7	6・3・20	6・3・20	6・3・20	・ ・	・ ・
取得価額 取得価額	8	800,000,000円	100,000,000円	12,000,000円	円	円
取得価額 法人税法上の圧縮記帳による積立金計上額	9					
取得価額 差引改定取得価額 (8)−(9)	10	800,000,000	100,000,000	12,000,000		

法人税額の特別控除額の計算

項目	番号	金額	項目	番号	金額
取得価額の合計額 ((10)の合計)	11	912,000,000円	当期税額基準額 $(14)\times\frac{20}{100}$	15	44,000,000円
同上のうち移転型計画に係る額	12	−	当期税額控除可能額 ((13)と(15)のうち少ない金額)	16	36,480,000
税額控除限度額 $((11)-(12))\times\frac{4}{100}+(12)\times\frac{7}{100}$	13	36,480,000	調整前法人税額超過構成額 (別表六(六)「8の⑪」)	17	−
調整前法人税額 (別表一「2」又は別表一の二「2」)	14	220,000,000	法人税額の特別控除額 (16)−(17)	18	36,480,000

→ 別表六(六) 7 ⑪へ

建物等の概要

XXX

1 4 2

【適用額明細書との関連】

18…(条項)第42条の11の3第2項 (区分)00570

別表六(二十三)

地方活力向上地域等において雇用者の数が増加した場合の法人税額の特別控除に関する明細書

Case　青色申告法人が、特定の地域において雇用者数の増加等の要件を満たし、税額控除の適用を受けるときに作成する（地方拠点強化税制における雇用促進税制）。

1 適用対象法人

地域再生法の地方活力向上地域等特定業務施設整備計画（拡充型と移転型がある）の認定を都道府県から受けた法人が、特定業務施設を整備した場合に一定の金額の税額控除ができる。

平成27年8月10日から令和6年3月31日（令和6年度改正で2年延長見込）までの間に認定を受け、認定から2年以内の事業年度において、次の要件を満たす必要がある。

① 適用年度の雇用促進計画をハローワークに提出し、事業年度終了後2ヶ月以内にその達成状況の確認を受けること

② 前期、当期に事業者都合による離職者がいないことなどがある。

2 拡充型又は移転型計画の認定を受けた法人について（措法42の12⑨）

令和2年4月1日以後開始する事業年度についての適用要件は以下のとおり。

(1) 基準雇用者数[1]は2人以上の要件は、令和4年度改正で廃止された。

(2) 拡充型計画は、地方における本社機能を拡充する計画をいい、移転型計画は東京23区から本社機能（事務所・研究所・研修所）の地方への移転計画をいい、平成30年度改正で東京23区から中部圏中心部、近畿圏中心部への本社の移転も対象となった。

3 地方事業所税額控除限度額の計算（[1]～[21]）

地方活力向上地域特定業務施設整備計画の認定（認定は平成27年8月10日から令和6年3月31日までに受ける）を受けた法人が対象。

令和2年4月1日以後に開始する事業年度より(1)と(2)の合計額[16]が税額控除限度額となる。

(1) 30万円×特定新規雇用者数[5]

(2) 20万円×(1)以外の者（[7]+[10]+[15]）

} 税額控除限度額[16]

調整前法人税額[17]×20％＝当期税額基準額[18]

} いずれか少ない方[19]

4 地方事業所特別税額控除限度額の計算（[22]～[31]）（集中地域からの地方移転の移転型）

移転型の計画の認定を受けた法人が対象。

地方の計画認定直前期の雇用者数に対する雇用者増加者数×40万円（中部圏、近畿圏等の場合は30万円）が拡充型の税額控除に上乗せされ、雇用を維持していれば最大3年間継

地方活力向上地域等において雇用者の数が増加した場合の法人税額の特別控除に関する明細書

事業年度	令5. 4. 1 令6. 3. 31	法人名	

別表六(二十三) 令五・四・一以後終了事業年度分

認定地方活力向上地域等特定業務施設整備計画に関する事項			
認定年月日 (変更の認定年月日)	5. 4. 30 (. .)	事業実施地域	XXX

3

地方事業所基準雇用者数に係る当期税額控除額の計算					
基準雇用者数 (36)	1	**2** 60 人	移転型地方事業所基準雇用者数	11	— 人
地方事業所基準雇用者数	2	57	移転型新規雇用者総数	12	—
調整地方事業所基準雇用者数 ((1)と(2)のうち少ない数)	3	57	移転型特定非新規雇用者数	13	—
特定新規雇用者数	4	50	移転型特定非新規雇用者基礎数 (((11)－(12))と(13)のうち少ない数) (マイナスの場合は0)	14	—
特定新規雇用者基礎数 ((3)と(4)のうち少ない数) (マイナスの場合は0)	5	50	対象移転型特定非新規雇用者基礎数 ((10)と(14)のうち少ない数)	15	—
			税額控除限度額 30万円×(5)+20万円×((7)+(10)+(15))	16	16,400,000 円
移転型特定新規雇用者数	6	—	調整前法人税額 (別表一「2」又は別表一の二「2」若しくは「13」)	17	16,400,000
移転型特定新規雇用者基礎数 ((5)と(6)のうち少ない数)	7	—	当期税額基準額 $(17)\times\frac{20}{100}$	18	84,000,000
新規雇用者総数	8	50	当期税額控除可能額 ((16)と(18)のうち少ない金額)	19	16,400,000
特定非新規雇用者数	9	7	調整前法人税額超過構成額 (別表六(六)「8の⑫」)	20	—
特定非新規雇用者基礎数 (((3)－(8))と(9)のうち少ない数) (マイナスの場合は0)	10	7	当期税額控除額 (19)－(20)	21	16,400,000

19 → 別表六(六)7⑫へ

4

地方事業所特別基準雇用者数に係る当期税額控除額の計算						
基準年度		: :		地方事業所特別税額控除限度額 40万円×((26)－(26の内書))+30万円×(26の内書)	27	円
地方事業所特別基準雇用者数の基礎となる適用年度	: :	22	内 人	差引当期税額基準額残額 (18)－(別表六(二十二)「16」)－(19)	28	
	: :	23	内	当期税額控除可能額 ((27)と(28)のうち少ない金額)	29	
	: :	24	内	調整前法人税額超過構成額 (別表六(六)「8の⑬」)	30	
	当期分	25	内			
地方事業所特別基準雇用者数 (22)+(23)+(24)+(25) (マイナスの場合は0)		26	内	当期税額控除額 (29)－(30)	31	

29 → 別表六(六)7⑬へ

法人税額の特別控除額 (21)+(31)	32	16,400,000

基準雇用者数の明細			
当期の終了の日における雇用者の数	当期の開始の日の前日における雇用者の数	(34)のうち当期の終了の日において高年齢雇用者に該当する者の数	基準雇用者数 (33)－((34)－(35))
33	34	35	36
800 人	750 人	10 人	60 人

【適用額明細書との関連】

21…(条項)第42条の12第1項 (区分)00624

31…(条項)第42条の12第2項 (区分)00625

他の別表との関連

19 → 別表六(六)7⑫　　29 → 別表六(六)7⑬

続適用される（22＋23＋24）。

（注１）　地方業務施設又は特定地域事業所の雇用者数が減少した事業年度以後は適用がないことに留意する。

（注２）　上記拡充型及び移転型による税額控除は、当期の法人税額の20％18が限度となり、税額控除額は32（＝21＋31）となる。

5　留意事項

⑴　雇用者とは、法人の使用人のうち雇用保険の一般被保険者をいい、役員の特殊関係者及び使用人兼務役員、高年齢雇用者は除かれる。

⑵　地方事業所の増加した雇用者には、特定新規雇用者に該当しない転勤者及び非正規雇用者の場合は税額控除額が減額される。

⑶　高年齢雇用者とは、雇用保険法に規定する65歳以上の高年齢継続被保険者等をいう。

⑷　平成28年度改正で一定の調整措置を講じた上、給与等の引上げ等の税額控除と重複適用ができるようになった（68ページ参照）。また、地方活力向上地域等における建物等を取得した場合の税額控除又は特別償却を適用した場合（58ページ等参照）には適用がないことに留意する。

⑸　特例の適用にあたっては、都道府県労働基準局等が交付する雇用促進計画の達成状況を確認した書類の写しを申告書に添付する。

⑹　付表はグループ通算制度の適用法人が特例の適用を受ける場合に用いる。

Column 4 税務上の中小法人と中小企業者の範囲と適用制限

資本金１億円以下の法人であっても中小法人（法66②⑥）と中小企業者（措法42の４⑲七）ではその範囲が異なるが、平成31年度改正で措置法の大規模法人の範囲（同施行令27の４㉕）が拡大された。

資本金５億円以上の100％子会社・孫会社が入り、中小企業者の範囲が縮小され中小企業者向けの措置として税額控除、特別償却の適用に留意する必要がある。

以下に大法人並みの中小の法人の適用要件の強化の流れを、時系列的に示すことにする。

1　中小法人に対する特例措置についての適用制限

資本金１億円以下の法人であっても、資本金５億円以上の大法人の100％子会社・孫会社にあたる場合には、法人税の年800万円以下の所得に対する軽減税率、貸倒引当金の法定繰入率による繰入れ、交際費等の800万円の定額控除、欠損金の繰越控除の特例、欠損金の繰戻し還付等の適用がないこととなる（平成22年度、23年度改正）。

2　適用除外事業者に対する租税特別措置法上の適用制限（措法42の４⑲八）

資本金１億円以下の法人であっても、事業年度開始前の所得の３年平均額が15億円超の法人は、適用除外事業者として一定の租税特別措置法の特例が適用されない。

例えば、中小法人の法人税の軽減税率、試験研究費の税額控除、中小企業者等の機械等を取得した場合の税額控除、給与等の引上げを行った場合の税額控除等、少額減価償却資産の取得価額の損金算入などがある（平成29年度改正）。

3　みなし大企業に該当する中小企業者の租税特別措置法の適用制限

平成31年度改正により租税特別措置法上の大規模法人（中小企業者は資本金１億円以下であっても50％以上又は$\frac{2}{3}$以上複数の大規模法人所有でないこと）に法人税法の大法人（資本金５億円以上の100％子会社・孫会社）が追加され、また判定対象となる発行済株式総数より自己株式が除外されることとなった。これにより資本金５億円以上の大会社の100％子会社等は、みなし大企業として一定の措置法上の特例の適用がないこととなる。

例えば、中小企業者等の各種税額控除、特別償却等がある（平成31年度改正）。

4　その他

⑴　適用額明細書の申告書添付（167ページ参照）

法人の大小問わず、租税特別措置法を適用し、所得又は税額が減少する特例の適用を受けるには、適用額明細書を法人税申告書に添付する（平成22年度改正）。

⑵　特定の税額控除の適用を受ける場合の適用可否の判定（措法42の13⑤）

中小企業者以外の大法人が生産性の向上に関連する一定の税額控除の適用を受ける場合に適用可否の判定が必要となる（別表六(七) 38ページを参照、平成30年度改正）。

別表六(二十四)

認定地方公共団体の寄附活用事業に関連する寄附をした場合の法人税額の特別控除に関する明細書

Case　青色申告法人が地域再生法の認定地方公共団体に対して特定寄附金を支出し、税額控除を受けるときに作成する（企業版ふるさと納税）。

1　適用対象法人

青色申告法人が平成28年４月20日から令和７年３月31日までの間に、認定地方公共団体に地域再生法のまち、ひと、しごと創生寄附活用事業に関連する寄附（特定寄附金）を行った場合に適用対象になる。

なお、寄附した者が寄附による設備を専属的に利用したり、その他特別の利益がその者に及ぶものは除かれる。

2　税額控除の計算

特定寄附金の合計額[1]×40％－住民税から控除される金額(注1)[22]＝控除残額[3]
特定寄附金の合計額[1]×10％＝特定寄附金基準額[4]
当期の調整前法人税額[6]×５％＝当期税額基準額[7]
｝いずれか少ない金額[8]

（注１）　住民税額控除額[22]＝[21]×1.4％
（注２）　住民税額控除額の計算において、調整前法人税額[11]から該当する税額控除の特例の適用を受けている場合には[16]、[17]で控除し、逆に加算する場合は[12]～[15]に記載していく。なお、別表一において税額控除を行う場合には、所得税の控除、外国税額の控除を行う前に、この寄附金控除[10]を行っていく。

3　留意点

(1)　寄附の対象団体は地域再生法に規定されており、三大都市圏にある普通交付税不交付の地方公共団体は対象外となる。
(2)　寄附金が特定寄附金に該当することを証明する書類の保存要件がある。
(3)　法人事業税は寄附金額の20％（法人事業税額の20％が限度）、法人住民税では法人住民税の税割額の20％を限度として税額控除が行われるので地方税の申告書において所要の記載を行っておく。なお、地方税の申告書においては、第七号の三様式「特定寄附金を支出した場合の税額控除の計算に関する明細書」等を参照。

他の別表との関連

[8]　→　別表六(六)[7]⑭

認定地方公共団体の寄附活用事業に関連する寄附をした場合の法人税額の特別控除に関する明細書

事業年度	令5・4・1 令6・3・31	法人名	XX（大法人）

別表六(二十四) 令五・四・一以後終了事業年度分

項目	番号	金額（円）
特定寄附金の額の合計額 (23の計)	1	4,000,000
税額控除基準額 (1) × $\frac{40}{100}$	2	1,600,000
差引税額控除基準額残額 (2) − (22)	3	312,000
特定寄附金基準額 (1) × $\frac{10}{100}$	4	400,000
税額控除限度額 ((3)と(4)のうち少ない金額)	5	312,000
調整前法人税額 (別表一「2」又は別表一の二「2」若しくは「13」)	6	100,000,000
当期税額基準額 (6) × $\frac{5}{100}$	7	5,000,000
当期税額控除可能額 ((5)と(7)のうち少ない金額)	8	312,000
調整前法人税額超過構成額 (別表六(六)「8の⑭」)	9	—
法人税額の特別控除額 (8) − (9)	10	312,000

2

→ 別表六(六)[7]⑭へ

住民税額控除額の計算

区分		項目	番号	金額（円）
住民税額控除額の計算の基礎となる法人税額の計算		調整前法人税額 (6)	11	100,000,000
	加算課税額の計算	税額控除超過取戻税額等の加算額 (別表六(十)付表「30」＋「35」)＋(別表六(十四)付表二「19」＋「24」)	12	
		通算法人の仮装経理に基づく過大申告の場合等の法人税額に係る加算額	13	
		法人税額調整加算額 (別表三(二)「25」)＋(別表三(二の二)「26」)＋(別表三(三)「21」)＋(別表六(三十一)「31」)	14	
		加算課税額 (12)＋(13)＋(14)	15	—
	法人税額調整減算額	中小企業者等以外の法人 (別表六(六)「7の②」＋「7の④」から「7の⑦」までの合計＋「7の⑮」＋「7の⑯」＋「7の㉒」から「7の㉔」までの合計)	16	8,000,000 2 (注1，2)
		中小企業者等 (別表六(六)「3」＋「7の②」から「7の⑦」までの合計＋「7の⑩」から「7の⑬」までの合計＋「7の⑮」から「7の㉔」までの合計)	17	
		仮計 (11)＋(15)−((16)又は(17)) (マイナスの場合は0)	18	92,000,000
		加算対象通算対象欠損調整額等	19	—
		控除対象通算適用前欠損調整額等	20	—
		住民税額控除額の計算の基礎となる法人税額 (18)＋(19)−(20) ((20)＞((18)＋(19)−(15))の場合は(15))	21	92,000,000
		住民税額控除額 (21) × $\frac{1.4}{100}$	22	1,288,000

特定寄附金に関する明細

寄附した年月日	寄附先	まち・ひと・しごと創生寄附活用事業の内容	特定寄附金の額 23
4・12・24	3 XX県	観光の振興に資する事業	4,000,000 円
・・			
・・			
計			

【適用額明細書との関連】

[10]…（条項）第42条の12の２第１項　（区分）00652

別表六(二十五)

中小企業者等が特定経営力向上設備等を取得した場合の法人税額の特別控除に関する明細書

Case　青色申告法人である中小企業者等が、特定経営力向上設備等を取得し、税額控除を受けるときに作成する（中小企業経営強化税制）。

1 適用対象法人

中小企業等経営強化法の経営力向上計画の認定を受けた中小企業者等が、平成29年4月1日から令和7年3月31日までに特定経営力向上設備等を取得し指定事業の用に供した場合に適用され即時償却又は7％（資本金3,000万円以下の中小企業者等は10％）の税額控除が受けられる。なお、中小企業者等のうち適用除外事業者（課税所得が3年平均15億円超）は適用から除かれる。

2 税額控除の計算

⑴　資本金3,000万円以下の特定中小企業者等が特定経営力向上設備等を取得した場合

取得価額合計[11]×10％＝税額控除限度額[12]

⑵　⑴以外の中小企業者等の場合

取得価額合計（[10]－[11]）×７％＝税額控除限度額[12]

（注）　当期税額控除可能額[15]は[12]と[14]のうち少ない金額。なお、当期税額基準額[14]は調整前法人税額[13]×20％より中小企業投資促進税制（別表六(十七)）の適用が当期あれば、それらの税額控除可能額を控除したものとなる。

3 適用対象資産

適用対象資産については、158ページを参照。なお、適用対象資産を取得する前に経営力向上計画の申請を行い認定を受け、認定書及び経営力向上計画の写しを申告書に添付。

4 繰越控除

税額控除限度超過額（[12]－[15]）は、１年間の繰越し[26]ができる。

5 留意事項

⑴　中小企業経営強化税制は平成29年３月31日の適用期限をもって廃止された生産性向上設備等を取得した場合の税額控除を改組されたもので、対象資産として器具備品、建物附属設備も追加され、生産性向上設備について工業会等の証明書等、収益力強化設備等については経済産業局の確認を受けた投資計画にそれが記載されていることなどが要件となる。なお、詳細については158ページ参照。

⑵　対象資産については取得価額要件があり、158ページ参照。なお、事業の用に供される生産設備等を構成するものが対象となるので、本店、寄宿舎等、福利厚生施設に係る建物附属設備、事務用の器具備品は対象外となる。また、中古資産、貸付資産も対象外となる。

財務諸表及び他の別表との関連　[7]　→　固定資産 a/c　　[15]　→　別表六(六)[7]⑯

1

中小企業者等が特定経営力向上設備等を取得した場合の法人税額の特別控除に関する明細書

事業年度	令5・4・1 〜 令6・3・31	法人名	××法人（資本金3千万円）

別表六(二十五) 令五・四・一以後終了事業年度分

5(1)

項目	番号					
事業種目	1	××製造業	××製造業	××製造業		
資産区分 種類	2	機械装置	建物附属設備	工具		
資産区分 設備の種類又は区分	3	××製造設備	冷暖房設備	測定検査工具		
資産区分 細目	4	○○設備	冷暖房設備	測定器		
資産区分 取得年月日	5	令5・11・10	令5・6・1	令5・5・20	・・	・・
資産区分 指定事業の用に供した年月日	6	令5・11・10	令5・6・1	令5・5・20	・・	・・

5(2)

項目	番号					
取得価額 取得価額又は製作価額	7	円 20,000,000	円 5,000,000	円 800,000	円	円
取得価額 法人税法上の圧縮記帳による積立金計上額	8	—	—	—		
取得価額 差引改定取得価額 (7)−(8)	9	20,000,000	5,000,000	800,000		

法人税額の特別控除額の計算

2

当期分	番号	金額	前期繰越分	番号	金額
取得価額の合計額 ((9)の合計)	10	円 25,800,000	差引当期税額基準額残額 (14)−(15)−(別表六(十七)「19」)	18	円
同上のうち特定中小企業者等に係る額	11	25,800,000	繰越税額控除限度超過額 (24の計)	19	
税額控除限度額 $((10)-(11))\times\frac{7}{100}+(11)\times\frac{10}{100}$	12	2,580,000	当期繰越税額控除可能額 ((18)と(19)のうち少ない金額)	20	
調整前法人税額 (別表一「2」又は別表一の二「2」若しくは「13」)	13	45,000,000	調整前法人税額超過構成額 (別表六(六)「8の⑮」)	21	
当期税額基準額 $(13)\times\frac{20}{100}$ −(別表六(十七)「14」)	14	9,000,000	当期繰越税額控除額 (20)−(21)	22	
当期税額控除可能額 ((12)と(14)のうち少ない金額)	15	2,580,000	法人税額の特別控除額 (17)+(22)	23	2,580,000
調整前法人税額超過構成額 (別表六(六)「8の⑯」)	16	—			
当期税額控除額 (15)−(16)	17	2,580,000			

→ 別表六(六) 7 ⑯へ

翌期繰越税額控除限度超過額の計算

4

事業年度	前期繰越額又は当期税額控除限度額 24	当期控除可能額 25	翌期繰越額 (24)−(25) 26
・・	円	円	
・・			外 円
計		(20)	
当期分	(12) 2,580,000	(15) 2,580,000	外
合計			

機械設備等の概要

×××

【適用額明細書との関連】

17…（条項）第42条の12の4第2項　（区分）00603

22…（条項）第42条の12の4第3項　（区分）00604

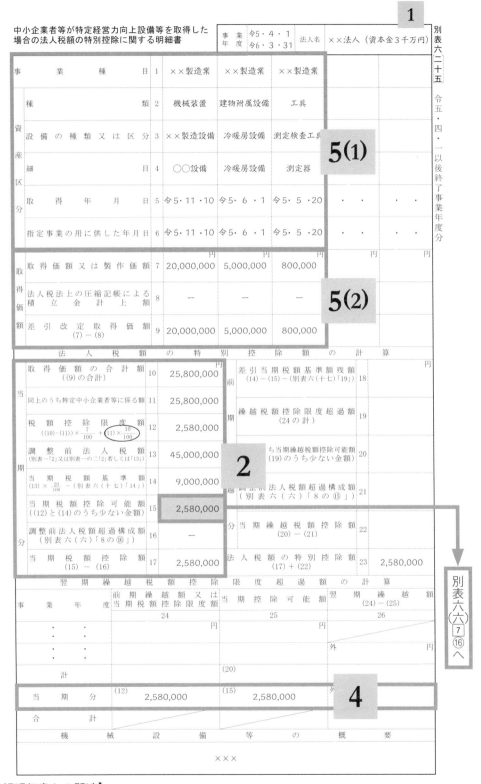

別表六(二十六)・同付表一・同付表二

給与等の支給額が増加した場合の法人税額の特別控除に関する明細書他

Case　青色申告法人が国内の新規雇用者の給与等の増加について要件を満たし、税額控除の適用を受けるときに作成する（賃上げ促進税制）。また、雇用促進税制との重複適用の場合には、付表二を作成する。

〔大企業等の賃上げ促進税制〕

1 適用対象法人

従来の給与引上げ税制が、令和４年度改正で改組された。青色申告法人が令和３年４月１日から令和６年３月31日（令和６年度改正で３年延長見込）までの間に開始する事業年度に、国内の継続雇用者に対して給与等を支給する場合において、一定の要件を満たす場合には、前期比増加額の15％の税額控除（ただし、上限の定めあり）が適用できる。また、上乗せ要件を満たすと大企業は最大30％、中小企業は最大40％の税額控除率が適用される。

2 大企業等の適用要件

⑴　適用要件[14]として、以下の算式で継続雇用者給与等が３％以上増加することが必要となる。

$$\frac{\text{継続雇用者給与等支給額}\boxed{11}-\text{継続雇用者比較給与等支給額}\boxed{12}}{\text{継続雇用者比較給与等支給額}\boxed{12}}\geqq 3\%$$

継続雇用者給与等支給額[11]（＝付表一[19]の①）は、国内の一般被保険者に係るもので他の者から支払を受けた金額を除く（付表一[15]の①）が、ここより雇用調整助成金等は控除しない（付表一[16]の①）。継続雇用者比較給与等支給額[12]は、前期の金額で付表一[19]の②の金額を移記する。

⑵　適用可否[3]について

資本金が10億円以上[1]で、かつ、期末現在の従業員数[2]が1,000以上の法人が、マルチステークホルダー経営宣言の書類の写しの添付がある場合に適用可となる。

令和４年度改正で、期末から45日以内にマルチステークス方針を所定の様式により作成し自社のホームページに公表する。また、公表した旨を経済産業大臣に届出て、申告書にその受理通知書の写しを添付する必要がある。

⑶　税額控除の上乗せ措置として、令和４年度改正で継続雇用者給与等の増加割合[14]が４％以上の場合に新たに10％が上乗せされる[22]。なお、教育訓練費の対前年度増加割合[18]が20％以上の場合には、従来同様に５％上乗せされる[23]。

$$\frac{\text{教育訓練費}\boxed{15}-\text{比較教育訓練費}\boxed{16}}{\text{比較教育訓練費}\boxed{16}}\geqq 20\%$$

(注) 比較教育訓練費[16]がゼロでも、当期に教育訓練費があれば適用がある([15]=[17]＞0)。
なお、6年度改正でこの取扱いは改正される見込。

3 税額控除額の計算

- 雇用者給与等支給増加額(注)[21]×15%
  上乗せの場合　[14]≧4%　→　10%の上乗せ[22]
  　　　　　　　[18]≧20%　→　5%の上乗せ[23]
  ｝税額控除額[24]
- 調整前法人税額[28]×20%＝当期税額基準額[29]

｝いずれか少ない方[30]

(注) [21]＝[19]([6]と[10]のうち少ない金額)－[20](重複控除額)
税額控除の対象となる給与等増加額[19]は、[10]が上限となるため、[6]と[10]のうち少ない金額を[19]に記載する。また、重複控除額[20](付表二[12])がある場合には、[19]から[20]を控除する。

4 留意事項

(1) 国内雇用者に対する給与等支給額では、賞与は含まれ、出向者分担金受入額等は除かれる。なお、雇用者にはパート、日雇い等は含まれるが、役員、使用人兼務役員(使用人部分も不可)は除かれる。税額控除計算の対象者でも、以下の点に留意する。

イ 適用要件の判定上[14]では、継続雇用者の給与等が対象となっていて、当期、前期の全ての期間において、全ての月で給与等の支給を受けていることが必要で、期中の退職者、採用者は除かれる。また、雇用保険の一般被保険者に該当する者が対象となるが65歳以上の者、短期雇用者等は除かれる。

ロ 雇用者給与等支給額[4]は、全ての国内雇用者に対する給与等支給額をいい、雇用保険の一般被保険者以外の者も含まれイの継続雇用者の範囲とは異なる。

(2) 教育訓練費[15]については、所定の事項(教育訓練等の実施時期、内容、対象者、支出先等)を記載した書類を従来申告書に添付することになっていたが、令和4年度改正で添付は不要となり、書類の保存に改正された。教育訓練費は、教育、訓練、研修、講習等の費用をいう。なお、研修の参加に必要な交通費等は除かれる。

(3) 令和3年度改正で雇用調整助成金等の取扱いが変わり、税額控除限度額の計算では給与等支給額から控除する([4]等)が、適用要件の判定では控除しない([11]等)こととされた。

(4) 地方活力向上地域等において雇用者の数が増加した場合の税額控除(別表六(二十三))の適用を受けた増加雇用者に対する給与等支給額として重複控除額[20]を控除する。付表二[12]76ページを参照。

$$\frac{\text{当期の調整雇用者給与等支給額}}{\text{当期末の雇用者数}}\times\text{控除対象者数}\times 20\%$$

他の別表との関連

雇用者給与等支給額[4] ← 付表一[4]
調整雇用者給与等支給額[8] ← 付表一[5]
継続雇用者給与等支給額[11] ← 付表一[19]の①
比較教育訓練費の額[16] ← 付表一[24]　　税額控除額[30] → 別表六(六)[7]⑰

給与等の支給額が増加した場合の法人税額の特別控除に関する明細書	事業年度	令5・4・1 令6・3・31	法人名	XXX（大法人）

別表六(二十六)　令五・四・一以後終了事業年度分

項目	番号	金額	項目	番号	金額
期末現在の資本金の額又は出資金の額	1	3,000,000,000円	適用可否	3	可　**2(2)**
期末現在の常時使用する従業員の数	2	500人			
法人税額の特別控除額の計算					
4(1) 雇用者給与等支給額 (別表六(二十六)付表一「4」)	4	3,300,000,000円	**3**(注) 控除対象雇用者給与等支給増加額 ((6)と(10)のうち少ない金額)	19	100,000,000円
比較雇用者給与等支給額 (別表六(二十六)付表一「11」)	5	3,200,000,000	雇用者給与等支給増加重複控除額 (別表六(二十六)付表二「12」)	20	**4(4)** −
雇用者給与等支給増加額 (4)−(5) (マイナスの場合は0)	6	100,000,000	差引控除対象雇用者給与等支給増加額 (19)−(20) (マイナスの場合は0)	21	100,000,000
雇用者給与等支給増加割合 (6)/(5) ((5)＝0の場合は0)	7	0.031	税額控除限度額又は中小企業者等税額控除限度額の計算 第1項適用の場合 (14) ≧ 4 % の場合 0.1	22	− **2(3)**
調整雇用者給与等支給増加額の計算 調整雇用者給与等支給額 (別表六(二十六)付表一「5」)	8	3,279,000,000円	(18)≧20%又は(15)＝(17)＞0の場合 0.05	23	0.05
調整比較雇用者給与等支給額 (別表六(二十六)付表一「12」)	9	3,172,000,000	税額控除限度額 (21)×(0.15)+(22)+(23) ((14)＜0.03の場合は0)	24	20,000,000円
調整雇用者給与等支給増加額 (8)−(9) (マイナスの場合は0)	10	107,000,000	第2項適用の場合 (7) ≧ 2.5 % の場合 0.15	25	
継続雇用者給与等支給増加割合の計算 継続雇用者給与等支給額 (別表六(二十六)付表一「19の①」)	11	3,236,000,000	(18)≧10%又は(15)＝(17)＞0の場合 0.1	26	
継続雇用者比較給与等支給額 (別表六(二十六)付表一「19の②」又は「19の③」)	12	3,127,000,000	中小企業者等税額控除限度額 (21)×(0.15+(25)+(26)) ((7)＜0.015の場合は0)	27	円
継続雇用者給与等支給増加額 (11)−(12) (マイナスの場合は0)	13	109,000,000			
継続雇用者給与等支給増加割合 (13)/(12) ((12)＝0の場合は0)	14	0.034 **2(3)**	調整前法人税額 (別表一「2」又は別表一の二「2」若しくは「13」)	28	220,000,000
4(2) 教育訓練費増加割合の計算 教育訓練費の額	15	10,300,000円	当期税額基準額 (28)×20/100	29	44,000,000
比較教育訓練費の額 (別表六(二十六)付表一「24」)	16	8,500,000	当期税額控除可能額 (((24)又は(27))と(29)のうち少ない金額)	30	20,000,000 → 別表六(六) 7 ⑰へ
教育訓練費増加額 (15)−(16) (マイナスの場合は0)	17	1,800,000	調整前法人税額超過構成額 (別表六(六)「8の⑰」)	31	−
教育訓練費増加割合 (17)/(16) ((16)＝0の場合は0)	18	0.21	法人税額の特別控除額 (30)−(31)	32	20,000,000

（注）25～27（第2項適用）は中小企業が記載する。

【適用額明細書との関連】大法人

32…（条項）第42条の12の5第1項　（区分）00677

4 (3)

給与等支給額及び比較教育訓練費の額の計算に関する明細書

事業年度	令5・4・1 令6・3・31	法人名	XXX（大法人）

別表六(二十六)付表一 令五・四・一以後終了事業年度分

雇用者給与等支給額及び調整雇用者給与等支給額の計算

国内雇用者に対する給与等の支給額	(1)の給与等に充てるため他の者から支払を受ける金額	(2)のうち雇用安定助成金額	雇用者給与等支給額 (1)－(2)＋(3) (マイナスの場合は0)	調整雇用者給与等支給額 (1)－(2) (マイナスの場合は0)
1	2	3	4	5
円 3,314,000,000	円 35,000,000	円 21,000,000	円 3,300,000,000	円 3,279,000,000

比較雇用者給与等支給額及び調整比較雇用者給与等支給額の計算

前事業年度	国内雇用者に対する給与等の支給額	(7)の給与等に充てるため他の者から支払を受ける金額	(8)のうち雇用安定助成金額	適用年度の月数 / (6)の前事業年度の月数
6	7	8	9	10
令4・4・1 令5・3・31	円 3,213,000,000	円 41,000,000	円 28,000,000	12/12

比較雇用者給与等支給額 ((7)－(8)＋(9))×(10) (マイナスの場合は0)	11	円 3,200,000,000
調整比較雇用者給与等支給額 ((7)－(8))×(10) (マイナスの場合は0)	12	3,172,000,000

継続雇用者給与等支給額及び継続雇用者比較給与等支給額の計算

		継続雇用者給与等支給額の計算	継続雇用者比較給与等支給額の計算	
		適用年度	前事業年度	前一年事業年度特定期間
		①	②	③
事業年度等	13		令4・4・1 令5・3・31	・・ ・・
継続雇用者に対する給与等の支給額	14	円 3,250,000,000	円 3,140,000,000	円
同上の給与等に充てるため他の者から支払を受ける金額	15	34,000,000	40,000,000	
同上のうち雇用安定助成金額	16	20,000,000	27,000,000	2(1)イ
差引 (14)－(15)＋(16)	17	3,236,000,000	3,127,000,000	
適用年度の月数 / (13の③)の月数	18	12/12	12/12	
継続雇用者給与等支給額及び継続雇用者比較給与等支給額 (17)又は((17)×(18))	19	3,236,000,000	3,127,000,000	円

比較教育訓練費の額の計算

事業年度		教育訓練費の額	適用年度の月数 / (20)の事業年度の月数	改定教育訓練費の額 (21)×(22)
20		21	22	23
調整対象年度	令4・4・1 令5・3・31	円 8,500,000	12/12	円 8,500,000
	・・ ・・			
計				8,500,000

比較教育訓練費の額 (23の計)÷(調整対象年度数)	24	8,500,000

（注） 13～19は大企業が記載する。

〔中小企業者等の賃上げ促進税制〕

1　適用対象法人

令和3年4月1日より令和6年3月31日までの間に開始する事業年度に、中小企業者等が国内雇用者に対して給与等を支給する場合において、一定の要件を満たす場合には、その雇用者給与等支給増加額の15%の税額控除が適用できる。

また、上乗せ要件を満たすと、最大40%の税額控除率が適用される。

令和3年度改正で、適用要件の継続雇用者の継続がとれ雇用者給与等支給額に見直しされ、前期、当期のすべての期間において雇用保険の一般被保険者に該当という要件がなくなっている。

2　中小企業者等の適用要件

(1)　雇用者給与等支給額の対前年度増加割合[7]が1.5%以上であること。

(注)　中小企業者等のうち、適用除外事業者（課税所得が3年平均15億円超）は適用から除かれる。なお、42ページ参照。

(2)　なお、一定規模以上の大企業に対しては、マルチステークホルダーに経営宣言の書類の添付が適用要件になっているため[1]、[2]を記載し、中小企業者等は適用要件「可」の記載を行う。

3　税額控除額の上乗せ措置

(1)　税額控除の上乗せ措置として、令和4年度改正で雇用者給与等支給額の増加割合[7]が2.5%以上の場合に控除率が15%上乗せされ、教育訓練費の増加割合[18]が10%以上の場合に控除率が10%上乗せされることに改正された。

(2)　比較教育訓練費は前期の教育訓練費を用いる。

(注)　比較教育訓練費[16]がゼロでも、当期に教育訓練費があれば適用がある（[15]＝[17]＞0）。
なお、6年度改正でこの取扱いは改正される見込。

4　税額控除額の計算

●雇用者給与等支給増加額(注)[21]×15%
上乗せの場合　[7]≧2.5%　→　15%の上乗せ[25]
　　　　　　　[18]≧10%　→　10%の上乗せ[26]
｝税額控除限度額[27]
●調整前法人税額[28]×20%＝当期税額基準額[29]
｝いずれか少ない方[30]

(注)　[21]＝[19]（[6]と[10]のうち少ない金額）－[20]（重複控除額）
[6]と[10]のうち少ない金額を[19]に記載するのは[10]が上限となるためであり、重複控除額[20]（付表二[12]）がある場合には、雇用者給与等支給増加額[19]から[20]を控除する。

5　留意事項

(1)　雇用者の給与等支給額[4]は国内雇用者に対する給与等支給額でパート、日雇い等は含まれるが、役員、使用人兼務役員（使用人部分も不可）は除かれる。また、賞与は給与等に含まれ、出向者分担金受入額等は給与等支給額から除かれる。

なお、令和３年度改正で雇用調整助成金等の取扱いが変わり、付表一④等の計算においては給与等支給額から控除しないが、付表一⑤等の計算では控除することとされた。

(2)　教育訓練費⑮については、所定の事項（教育訓練等の実施時期、内容、対象者、支出先等）を記載した書類を従来、申告書に添付することになっていたが、令和４年度改正で添付は不要となり、書類の保存に改正された。教育訓練費は、教育、訓練、研修、講習等の費用をいう。なお、研修の参加に必要な交通費等は除かれる。

また、税額控除の上乗せ措置について、教育訓練費増加等の要件として教育訓練費10％以上又は経営力向上要件のうち、令和４年度改正で経営力向上要件が廃止された。

(3)　地方活力向上地域等において雇用者の数が増加した場合の税額控除（別表六(二十三)）の適用を受けた増加雇用者に対する給与等支給額として以下の重複控除額⑳を控除する。付表二⑫76ページを参照。

$$\frac{\text{当期の調整雇用者給与等支給額}}{\text{当期末の雇用者数}}\times\text{控除対象者数}\times 20\%$$

〔令和６年度改正見込〕

(1)　大企業、中小企業の区分から新たに中堅企業（資本金１億円超で従業員2,000人以下）の区分が加わり、給与等増加額に応じた税額控除の割合はそれぞれ異なってくる。

１億円以上の企業は、原則的な税額控除率が現行の15％から10％に引き下がり税額控除率の上乗せ措置が賃上げ率によって異なる。大企業の場合、従来の３％以上、４％以上の２段階から５％以上、７％以上の４段階となり、最大の控除率は従来の25％（15％＋10％の上乗せ）と同じ25％（10％＋15％の上乗せ）となる。中小企業については、原則的な控除率15％（1.5％以上の賃上げ）、2.5％以上の賃上げの場合の15％の上乗せは従来どおり。

(2)　教育訓練費が増加した場合の税額控除の割増しについては、大企業、中堅企業ともに10％（従来20％以上）以上増加し、かつ、教育訓練費が給与等の0.05％以上である場合に５％上乗せされる。

中小企業は５％以上（従来10％以上）増加し、かつ、教育訓練費が給与等の0.05％以上の場合10％上乗せされる。

(3)　大企業、中堅企業、中小企業ともに女性活躍、子育て支援の認定を受けている場合には税額控除率が５％上乗せされる。

(4)　中小企業に対して５年間の繰越税額控除が認められることとなった。

控除限度超過額は、税額控除を行う事業年度において雇用者給与等が前年度より超えている場合に限り適用されることになる。

他の別表との関連

雇用者給与等支給額④　←　付表一④　　比較雇用者給与等支給額⑤　←　付表一⑪

調整雇用者給与等支給額⑧　←　付表一⑤

調整比較雇用者給与等支給額⑨　←　付表一⑫

比較教育訓練費⑯　←　付表一㉔　　税額控除可能額㉚　←　別表六(六)⑦⑰

給与等の支給額が増加した場合の法人税額の特別控除に関する明細書	事業年度	令5・4・1 令6・3・31	法人名	XXX（中小法人）	別表六(二十六) 令五・四・一以後終了事業年度分

項目		金額	項目		金額
期末現在の資本金の額又は出資金の額	1	円 80,000,000	適用可否	3	可
期末現在の常時使用する従業員の数	2	人 80			
法人税額の特別控除額の計算					
雇用者給与等支給額 (別表六(二十六)付表一「4」)	4	円 483,000,000	控除対象雇用者給与等支給増加額 ((6)と(10)のうち少ない金額)	19	円 8,000,000
比較雇用者給与等支給額 (別表六(二十六)付表一「11」)	5	475,000,000	雇用者給与等支給増加重複控除額 (別表六(二十六)付表二「12」)	20	－
雇用者給与等支給増加額 (4)－(5) (マイナスの場合は0)	6	8,000,000	差引控除対象雇用者給与等支給増加額 (19)－(20) (マイナスの場合は0)	21	8,000,000
雇用者給与等支給増加割合 (6)/(5) ((5)＝0の場合は0)	7	0.016	税額控除限度額又は中小企業者等税額控除限度額の計算　第1項適用の場合　(14) ≧ 4 %の場合 0.1	22	
調整雇用者給与等支給増加額の計算　調整雇用者給与等支給額 (別表六(二十六)付表一「5」)	8	円 403,000,000	(18)≧20%又は(16)＝(17)＞0の場合 0.05	23	
調整比較雇用者給与等支給額 (別表六(二十六)付表一「12」)	9	355,000,000	税額控除限度額 (21)×(0.15＋(22)＋(23)) ((14)＜0.03の場合は0)	24	円
調整雇用者給与等支給増加額 (8)－(9) (マイナスの場合は0)	10	48,000,000	第2項適用の場合　(7) ≧ 2.5 %の場合 0.15	25	－
継続雇用者給与等支給増加割合の計算　継続雇用者給与等支給額 (別表六(二十六)付表一「19の①」)	11		(18)≧10%又は(15)＝(17)＞0の場合 0.1	26	0.1
継続雇用者比較給与等支給額 (別表六(二十六)付表一「19の②」又は「19の③」)	12		中小企業者等税額控除限度額 (21)×(0.15＋(25)＋(26)) ((7)＜0.015の場合は0)	27	円 2,000,000
継続雇用者給与等支給増加額 (11)－(12) (マイナスの場合は0)	13				
継続雇用者給与等支給増加割合 (13)/(12) ((12)＝0の場合は0)	14		調整前法人税額 (別表一「2」又は別表一の二「2」若しくは「13」)	28	25,000,000
教育訓練費増加割合の計算　教育訓練費の額	15	円 300,000	当期税額基準額 (28)×20/100	29	5,000,000
比較教育訓練費の額 (別表六(二十六)付表一「24」)	16	260,000	当期税額控除可能額 (((24)又は(27))と(29)のうち少ない金額)	30	2,000,000
教育訓練費増加額 (15)－(16) (マイナスの場合は0)	17	40,000	調整前法人税額超過構成額 (別表六(六)「8の⑰」)	31	－
教育訓練費増加割合 (17)/(16) ((16)＝0の場合は0)	18	0.15	法人税額の特別控除額 (30)－(31)	32	2,000,000

2(1)　2(2)　3(1)

別表六(六)⑦㉑へ

（注）⑪～⑭、㉒～㉔（第1項適用）は大企業等が記載する。

【適用額明細書との関連】

㉜…（条項）第42条の12の5第2項　（区分）00678

給与等支給額及び比較教育訓練費の額の計算に関する明細書

事業年度	令5・4・1 令6・3・31	法人名	XXX（中小法人）

別表六(二十六)付表一 令五・四・一以後終了事業年度分

5 (1)

雇用者給与等支給額及び調整雇用者給与等支給額の計算				
国内雇用者に対する給与等の支給額	(1)の給与等に充てるため他の者から支払を受ける金額	(2)のうち雇用安定助成金額	雇用者給与等支給額 (1)－(2)＋(3) （マイナスの場合は0）	調整雇用者給与等支給額 (1)－(2) （マイナスの場合は0）
1	2	3	4	5
円 503,000,000	円 100,000,000	円 80,000,000	円 483,000,000	円 403,000,000

比較雇用者給与等支給額及び調整比較雇用者給与等支給額の計算				
前事業年度	国内雇用者に対する給与等の支給額	(7)の給与等に充てるため他の者から支払を受ける金額	(8)のうち雇用安定助成金額	適用年度の月数／(6)の前事業年度の月数
6	7	8	9	10
令4・4・1 令5・3・31	円 495,000,000	円 140,000,000	円 120,000,000	12／12

比較雇用者給与等支給額 ((7)－(8)＋(9))×(10) （マイナスの場合は0）	11	円 475,000,000
調整比較雇用者給与等支給額 ((7)－(8))×(10) （マイナスの場合は0）	12	355,000,000

継続雇用者給与等支給額及び継続雇用者比較給与等支給額の計算				
		継続雇用者給与等支給額の計算	継続雇用者比較給与等支給額の計算	
		適用年度	前事業年度	前一年事業年度特定期間
		①	②	③
事業年度等	13		・　・ ・　・	・　・ ・　・
継続雇用者に対する給与等の支給額	14	円	円	円
同上の給与等に充てるため他の者から支払を受ける金額	15			
同上のうち雇用安定助成金額	16			
差引 (14)－(15)＋(16)	17			
適用年度の月数／(13の③)の月数	18			
継続雇用者給与等支給額及び継続雇用者比較給与等支給額 (17)又は((17)×(18))	19			円

3 (2)

比較教育訓練費の額の計算				
	事業年度	教育訓練費の額	適用年度の月数／(20)の事業年度の月数	改定教育訓練費の額 (21)×(22)
	20	21	22	23
調整対象年度	令4・4・1 令5・3・31	円 260,000	12／12	円 260,000
	・　・ ・　・			
計				260,000

比較教育訓練費の額 (23の計)÷(調整対象年度数)	24	260,000

（注） 13～19は大企業等が記載する。

給与等の支給額が増加した場合の法人税額の特別控除における雇用者給与等支給増加重複控除額の計算に関する明細書	事業年度	・・ ・・	法人名	

別表六(二十六)付表二　令五・四・一以後終了事業年度分

調整雇用者給与等支給額 (別表六(二十六)「8」)	1	円	控除対象調整数の計算　移転型地方事業所基準雇用者数 (別表六(二十三)「11」)	6	人
			移転型特定新規雇用者基礎数 (別表六(二十三)「7」)	7	
当期の終了の日における雇用者の数 (別表六(二十三)「33」)	2	人	対象移転型特定非新規雇用者基礎数 (別表六(二十三)「15」)	8	
調整地方事業所基準雇用者数 (別表六(二十三)「3」)	3		控除対象調整数 (6)－(7)－(8) (マイナスの場合は0)	9	
特定新規雇用者基礎数 (別表六(二十三)「5」)	4		控除対象者数 ((3)と((4)＋(5)＋(9))のうち少ない数)	10	
			雇用者給与等支給増加重複基準額 $\frac{(1)}{(2)} \times (10)$	11	円
特定非新規雇用者基礎数 (別表六(二十三)「10」)	5		雇用者給与等支給増加重複控除額 $(11) \times \frac{20}{100}$	12	69ページ **4(4)**

→ 別表六(二十六)20へ

（注）　雇用者給与等支給の増加重複控除額については、69ページを参照。

Column 5 パーシャルスピンオフ（認定株式分配）

令和５年度改正で、親会社に持株（20％未満）を残して完全子会社をスピンオフする場合の課税の特例措置が創設された。一定の要件を満たすことによって親会社の株式譲渡益、株式の現物分配を受ける株主に対するみなし配当の課税が繰り延べられることになる。

スピンオフの税制は平成29年度改正で創設された事業再編の手法の一つで、事業部門又は子会社を分離する際に用いられる。会社の事業部門を分離する場合には新設分割と同時に新設される新会社の株式を現物配当（株式分配）する新設分割＋株式分配型 (2)完全子会社を分離する場合には分離する会社の株式を現物配当する株式分配型がある。スピンオフすることで株式上場も将来的に可能となる。

譲渡損益については、前者のケースでは新会社に移転する資産に対する譲渡損益課税、後者のケースでは子会社株式の譲渡損益課税が出てくるが、税務上の適格要件を満たすことによって課税の繰延措置の適用が受けられる。親会社における株式分配の会計処理としては、子会社株式の簿価を減額し、その他資本剰余金又はその他利益剰余金を減額することとされる。

令和５年度改正は、親会社に一部持分を残すパーシャルスピンオフが創設された。

100％子会社の株式の一部（20％未満）を残して親会社の株主に現物分配する場合に、一定の要件を満たすとそのスピンオフを行う親会社での株式の譲渡損益及び親法人の株主に対しての子会社株式の現物分配が、適格株式分配として課税が繰延べられることになる。

その要件について簡単に示すと以下のようになる。

(1)　産業競争力強化法の事業再編計画の認定を受けること。
(2)　親会社の株主に対して、完全子会社の株式のみが持株数に応じて交付されること。
(3)　親会社の持株比率は株式分配後20％未満になること。
(4)　スピンオフの前後を通じ、他の者による支配がなく、また、支配関係が見込まれないこと。
(5)　完全子会社の従業者の概ね90％以上が、引き続き業務に従事すること。
(6)　関係事業者等の特定役員に対して新株予約権が付与され又は付与される見込であること。
(7)　適格株式分配と同様に主要事業継続要件、特定役員継続要件等を満たすこと。

なお、パーシャルスピンオフ（認定株式分配）は、事業再編計画の認定を受けた法人が行う現物分配により完全子会社の株式が80％以上移転するもので、法人税法に定める従来のスピンオフと異なり、租税特別措置法の定めにより株式の一部を残すことができ、令和６年３月31日までに認定を受けた法人に適用される。

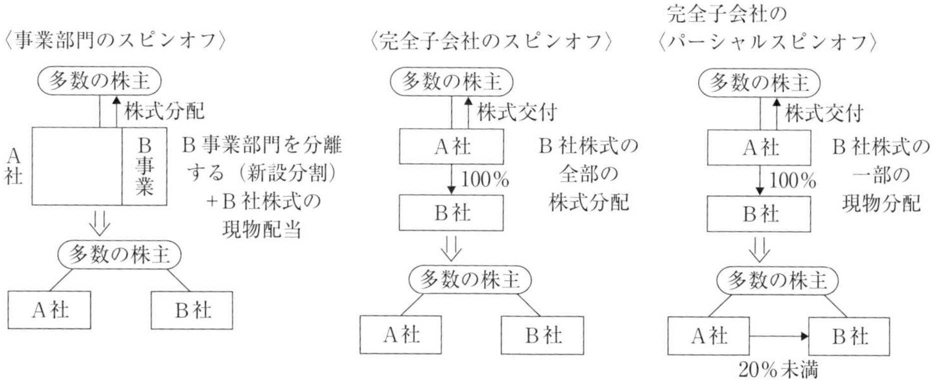

別表六(二十七)

認定特定高度情報通信技術活用設備を取得した場合の法人税額の特別控除に関する明細書

Case　青色申告法人で全国、ローカルの5G事業者等が認定を受けた計画に基づいて設備等を取得し、税額控除の適用を受けるときに作成する（5G導入促進税制）。

なお、大法人の場合は措置法適用の要件を満たす必要がある（別表六(七)を参照）。

1　適用対象法人

特定高度情報通信技術活用システムの導入の認定事業者である法人が適用対象となる。なお、特別償却の選択も認められる。

2　税額控除の計算

対象設備[10]×15%(注)＝税額控除限度額[15]
調整前法人税額[16]×20%＝税額基準額[17]
｝いずれか少ない金額[14]

（注）　令和4年度改正で年度毎に税額控除率が以下のように縮減された。

(1)　令和4年4月1日から令和5年3月31日までに事業供用したもの…15%[10]
　ただし、[11]の場合は9%

(2)　令和5年4月1日から令和6年3月31日までに事業供用したもの…9%[12]
　ただし、[13]の場合は5%

(3)　令和6年4月1日から令和7年3月31日までに事業供用したもの…3%[14]

3　取得要件[5]及び事業供用要件[6]

認定事業者が令和2年8月31日から令和7年3月31日までの間に計画認定に基づく基地局設備等を新規取得し事業の用に供することが必要で、一定金額以上であるという取得価額要件はない。なお、申告書には明細書の添付、主務大臣の確認書の写しの添付が必要となる。

4　特別償却との関係

税額控除に代えて30%の特別償却も選択できる。

なお特別償却を選択する場合には、特別償却の付表（No.7・146ページ参照）に所定の記載を行う。

財務諸表及び他の別表との関連

[7]　→　固定資産 a/c　　　[14]　→　別表六(六)[7]⑱

認定特定高度情報通信技術活用設備を取得した場合の法人税額の特別控除に関する明細書	事業年度	令5．4．1 令6．3．31	法人名	

別表六(二十七) 令五・四・一以後終了事業年度分

特定税額控除規定の適用可否						可
事業種目	1	通信業				
資産区分 種類	2	機械装置				
資産区分 構造、用途、設備の種類又は区分	3	XX設備				
資産区分 細目	4	送受信設備				
資産区分 取得年月日	5	6・3・1	・・		・・	・・
資産区分 事業の用に供した年月日	6	6・3・20	・・		・・	・・
取得価額 取得価額又は製作価額	7	3,500,000,000 円	円	円	円	円
取得価額 法人税法上の圧縮記帳による積立金計上額	8	－				
取得価額 差引改定取得価額 (7)－(8)	9	3,500,000,000				

3

2

法人税額の特別控除額の計算

(9)のうち(6)が令和5年3月31日以前であるものに係る額の合計額	10	3,500,000,000 円	調整前法人税額 (別表一「2」又は別表一の二「2」若しくは「13」)	16	4,800,000,000 円
同上のうち条件不利地域以外の地域内において事業の用に供した特定基地局用認定設備に係る額	11	－	当期税額基準額 $(16) \times \frac{20}{100}$	17	960,000,000
(9)のうち(6)が令和5年4月1日から令和6年3月31日までの間であるものに係る額の合計額	12	－	当期税額控除可能額 ((15)と(17)のうち少ない金額)	18	525,000,000
同上のうち条件不利地域以外の地域内において事業の用に供した特定基地局用認定設備に係る額	13	－	調整前法人税額超過構成額 (別表六(六)「8の⑱」)	19	－
(9)のうち(6)が令和6年4月1日から令和7年3月31日までの間であるものに係る額の合計額	14	－			
税額控除限度額 $((10)-(11)) \times \frac{15}{100} + ((11) + ((12)-(13))) \times \frac{9}{100} + (13) \times \frac{5}{100} + (14) \times \frac{3}{100}$	15	525,000,000	法人税額の特別控除額 (18)－(19)	20	525,000,000

別表六(六) 7 ⑱へ

機械設備等の概要
XXX

【適用額明細書との関連】

20…（条項）第42条の12の６第２項　（区分）00655

別表六(二十八)
事業適応設備を取得した場合等の法人税額の特別控除に関する明細書

Case　青色申告法人が事業適応設備を取得し、税額控除の適用を受けるときに作成する（DX投資促進税制・カーボンニュートラル投資促進税制）。なお、大法人等の場合は措法適用の要件を満たす必要がある（別表六(七)を参照)。

〔DX（デジタルトランスフォーメーション）投資促進税制〕

1　適用対象法人

産業競争力強化法の改正法に定める情報技術事業適応計画について認定を受けた法人が、令和3年8月2日から令和7年3月31日までの間に取得した特定ソフトウエア、これとともに取得する機械装置、器具備品等が適用対象資産となる。なお、税額控除の他に30%の特別償却の選択も認められる。特別償却については160ページ参照。

2　税額控除の計算

(1)　(情報技術事業適応設備合計[14]－左の内、産業競争力強化に著しく資するもの[15])×3％＋[15]×5％＝税額控除限度額[16]

(2)　(事業適応繰延資産合計[21]－左の内、産業競争力強化に著しく資するもの[22])×3％＋[22]×5％＝税額控除限度額[23]

なお、税額控除の上限は、カーボンニュートラル投資促進税制のいずれかを選択し当期の法人税額の20%である。

[20]＋[27]＝当期税額控除額

3　その他

(1)　設備投資総額の上限は300億円で、300億円を超えるときは取得価額を修正した金額を[10]に記載する。

$$300億円 \times \frac{[8]-[9]}{対象資産合計額} = 改定取得価額[10]$$

(2)　令和5年度改正で、令和5年4月1日前に認定の申請がされた認定事業計画に係る資産が対象から除外された。

事業適応設備を取得した場合等の法人税額の特別控除に関する明細書

事業年度	令5・4・1 令6・3・31	法人名	

別表六(二十八)　令五・四・一以後終了事業年度分

特定税額控除規定の適用可否						
措法第42条の12の7第4項から第6項までの該当項	1	第4項	第5項	第　項	第　項	第　項
事業種目	2	XXX	XXX			
情報技術事業適応設備及び生産工程効率化等設備等の明細／資産区分／種類	3	器具備品	ソフトウエア			
構造、用途、設備の種類又は区分	4	X	X			
細目	5	X	X			
取得年月日	6	6・2・1	・・		・・	・・
事業の用に供した年月日	7	6・2・25	・・	・・	・・	・・
取得価額／取得価額又は製作価額	8	300,000,000円	円	円	円	円
法人税法上の圧縮記帳による積立金計上額	9	–				
差引改定取得価額 (8)−(9)	10	300,000,000				
事業適応繰延資産の明細／支出年月日	11	・・	6・2・1	・・	・・	・・
支出した金額	12	円	600,000,000円	円	円	円

1　3

法人税額の特別控除額の計算

区分	項目	No.	金額
	調整前法人税額 (別表一「2」又は別表一の二「2」若しくは「13」)	13	1,000,000,000円
情報技術事業適応設備	取得価額の合計額 ((10)のうち情報技術事業適応設備に係る額の合計額)	14	300,000,000
	同上のうち産業競争力の強化に著しく資する情報技術事業適応の用に供するものに係る額	15	200,000,000
	税額控除限度額 $((14)-(15))\times\frac{3}{100}+(15)\times\frac{5}{100}$	16	13,000,000
	当期税額基準額 $(13)\times\frac{20}{100}$	17	200,000,000
	当期税額控除可能額 ((16)と(17)のうち少ない金額)	18	13,000,000
	調整前法人税額超過構成額 別表六(六)「8の⑲」)	19	
	当期税額控除額 (18)−(19)	20	13,000,000
事業適応繰延資産	支出した金額の合計額 ((12)の合計)	21	600,000,000
	同上のうち産業競争力の強化に著しく資する情報技術事業適応を実施するために利用するソフトウエアのその利用に係る費用の額	22	400,000,000
	繰延資産税額控除限度額 $((21)-(22))\times\frac{3}{100}+(22)\times\frac{5}{100}$	23	26,000,000
	当期税額基準額残額 $(13)\times\frac{20}{100}-(18)$	24	187,000,000
事業適応繰延資産	当期税額控除可能額 ((23)と(24)のうち少ない金額)	25	26,000,000円
	調整前法人税額超過構成額 (別表六(六)「8の⑳」)	26	
	当期税額控除額 (25)−(26)	27	26,000,000
生産工程効率化等設備等	取得価額の合計額 ((10)のうち生産工程効率化等設備等に係る額の合計額)	28	
	同上のうちエネルギーの利用による環境への負荷の低減に著しく資するものに係る額	29	
	生産工程効率化等設備等税額控除限度額 $((28)-(29))\times\frac{5}{100}+(29)\times\frac{10}{100}$	30	
	当期税額基準額残額 $(13)\times\frac{20}{100}-(18)-(25)$	31	
	当期税額控除可能額 ((30)と(31)のうち少ない金額)	32	
	調整前法人税額超過構成額 (別表六(六)「8の㉑」)	33	
	当期税額控除額 (32)−(33)	34	
	法人税額の特別控除額 (20)+(27)+(34)	35	39,000,000

DX 2(1)　DX 2(2)　カーボンニュートラル 2

別表六(六) 7 ⑲へ　別表六(六) 7 ⑳へ　別表六(六) 7 ㉑へ

機械設備等の概要
XXX

【適用額明細書との関連】

20…（条項）第42条の12の７第４項　（区分）00667

27…（条項）第42条の12の７第５項　（区分）00668

34…（条項）第42条の12の７第６項　（区分）00669

〔カーボンニュートラル投資促進税制〕

1 適用対象法人

産業競争力強化法の改正法に定めるエネルギー利用環境負荷低減事業適用計画について認定を受けた法人が、令和3年8月2日から令和6年3月31日（令和6年度改正で2年延長見込）までの間に脱炭素化効果の高い一定の設備を取得した場合に税額控除が適用され、50％の特別償却の選択も認められる。特別償却については160ページ参照。

2 税額控除の計算

生産工程効率化等設備等　（28－29）×5％
＋
環境への負荷低減に著しく資するもの　29×10％
→ 税額控除限度額30

なお、税額控除の上限30は、DX投資促進税制のいずれかを選択し、当期の法人税額の20％である。

3 その他

設備投資総額の上限は500億円で、500億円を超えるときは取得価額を修正した金額を10に記載する。

$$500億円 \times \frac{8 - 9}{対象資産合計額} = 改定取得価額10$$

他の別表との関連

情報技術事業適応設備18　→　別表六(六)7⑲
事業適応繰延資産25　→　別表六(六)7⑳
生産工程効率化等設備等32　→　別表六(六)7㉑

Column 6 株式交付制度－株式対価 M&A －

改正会社法（令和３年３月１日施行）の株式交付制度に対応して、自社株を対価として買収対象会社の株主から対象会社の株式を取得し子会社化する場合に、その株主の譲渡損益の繰延措置が令和３年度改正で創設され、令和３年４月１日以後に行われる株式交付について適用されている。

⑴　株式交付について

株式交付は、自社の株式を対価として他の会社を50％超の子会社とする場合に限り用いられ、既にある子会社の株式の追加取得には利用できない。類似するものとして、株式交換は100％子会社化する場合に限定される。また、買収対象会社の株式を現物出資する方法は検査役の調査が必要となったりするが、株式交付は検査役の調査などがなく、実務的にも適用例が出てきている。

相手会社を買収して親会社となる会社は、会社法上、国内の株式会社に限られる。会社法の手続として、株式交換計画の作成、事前開示手続、株主総会決議、その他の手続が必要となるが、一定の要件の下に簡易手続も認められる。また、上場会社等は金融商品取引法による有価証券届出書を提出する必要がある。

⑵　税務上の取扱い

⑴　株式を譲渡した株主（法人、個人）の譲渡損益は原則として繰り延べられる。なお自社株式と金銭等を交付する場合には、金銭等が20％以下であることが必要で、20％超のときはすべて課税対象となり、金銭等が20％以下であっても金銭等の部分については課税されることに留意する。

⑵　株式交付親会社において株式交付子会社株式の取得価額は、譲渡した株主の帳簿価額が原則として引き継がれる。この場合、50人未満の株主から株式交付子会社株式を取得したときにはその株主の直前の帳簿価額が引き継がれ、50人以上の株主から取得したときは株式交付子会社の前期末の簿価純資産価額等を基に計算した金額が子会社株式の取得価額となる。なお、株式交付親会社における増加資本金等の額も同様である。

⑶　株式交付親会社の確定申告書の添付書類として、㋑株式交付計画書の写し　㋺譲渡株主から移転を受けた資産の種類、その他株式交付に係る主要な事項に関する明細書（組織再編成に係る主要な事項の明細書（付表））　㋩株主に交付した株式数等、株式価額算定の根拠（株式価値算定書）が必要とされる。

別表七(一)

欠損金又は災害損失金の損金算入等に関する明細書

Case　法人が青色欠損金の繰越控除を受ける場合に作成する。なお、資本金が1億円以下の中小法人等に限り繰戻し還付の適用があり、「繰戻しによる還付請求書」を作成して還付請求ができる。

1　欠損金の繰越し

(1)　青色の欠損金の繰越し……10年間(注1)

(2)　青色申告書を提出しなかった事業年度の災害による欠損金の繰越し……10年間(注1)

(注1)　平成28年度改正で平成30年4月1日以後開始事業年度において生じた欠損金については9年が10年になる。また、中小法人等は100%欠損金が繰越控除されるが、中小法人等（資本金5億円以上の大法人の100%子会社は除かれる）以外は、平成30年4月1日開始年度より50%（所得金額[1]×50%＝控除限度額[2]）に引き下げられた。

(注2)　平成27年度改正で新設の法人の特例が創設され、設立日から7年間は100%欠損金が控除（上場後は除かれる）される。

(注3)　平成29年度改正で災害損失金の繰戻し還付制度が創設された。災害のあった日から1年又は6ヶ月を経過する期間において生じた欠損金のうち災害損失金がある場合には前2年以内の所得金額をもとに繰戻し還付ができる。災害損失欠損金について繰戻し還付請求を行うには、災害損失欠損金額に関する明細書（付表）と繰戻し還付請求書に必要事項を記入する。

(注4)　グループ通算制度適用法人に関する別表として、別表七(二)、同付表一、同付表二がある。

2　「当期控除額」欄

当期の所得金額（別表四[43]）のうち限度額[2]の範囲内で、古い事業年度の分から順次使用していく。次ページの記載例は、当期に所得が出て過去の欠損金を控除し、控除できない金額を一部繰り越しているものであるが、当期に青色欠損金が生じて翌期に繰り越す場合には、当期分の欠損金額欄と青色欠損金額欄に記入する。

3　「欠損金の繰戻し額」欄

平成4年4月1日～令和6年3月31日（令和6年度改正で2年延長見込）までに終了する事業年度においては、欠損金の繰戻し還付は解散した場合等を除きできなくなっている。なお、資本金等が1億円以下の中小法人等（資本金5億円以上の大法人の100%子会社は除かれる）は繰戻し還付が認められる。

4　別表七(二)　会社更生等による債務免除等があった場合の欠損金

会社更生法、民事再生法等により債務免除（DESを含む)、資産の評価換えがあった場合には、別表七(二)を作成する。この場合には、期限切れ欠損金も債務免除益等から優先的に控除される。別表七(三)は民事再生法等で資産の評価換えがない場合及び解散の場合の欠損金の損金算入について記入する。

他の別表との関連

控除前所得金額[1]　←　別表四[43]①

当期控除額[4]の計　→　別表一[26]、別表四[44]　　翌期繰越額[5]の合計　→　別表一[27]

欠損金の損金算入等に関する明細書

事業年度	令5・4・1 令6・3・31	法人名	A株式会社 (資本金2億円)

控除前所得金額 (別表四「43の①」)	1	135,850,000円	損金算入限度額 (1)×(50)又は100/100	2	67,925,000円

事業年度	区分	控除未済欠損金額 3	当期控除額 当該事業年度の(3)と((2)－当該事業年度前の(4)の合計額)のうち少ない金額) 4	翌期繰越額 ((3)－(4))又は(別表七(四)「15」) 5
・・ ・・	青色欠損・連結みなし欠損・災害損失	円	円	
・・ ・・	青色欠損・連結みなし欠損・災害損失			円
・・ ・・	青色欠損・連結みなし欠損・災害損失			
28・4・1 29・3・31	(青色欠損)・連結みなし欠損・災害損失	13,000,000	13,000,000	
29・4・1 30・3・31	(青色欠損)・連結みなし欠損・災害損失	36,000,000	36,000,000	
30・4・1 31・3・31	(青色欠損)・連結みなし欠損・災害損失	17,000,000	17,000,000	
令元・4・1 令2・3・31	(青色欠損)・連結みなし欠損・災害損失	23,000,000	1,925,000	21,075,000
令2・4・1 令3・3・31	(青色欠損)・連結みなし欠損・災害損失	15,000,000		15,000,000
令3・4・1 令4・3・31	(青色欠損)・連結みなし欠損・災害損失	20,000,000		20,000,000
・・ ・・	青色欠損・連結みなし欠損・災害損失			
計		124,000,000	67,925,000	56,075,000
当期分	欠損金額 (別表四「52の①」)		欠損金の繰戻し額	
	同上のうち 青色欠損金額			
	同上のうち 災害損失欠損金額	(16の③)		
合計				56,075,000

2

2

3

災害により生じた損失の額がある場合の繰越控除の対象となる欠損金額等の計算

災害の種類			災害のやんだ日又はやむを得ない事情のやんだ日	・・
災害を受けた資産の別		棚卸資産 ①	固定資産 (固定資産に準ずる繰延資産を含む。) ②	計 ①+② ③
当期の欠損金額 (別表四「52の①」)	6			円
災害により生じた損失の額 資産の滅失等により生じた損失の額	7	円	円	
災害により生じた損失の額 被害資産の原状回復のための費用等に係る損失の額	8			
災害により生じた損失の額 被害の拡大又は発生の防止のための費用に係る損失の額	9			
災害により生じた損失の額 計 (7)+(8)+(9)	10			
保険金又は損害賠償金等の額	11			
差引災害により生じた損失の額 (10)－(11)	12			
同上のうち所得税額の還付又は欠損金の繰戻しの対象となる災害損失金額	13			
中間申告における災害損失欠損金の繰戻し額	14			
繰戻しの対象となる災害損失欠損金額 ((6の③)と((13の③)－(14の③))のうち少ない金額)	15			
繰越控除の対象となる欠損金額 ((6の③)と((12の③)－(14の③))のうち少ない金額)	16			

別表七(一) 令五・四・一以後終了事業年度分

還付請求書

欠損金の繰戻しによる還付請求書

Case　青色申告法人である中小法人等が、当期の欠損金額を前１年の所得金額を基に繰戻し還付を行うとき、又は青色申告法人が解散等を行った場合、解散等の日前１年の所得を基に繰戻し還付等を行うときに作成する。

1 中小法人等における繰戻し還付の復活

平成21年２月１日以後終了する事業年度より資本金等が１億円以下の中小法人等（資本金５億円以上の大法人の100％子法人は除かれる）に限り繰戻し還付が復活した（平成21年度改正）。

2 還付請求額

$$還付所得事業年度の法人税額\boxed{14}\times\frac{欠損事業年度の欠損金額\boxed{2}}{還付所得事業年度の所得金額\boxed{5}}=還付金額\boxed{15}(円未満切捨)$$

3 還付請求書の提出

欠損事業年度の確定申告書に欠損金の繰戻しによる還付請求書を添付して、その提出期限までに提出する。なお、地方法人税の還付も併せて還付されるので別表一に記載する（190ページの**14**を参照）。

4 記載上の留意点

(1)　還付所得事業年度に繰り戻す欠損金額[2]は所得金額[3]が限度となり、残額は欠損金の繰越控除を行っていく。

(2)　控除税額[8]には、法人税額より控除した所得税額、外国法人税額の合計額を記載する。なお、法人税額から控除できず還付請求した所得税額等は除く。

5 法人税額の繰戻し還付を行った場合の地方税との関連

(1)　法人事業税では欠損金の繰戻し還付制度がないため、欠損金の繰越控除を行う（第六号様式別表九の欠損金額等の控除明細書等に記載）。

(2)　法人住民税では、法人税の還付請求金額を10年間で課税標準である法人税額から控除していく（第六号様式別表二の五の控除対象還付法人税額等の控除明細書等に記載）。

(3)　欠損金の繰戻しによる法人税の還付がある場合には、地方法人税も還付されるので、法人税申告書別表１の[43]外書に記入する（190ページ**14**参照）。

他の別表との関連

(1)　欠損金額[1]…当期の別表四[52]

(2)　所得金額[3]…前期の別表四[52]（更正がある場合は更正後の所得金額）

(3)　納付の確定した法人税額[6]…前期の別表一[14]（更正がある場合は更正後の法人税額）

(4)　欠損金の繰戻し額[2]…別表七(一)の欠損金の繰戻し額欄　(5)　還付金額[15]…別表一[23]、[43]外書

欠損金の繰戻しによる還付請求書

※整理番号	
※通算グループ整理番号	

税務署受付印

令和 6 年 5 月 31日

XX 税務署長殿

納税地	〒 大田区大森X－XX－XX 電話(XX)XXXX－XXXX
(フリガナ)	オオタコウギョウカブシキガイシャ
法人名等	太田工業株式会社
法人番号	X X X X X X X X X X X X X
(フリガナ)	オオタ アキオ
代表者氏名	太田昭夫
代表者住所	〒 大田区大森X－XX－XX
事業種目	製造業

法人税法第80条の規定に基づき下記のとおり欠損金の繰戻しによる法人税額の還付を請求します。

記

欠損事業年度	自 令和 5 年 4 月 1 日 至 令和 6 年 3 月 31 日	還付所得事業年度	自 令和 4 年 4 月 1 日 至 令和 5 年 3 月 31 日

区分			請求金額	※金額
欠損事業年度の欠損金額	欠損金額	(1)	100,000,000 円	円
	同上のうち還付所得事業年度に繰り戻す欠損金額	(2)	100,000,000	
還付所得事業年度の所得金額	所得金額	(3)	300,000,000	
	既に欠損金の繰戻しを行った金額	(4)		
	差引所得金額((3)－(4))	(5)	300,000,000	
還付所得事業年度の法人税額	納付の確定した法人税額	(6)	28,360,000	
	仮装経理に基づく過大申告の更正に伴う控除法人税額	(7)		
	控除税額	(8)	1,000,000	
	使途秘匿金額に対する税額	(9)	00	
	課税土地譲渡利益金額に対する税額	(10)		
	税額控除超過額相当額等の加算額	(11)		
	法人税額((6)+(7)+(8)−(9)−(10)−(11))	(12)	29,360,000	
	既に欠損金の繰戻しにより還付を受けた法人税額	(13)		
	差引法人税額((12)－(13))	(14)	29,360,000	
還付金額((14)×(2)／(5))		(15)	9,786,666	

請求期限	令和 6 年 5 月 31 日	確定申告書提出年月日	令和 6 年 5 月31日

還付を受けようとする金融機関等	1 銀行等の預金口座に振込みを希望する場合 (銀行) 本店・(支店) 金庫・組合 出張所 XX 漁協・農協 XX 本所・支所 OO 預金 口座番号 12345678	2 ゆうちょ銀行の貯金口座に振込みを希望する場合 貯金口座の記号番号 － 3 郵便局等の窓口での受け取りを希望する場合 郵便局名等

この請求が次の場合に該当するときは、次のものを添付してください。
1 期限後提出の場合、確定申告書をその提出期限までに提出することができなかった事情の詳細を記載した書類
2 法人税法第80条第4項の規定に基づくものである場合には、解散、事業の全部の譲渡等の事実発生年月日及びその事実の詳細を記載した書類
3 特定設備廃棄等欠損金額に係る請求である場合には、農業競争力強化支援法施行規則第20条第1項の証明に係る同条第2項の申請書の写し及び当該証明に係る証明書の写し

(規格A4)

税理士署名	

※税務署処理欄	部門		決算期		業種番号		番号		整理簿		備考		通信日付印	年 月 日	確認	

(令和4年4月1日以後開始事業年度分)

(注) 災害損失の場合には、災害損失の繰戻しによる還付請求書を用いる。

別表八(一)
受取配当等の益金不算入に関する明細書

Case　法人が内国法人から受け取る配当等について益金不算入の適用を受けるときに作成する。

1
受取配当等の益金不算入額の計算　[5]

⑴　完全子法人株式等（持株比率100％）
　　受取配当等[9]＝益金不算入額[1]

⑵　関連法人株式等（持株比率３分の１超）
　　受取配当等[16]－支払利子等（[17]又は[19]）＝益金不算入額

⑶　その他株式等（持株比率５％超３分の１以下）
　　受取配当等[26]×50％＝益金不算入額

⑷　非支配目的株式等（持株比率５％以下）
　　受取配当等[33]×20％（注２）＝益金不算入額

（注１）　上記⑵～⑷の区分について、配当等を受け取る法人との間に完全支配関係がある他の法人の株式等を含めて持株割合を判定する。
（注２）　保険会社が受け取る非支配目的株式等の配当は40％

2
負債利子の計算

⑴　負債利子は関連法人株式等に係るもので、借入利子、手形割引料（手形売却損表示）、預り金利子等をいい、負債利子には利子税、売上割引料等は含まれない。

⑵　令和２年度改正で関連法人株式等に係る支払利子の控除額は配当等の４％（限度額は支払利子総額の10％）に改正され、令和４年４月１日以後開始する事業年度より適用されている。

⑶　別表八(一)付表は、グループ通算法人の関連法人株式等の配当等から控除する支払利子の計算に関する明細書である。

3
受取配当等の範囲

⑴　名義株の配当金、みなし配当金などは益金不算入の対象となる。

⑵　外国子会社でない外国法人からの配当金、名義書換失念株の配当金は対象外。

⑶　平成27年４月１日以後開始事業年度より証券投資信託の収益分配金は100％益金算入とされたが、特定株式投資信託（例えば、ETF 等）の収益分配金は20％が益金不算入とされる。特定株式投資信託は、非支配目的株式等の欄に記入するが[29]、[30]の記載は不要。

⑷　短期所有株式（配当の基準日以前１ヶ月以内に取得し、その基準日後２ヶ月以内の譲渡）に係る配当は益金に算入される（[15]、[25]、[32]）。

受取配当等の益金不算入に関する明細書

事業年度	令5・4・1 令6・3・31	法人名	

別表八(一) 令五・四・一以後終了事業年度分

1

完全子法人株式等に係る受取配当等の額（9の計）	1	円 −	非支配目的株式等に係る受取配当等の額（33の計）	4	円 300,000
関連法人株式等に係る受取配当等の額（16の計）	2	1,200,000	受取配当等の益金不算入額 (1)＋((2)－(20の計))＋(3)×50%＋(4)×(20%又は40%)	5	1,212,000
その他株式等に係る受取配当等の額（26の計）	3				

→ 別表四14へ

受取配当等の額の明細							
完全子法人株式等	法人名	6					計
	本店の所在地	7					
	受取配当等の額の計算期間	8	・ ・ ・ ・	・ ・ ・ ・	・ ・ ・ ・	・ ・ ・ ・	
	受取配当等の額	9	円	円	円	円	円
関連法人株式等	法人名	10	C社				計
	本店の所在地	11	東京都大田区				
	受取配当等の額の計算期間	12	令4・4・1 令5・3・31	・ ・ ・ ・	・ ・ ・ ・	・ ・ ・ ・	
	保有割合	13	50%				
	受取配当等の額	14	円 1,200,000	円	円	円	円 1,200,000
	同上のうち益金の額に算入される金額	15	−	← 3(4) →			−
	益金不算入の対象となる金額 (14)－(15)	16	1,200,000				1,200,000
	(34)が「不適用」の場合又は別表八(一)付表「13」が「非該当」の場合 (16)×0.04	17	48,000				48,000
	同上以外の場合 (16)/(16の計)	18					
	同上以外の場合 支払利子等の10%相当額 (((38)×0.1)又は(別表八(一)付表「14」))×(18)	19	円	円	円	円	円
	受取配当等の額から控除する支払利子等の額 (17)又は(19)	20	48,000				48,000
その他株式等	法人名	21					計
	本店の所在地	22					
	保有割合	23					
	受取配当等の額	24	円	円	円	円	円
	同上のうち益金の額に算入される金額	25	← 3(4) →				
	益金不算入の対象となる金額 (24)－(25)	26					
非支配目的株式等	法人名又は銘柄	27	(株)A社	(株)B社			計
	本店の所在地	28	東京都文京区	東京都千代田区			
	基準日等	29	令5・3・31	令5・3・31	・ ・	・ ・	
	保有割合	30	0.02%	0.01%			
	受取配当等の額	31	円 200,000	円 100,000	円	円	円 300,000
	同上のうち益金の額に算入される金額	32	← 3(4) →				
	益金不算入の対象となる金額 (31)－(32)	33	200,000	100,000			300,000

6

支払利子等の額の明細					
令第19条第2項の規定による支払利子控除額の計算	34	適用・(不適用)			
当期に支払う利子等の額	35	円 −	超過利子額の損金算入額（別表十七(二の三)「10」）	37	円 −
国外支配株主等に係る負債の利子等の損金不算入額、対象純支払利子等の損金不算入額又は恒久的施設に帰せられるべき資本に対応する負債の利子の損金不算入額 (別表十七(一)「35」と別表十七(二の二)「29」のうち多い金額)又は(別表十七(二の二)「34」と別表十七の二(二)「17」のうち多い金額)	36	−	支払利子等の額の合計額 (35)－(36)＋(37)	38	−

【適用額明細書との関連】

27記載の銘柄で特定株式投信の33の金額合計額…（条項）第67条の6第1項 （区分）00278

4 完全子法人株式等、関連法人株式等の配当等に係る源泉徴収の不要化

令和４年度改正で、完全子法人株式等（100％所有）、関連法人株式等（３分の１超保有）に係る配当等について、所得税が課されないこととされ、源泉徴収も不要となる。

令和５年10月１日以後に支払を受ける配当等より適用されている。

5 グループ通算法人における配当等から控除する支払利子（付表一）

関連法人株式等の配当等から控除する支払利子の計算で支払利子合計額の10％の特例を適用する場合、グループ通算法人が個々に選択するのでなく、全ての法人が選択適用する。

また、支払利子の合計額を各法人の関連法人株式等の配当等の額の比で按分する際の支払利子合計額（付表一[8]）には、配当金がない通算法人の支払利子の額を含めることに留意する。

6 別表八（一）について

関連法人株式等の支払利子について、特例の適用を受ける場合には、[34]で“適用”に○を付す。特例の適用がなく、配当等の額の４％を適用する場合は、“不適用”に○を付し、[35]～[38]の記載は不要となる。令和４年４月１日以後の開始事業年度より適用されている。

＜原則＞　控除する支払利子[17]＝関連法人株式等の配当等の額[16]×４％

＜特例＞　[19]（支払利子合計額×10％）＜[17]（関連法人株式等の配当等の合計額×４％）の場合は、下記の計算式による金額となる。

$$\text{控除する支払利子[18]} = \text{支払利子合計額の}10\% \times \frac{\text{当該配当等の額[16]}}{\text{配当等の合計額[16]の計}}$$

他の別表との関連

別表八(一)[1]　←　[9]　　　[5]　→　別表四[14]

別表八(一)[2]　←　[16]

別表八(一)[3]　←　[26]

別表八(一)[4]　←　[33]

Column 7 グローバル・ミニマム課税

令和３年10月のOECD/G20の「BEPS（税源浸食と利益移転）包摂的枠組み」において、国際課税上の我が国の対応として所得合算ルールIIR（Income Inclusion Rule）に係る法制化として、国際最低課税額に対する法人税が導入される。

1　適用対象法人

連結グループ(注)全体の総収入金額が７億５千万ユーロ相当額（日本円で約1,100億円）以上の多国籍企業の内国法人が対象となり、軽課税国に所在する子会社等の各国ごとの最低税率が15％を下回っている場合に15％に達するまでの金額を国別国際最低課税額とし、調整を加えて最終親会社に帰属する国際最低課税額を求めていく。この金額に対して90.7％の法人税が課される。また、適用免除基準等があり、事業年度終了の日から１年３ヶ月（一定の場合は１年６ヶ月）以内に申告納付する。なお、令和６年４月１日以後開始する事業年度より適用される。

(注)　会社等の所在地国が２以上である多国籍企業グループ等のうち、直前の４会計年度のうち２以上の連結財務諸表上の総収入金額が７億５千万ユーロ相当額以上とされる。

2　当期の国別国際最低課税額の計算

(1)　(国別グループの純所得の金額－実質ベースの所得除外額)×(15％－国別実効税率)＝当期の国別国際最低課税額

なお、グループ国際最低課税額はこれに調整を加えた金額となる。当期の国別最低課税額の計算においては実質ベースの所得を除外する。

所得除外額とは、有形資産簿価と支払給与の５％（導入当初は有形資産の7.8％、支払給与の9.8％で令和15年までの間で５％まで逓減）として計算する。

(2)　国際最低課税額に90.7％を乗じた金額が法人税で、地方法人税額は、この基準法人税額に907分の93の税率を乗じた金額となる。海外子会社の外国での税負担が15％未満の場合に15％に満たない税額をトップアップし親会社が納付することになる。

(3)　適用免除基準（デミニマス）

グループを構成する会社が国別報告事項等に記載される対象年度及び直前の２会計年度の収入金額の平均額として一定の計算金額が、1,000万ユーロ未満かつ、利益又は損失の平均額として一定の計算をした金額が100万ユーロ未満である場合等には、当期国別国際最低課税額はゼロとすることができる。

3　情報申告制度

対象企業はグループの構成会社等の名称、国別実効税率、グループ国際最低課税額等を期末から１年３ヶ月（一定の場合は１年６ヶ月）以内に提供することとされた。なお、国別報告事項について一定の要件を満たす場合には免除規定がある。

4　その他

今後は国際的な議論、合意を経て軽課税所得ルール（UTPR）、国内ミニマム課税（QDMTT）の導入が検討され、日本のIIR税制にも影響を与えるので他国の税制の動向にも注意を払う必要がある。

また、デジタル課税（売上高200億ユーロ超、利益率10％超のグローバル企業が対象となり、10％を超える超過利益の25％を市場国に配分するというもの）の動向にも目を向ける必要がある。

別表八(二)
外国子会社から受ける配当等の益金不算入等に関する明細書

Case　内国法人が外国子会社から受け取る配当等について、益金不算入の適用を受けるときに作成する。平成21年度税制改正で創設された。

1 受取配当等の益金不算入額の計算

剰余金の配当等[9]－([9]×５％)＝益金不算入額[19]

(注)　特定外国子会社の課税の特例（外国子会社合算課税）に係る特定課税対象金額がある場合には[20]、[21]に記入し益金不算入の計算をする。なお、平成27年度改正で、外国の法令により外国子会社の配当が外国で損金算入される場合には、受取配当金の益金不算入の対象から除外された。損金算入配当がある場合の受取配当等の益金不算入の計算は[9]　[16]－[18]＝[19]となる。

2 益金不算入の対象とならない配当等　[12]～[17]

実額法[12]による場合、損金算入対応受取配当等の計算は、$[15]=[9]\times\frac{[14]}{[13]}$となる。

3 外国子会社の範囲

内国法人の外国法人に対する発行済株式等の保有割合[5]が25％以上であり、その保有期間[8]が６ヶ月以上である外国法人をいう。なお、租税条約に二重課税排除条項で持株割合が25％未満とされている場合は、その条項に定める割合による。

4 配当等に係る外国源泉税等　[10]

配当等に係る外国源泉税等は損金不算入となる（ただし、特定外国子会社の特定課税対象金額部分(注)は除く）が、配当等の益金不算入の適用を受けない場合には、外国源泉税等は損金算入される[17]。なお、配当等に係る外国税額は直接税額控除の適用はない。

(注)　令和３年度改正で、配当等のうち外国子会社合算制度等との二重課税調整の適用を受ける金額に対応する部分に限ることとされた。

5 配当と子会社株式の譲渡損を組み合わせた租税回避対応措置（令和２・４年度改正）

外国の子会社等からの配当と子会社株式の譲渡による租税回避対応として、一定の配当等を非課税で受け取る際に、それがその株式の帳簿価額の10％を超える場合、その帳簿価額から配当のうち益金不算入相当額が引き下げられることとされた。なお、令和４年度改正で適用要件の一つである、特定支配日利益剰余金要件の見直しが行われ、直前期後に増加した利益剰余金の期中配当についても適用対象外とすることができることとされ、令和２年４月１日以後開始事業年度に遡及適用される。また、一定の書類を保存し別表八(三)、同付表を申告書に添付する。

6 書類の保存（添付不要）

①外国子会社に該当することを証する書類（配当通知、25％以上保有の書類）、②剰余金の配当等に係る決算書、③配当等に係る外国源泉税等の金額を示す書類

外国子会社から受ける配当等の益金不算入等に関する明細書

事業年度	令5・4・1 令6・3・31	法人名	

別表八(二) 令五・四・一以後終了事業年度分

区分			番号				
外国子会社の名称等	名称		1	XXアメリカインク			
	本店又は主たる事務所の所在	国名又は地域名	2	米国			
		所在地	3	ニューヨーク XXX			
	主たる事業		4	XX			
	発行済株式等の保有割合		5	100 %	%	%	%
	発行済株式等の通算保有割合		6	%	%	%	%
益金不算入額等の計算	支払義務確定日		7	5・5・29	・ ・	・ ・	・ ・
	支払義務確定日までの保有期間		8	12ヶ月			
	剰余金の配当等の額		9	(500,000$) 50,000,000円	( ) 円	( ) 円	( ) 円
	(9)の剰余金の配当等の額に係る外国源泉税等の額		10	(25,000$) 2,500,000円	( ) 円	( ) 円	( ) 円
	法第23条の2第2項第1号に掲げる剰余金の配当等の額の該当の有無		11	有・(無)	有・無	有・無	有・無
	益金不算入の対象とならない損金算入配当等の額の計算	法第23条の2第3項又は第4項の適用の有無	12	有・無	有・無	有・無	有・無
		損金算入対応受取配当等の額の計算: (9)の元本である株式又は出資の総数又は総額につき外国子会社により支払われた剰余金の配当等の額	13	( ) 円	( ) 円	( ) 円	( ) 円
		(13)のうち外国子会社の所得の金額の計算上損金の額に算入された金額	14	( ) 円	( ) 円	( ) 円	( ) 円
		損金算入対応受取配当等の額 $(9) \times \frac{(14)}{(13)}$	15	( ) 円	( ) 円	( ) 円	( ) 円
		益金不算入の対象とならない損金算入配当等の額 (9)又は(15)	16	( ) 円	( ) 円	( ) 円	( ) 円
		(16)に対応する外国源泉税等の額 (10)又は($(10) \times \frac{(14)}{(13)}$)	17	( ) 円	( ) 円	( ) 円	( ) 円
	剰余金の配当等の額に係る費用相当額 ((9)−(16))×5%		18	2,500,000			
	法第23条の2の規定により益金不算入とされる剰余金の配当等の額 (9)−(16)−(18)		19	47,500,000			
	措置法第66条の8第2項又は第8項の規定により益金不算入とされる剰余金の配当等の額 (別表十七(三の七)「23」+「24」)		20				
	(16)のうち措置法第66条の8第3項又は第9項の規定により益金不算入とされる損金算入配当等の額 (別表十七(三の七)「25」)		21				
	(9)のうち益金不算入とされる剰余金の配当等の額 (19)+(20)+(21)		22	47,500,000			
	法第39条の2の規定により損金不算入とされる外国源泉税等の額 (10)−(17)		23	2,500,000			
	(23)のうち措置法第66条の8第14項の規定により損金不算入の対象外とされる外国源泉税等の額 (別表十七(三の七)「28」)		24				
	(10)のうち損金不算入とされる外国源泉税等の額 (23)−(24) (マイナスの場合は0)		25	2,500,000			
	益金不算入とされる剰余金の配当等の額の合計 ((22)欄の合計)		26	47,500,000 円			
	損金不算入とされる外国源泉税等の額の合計 ((25)欄の合計)		27	2,500,000			

別表四[15]へ

別表十(五)

収用換地等及び特定事業の用地買収等の場合の所得の特別控除等に関する明細書

Case　収用換地等によって補償金等を取得し、所得の特別控除を受けるときに作成する。

1

特別控除と圧縮記帳

所得の特別控除を選択するか、圧縮記帳（112ページ参照）を選択するかは各事業年度ごとに、かつ、年の異なるごとに行う。

2

特別控除額

⑴ 収用等の場合（圧縮記帳との選択適用が可能）……年5,000万円		
⑵ 特定土地区画整理事業のための土地等の譲渡の場合33～37……………………年2,000万円		全体で
⑶ 特定住宅地造成事業等のための土地等の譲渡の場合38～42……………………年1,500万円		年5,000万円(注)以内
⑷ 農地保有の合理化のための農地等の譲渡の場合43～47…………………………年800万円		

(注)　令和２年度改正で年5,000万円の控除限度額について100％グループ内の各法人の所得控除の合計で判定することとされ、別表十(五)付表で計算していく。令和４年４月１日以後開始事業年度から適用される。

3

買取りの申し出から６ヶ月以内の譲渡が要件

2と3の期間が６ヶ月以内か。また、買取りの申出書類、収用証明書等の保存が必要。

4

特定の長期所有土地等を譲渡した場合の特別控除額の計算（48～52）

法人が、平成21年１月１日から平成22年12月31日までの間に取得した国内にある土地等を５年超所有し譲渡した場合には、一定の要件の下に1,000万円の特別控除が認められた。

5

記載上の留意点

⑴ 10には、換地処分等により取得した交換取得資産のうち、特別控除の適用のある交換取得資産について、その時価を記入する。

⑵ 19には、特別勘定に経理したが、その後、圧縮記帳でなく5,000万円の特別控除の適用を選択し直す場合に、その取崩額を記入する。

⑶ 20には、譲渡した年において他の資産の譲渡ですでに特別控除の適用を受けている場合、その金額を記載し、5,000万円からその金額を控除したものが21となる。

⑷ 別表十(五)の付表は、完全支配関係法人の資産の譲渡があり、収用等の所得控除の適用を受ける場合に使用する。

財務諸表及び他の別表との関連

12 → 固定資産ａ／ｃ　22 → 別表四減算（社外流出※）

収用換地等及び特定事業の用地買収等の場合の所得の特別控除等に関する明細書

事業年度	令5・4・1 令6・3・31	法人名	

別表十(五) 令五・四・一以後終了事業年度分

I 収用換地等の場合の所得の特別控除に関する明細書

区分	項目	番号	金額等	区分	項目	番号	金額
譲渡資産の明細	公共事業者の名称	1	XX県		譲渡資産の帳簿価額	12	3,000,000円
譲渡資産の明細	公共事業者から買取り等の申出を受けた年月日	2	6・1・10		同上のうち補償金等の額に対応する部分の帳簿価額	13	3,000,000
譲渡資産の明細	収用換地等による譲渡年月日	3	6・2・27	譲渡経費の額の計算	支出した譲渡経費の額	14	500,000
譲渡資産の明細	譲渡資産の種類	4	土地	譲渡経費の額の計算	譲渡経費に充てるため交付を受けた金額	15	400,000
取得した補償金等の額の計算	対価補償金及び清算金の額	5	28,000,000円	譲渡経費の額の計算	差引譲渡経費の額 (14)－(15)	16	100,000
取得した補償金等の額の計算（同上以外の補償金の額）	収益補償金のうち対価補償金に相当する部分の額	6		譲渡経費の額の計算	同上のうち補償金等の額に係る譲渡経費の額	17	100,000
取得した補償金等の額の計算（同上以外の補償金の額）	経費補償金のうち対価補償金に相当する部分の額	7			譲渡益の額 (9)＋(10)－(11)－((12)又は(13))－((16)又は(17))	18	24,900,000
取得した補償金等の額の計算（同上以外の補償金の額）	移転補償金のうち対価補償金に相当する部分の額	8			当期前において設けた特別勘定の金額で、当期において益金の額に算入して特別控除の規定の適用を受ける金額	19	5
取得した補償金等の額の計算	取得した補償金等の額 (5)＋(6)＋(7)＋(8)	9		特別控除額の計算	当該譲渡の日の属する年において譲渡した他の資産につき、5,000万円、2,000万円、1,500万円及び800万円特別控除の規定並びに1,000万円特別控除の規定の適用を受けた金額	20	
	特別控除に係る交換取得資産の価額	10	5	特別控除額の計算	特別控除残額 5,000万円－(20)	21	50,000,000
	同上の交換取得資産につき支払った交換差金の額	11		特別控除額の計算	2 特別控除額 (((18)又は(19))と(21)のうち少ない金額)	22	24,900,000

3

→ 別表四減算欄・社外流出へ

II 特定事業の用地買収等の場合の所得の特別控除等に関する明細書

区分	項目	番号	金額等	区分	項目	番号	金額
	事業施行者等の名称	23		特定住宅地造成事業等のために土地等を譲渡した場合の特別控除額の計算	当該譲渡の日の属する年において譲渡した他の資産につき、1,500万円特別控除の規定の適用を受けた金額	38	円
	特定事業の用地買収等により譲渡した年月日	24	(・ ・) ・ ・	特定住宅地造成事業等のために土地等を譲渡した場合の特別控除額の計算	1,500万円－(38)	39	
	取得した対価の額	25	円	特定住宅地造成事業等のために土地等を譲渡した場合の特別控除額の計算	当該譲渡の日の属する年において譲渡した他の資産につき、5,000万円、2,000万円、1,500万円及び800万円特別控除の規定並びに1,000万円特別控除の規定の適用を受けた金額	40	
	交換取得資産の価額	26		特定住宅地造成事業等のために土地等を譲渡した場合の特別控除額の計算	特別控除残額 5,000万円－(40)	41	
	交換取得資産につき支払った交換差金の額	27		特定住宅地造成事業等のために土地等を譲渡した場合の特別控除額の計算	特別控除額 ((32)、(39)と(41)のうち少ない金額)	42	
	特定事業の用地買収等により譲渡した部分の帳簿価額	28		農地保有の合理化のために農地等を譲渡した場合の特別控除額の計算	当該譲渡の日の属する年において譲渡した他の資産につき、800万円特別控除の規定の適用を受けた金額	43	
譲渡経費の額の計算	支出した譲渡経費の額	29		農地保有の合理化のために農地等を譲渡した場合の特別控除額の計算	800万円－(43)	44	
譲渡経費の額の計算	譲渡経費に充てるため交付を受けた金額	30		農地保有の合理化のために農地等を譲渡した場合の特別控除額の計算	当該譲渡の日の属する年において譲渡した他の資産につき、5,000万円、2,000万円、1,500万円及び800万円特別控除の規定並びに1,000万円特別控除の規定の適用を受けた金額	45	
譲渡経費の額の計算	差引譲渡経費の額 (29)－(30)	31		農地保有の合理化のために農地等を譲渡した場合の特別控除額の計算	特別控除残額 5,000万円－(45)	46	
	譲渡益の額 (25)＋(26)－(27)－(28)－(31)	32		農地保有の合理化のために農地等を譲渡した場合の特別控除額の計算	特別控除額 ((32)、(44)と(46)のうち少ない金額)	47	
特定土地区画整理事業等のために土地等を譲渡した場合の特別控除額の計算	当該譲渡の日の属する年において譲渡した他の資産につき、2,000万円特別控除の規定の適用を受けた金額	33		特定の長期所有土地等を譲渡した場合の特別控除額の計算	当該譲渡の日の属する年において譲渡した他の資産につき、1,000万円特別控除の規定の適用を受けた金額	48	
特定土地区画整理事業等のために土地等を譲渡した場合の特別控除額の計算	2,000万円－(33)	34		特定の長期所有土地等を譲渡した場合の特別控除額の計算	1,000万円－(48)	49	
特定土地区画整理事業等のために土地等を譲渡した場合の特別控除額の計算	当該譲渡の日の属する年において譲渡した他の資産につき、5,000万円、2,000万円、1,500万円及び800万円特別控除の規定並びに1,000万円特別控除の規定の適用を受けた金額	35		特定の長期所有土地等を譲渡した場合の特別控除額の計算	当該譲渡の日の属する年において譲渡した他の資産につき、5,000万円、2,000万円、1,500万円及び800万円特別控除の規定並びに1,000万円特別控除の規定の適用を受けた金額	50	
特定土地区画整理事業等のために土地等を譲渡した場合の特別控除額の計算	特別控除残額 5,000万円－(35)	36		特定の長期所有土地等を譲渡した場合の特別控除額の計算	特別控除残額 5,000万円－(50)	51	
特定土地区画整理事業等のために土地等を譲渡した場合の特別控除額の計算	特別控除額 ((32)、(34)と(36)のうち少ない金額)	37		特定の長期所有土地等を譲渡した場合の特別控除額の計算	特別控除額 ((32)、(49)と(51)のうち少ない金額)	52	

4

【適用額明細書との関連】

22、52の記載がある場合等…171ページ参照

なお、37、42、47の記載については省略

別表十(六)・同付表一

特定事業活動として特別新事業開拓事業者の株式の取得をした場合の特別勘定の金額の損金算入に関する明細書

Case　特別新事業開拓事業者の株式の取得について、一定の要件を満たし25％の特別勘定の損金算入の適用を受けるときに作成する（オープンイノベーション促進税制）。

1　適用対象法人

特定事業活動を行う者が、令和2年4月1日から令和6年3月31日（令和6年度改正で2年延長見込）までの間に、設立10年未満等の特別新事業開拓事業者いわゆる未上場のスタートアップ企業の特定株式を取得（ベンチャーキャピタルを通しての取得も含む）した場合には、その株式の取得価額の25％の特別勘定を設けることにより損金算入される。

この特別勘定は特定株式の譲渡、その他の取崩し事由に応じて、原則として取崩すことになる。適用を受ける法人は特定株式について一定の要件を満たすことにつき経済産業大臣の証明を受ける必要がある。なお、令和5年度改正で従来の出資の払込の他に株式発行法人以外からの購入（取得により50％超の議決権の取得すること）も認められた。株式の取得は5億円以上とされ特定株式の要件の見直しも行われている。

2　特別勘定の設定

特定株式の取得価額の25％相当額が損金算入される。別表十(六)付表一で特別勘定繰入額の損金算入基準額（付表一11）を計算し、当期の所得基準額(注)10（上限125億円）がその限度額となる11。

1と10のうち少ない金額が損金算入額11（内訳として増資特定株式は12、購入特定株式は13）となる。なお、特別勘定の設定は損金処理方式又は剰余金処分方式により行う。

(注)　所得基準額10の別表十(六)付表二10は、グループ通算適用法人が記載する。

3　特定株式の要件

(1)　株式取得の下限について

増資株式は、大企業1億円、中小企業1千万円以上の払込みが必要とされ、購入株式は5億円以上の取得とされる。

(2)　特定株式の取得の上限について

増資株式は50億円、購入株式は200億円とされる。

4　特別勘定の取崩しによる益金算入　21

特別勘定の取崩し事由として、特定株式の譲渡、配当を受けた場合、その他があり取崩し事由に応じた金額を取崩し益金算入する。

なお、株式取得の日から5年を経過した場合には取崩しが必要16となるが、5年以内に成長要件（売上が1.7倍かつ33億円以上になったこと等の要件）を満たした場合は除かれる（付表一21）。

特定事業活動として特別新事業開拓事業者の株式の取得をした場合の特別勘定の金額の損金算入に関する明細書

事業年度	令5．4．1 ～ 令6．3．31	法人名	X社

別表十(六) 令五・四・一以後終了事業年度分

2

項目	番号	金額（円）
当期特別勘定繰入額のうち損金算入額基準額の合計額 (別表十(六)付表一「11」の合計)	1	150,000,000
当期所得基準額の計算 所得金額総計基準額 (別表四「45の①」－「27の①」)	2	1,200,000,000
新鉱床探鉱費又は海外新鉱床探鉱費の特別控除額 (別表十(三)「43」)	3	−
農業経営基盤強化準備金積立額の損金算入額 (別表十二(十四)「10」)	4	−
農用地等を取得した場合の圧縮額の損金算入額 (別表十二(十四)「43の計」)	5	−
関西国際空港用地整備準備金積立額、中部国際空港整備準備金積立額又は再投資等準備金積立額の損金算入額 (別表十二(十一)「15」、別表十二(十二)「10」又は別表十二(十五)「12」)	6	−
当期所得基準額の計算 控除未済欠損金額 (別表七(一)「3の計」)	7	−
欠損金当期控除額 (別表七(一)「4の計」)	8	−
翌期繰越欠損金額 (7)－(8)	9	−
当期所得基準額 ((2)－(3)－(4)－(5)－(6)－(9))又は(別表十(六)付表二「10」) (125億円を超える場合は125億円) (マイナスの場合は0)	10	1,200,000,000
当期特別勘定繰入額のうち損金算入額 ((1)と(10)のうち少ない金額)	11	150,000,000
(11)の内訳 (11)のうち増資特定株式に係る損金算入額 (別表十(六)付表一「12」のうち増資特定株式に係る額の合計額)	12	−
(11)の内訳 (11)のうち増資特定株式以外の特定株式に係る損金算入額 (11)－(12)	13	150,000,000

2

当期益金算入額の計算

項目	番号	金額（円）
特定株式につき経済産業大臣による証明書が交付されない場合の益金算入額 (別表十(六)付表一「14」の合計)	14	
同上のうち増資特定株式に係る益金算入額 (別表十(六)付表一「14」のうち増資特定株式に係る額の合計額)	15	
5年経過特別勘定の金額の益金算入額 (別表十(六)付表一「15」の合計)	16	
要加算調整額 (別表十(六)付表一「16」の合計)	17	
同上のうち増資特定株式に係る額 (別表十(六)付表一「16」のうち増資特定株式に係る額の合計額)	18	
(14)、(16)及び(17)以外の益金算入額 (別表十(六)付表一「17」の合計)	19	
同上のうち増資特定株式に係る益金算入額 (別表十(六)付表一「17」のうち増資特定株式に係る額の合計額)	20	
当期益金算入額 (14)＋(16)＋(17)＋(19)	21	
(21)の内訳 (21)のうち増資特定株式に係る益金算入額 (15)＋(18)＋(20)	22	
(21)の内訳 (21)のうち増資特定株式以外の特定株式に係る益金算入額 (21)－(22)	23	

4

【適用額明細書との関連】

12…（条項）第66条の13第１項第１号 （区分）0656

13…（条項）第66条の13第１項第２号 （区分）0698

他の別表との関連

1 ← 付表一11　　12 ← 付表一12

5年経過特別勘定の益金算入額16 ← 付表一15合計額　　19 ← 付表一17合計額

21－11 → 別表4 50

各特定株式の特別勘定の金額に関する明細書

事業年度	令5．4．1 令6．3．31	法人名	X社

別表十六付表一　令五・四・一以後終了事業年度分

区分		増資特定株式			増資特定株式以外の特定株式		
特定株式を発行した法人の名称	1				V社		
本店又は主たる事務所の所在地	2				XXX		
特定株式の取得年月日	3	・・	・・	・・	令5・8・1	・・	・・
各特定株式の取得基準額の計算　特別勘定に経理した金額	4	円	円	円	円 150,000,000	円	円
(4)の内訳　(4)のうち損金経理による金額	5				―		
(4)の内訳　(4)のうち剰余金の処分による金額	6				150,000,000		
当期において取得した特定株式のうち期末に有するものの取得価額	7				600,000,000	3	
同上の25％相当額	8				150,000,000	2	
取得年度に特定株式の帳簿価額を減額した金額のうち損金算入された金額に係る部分の金額	9				―		
各特定株式の取得基準額 (8)－(9) （マイナスの場合は0）	10				150,000,000		
当期特別勘定繰入額のうち損金算入額基準額 ((4)と(10)のうち少ない金額)	11				150,000,000		
翌期繰越額の計算　当期特別勘定繰入額のうち損金算入額	12	円	円	円	円 150,000,000	円	円
期首特別勘定の金額	13				150,000,000		
当期益金算入額の計算　特定株式につき経済産業大臣による証明書が交付されない場合の益金算入額	14						4
5年経過特別勘定の金額の益金算入額	15						
要加算調整額	16						
(14)から(16)まで以外の益金算入額	17						
当期益金算入額 ((14)から(17)までの計)	18				―		
期末特別勘定の金額 (12)又は((13)－(18))	19				150,000,000		
取得日から3年又は5年を経過した特定株式に係る特別勘定の金額	20						
成長発展が図られた特定株式に係る特別勘定の金額	21				―		

Column 8 インボイス方式導入に際しての取扱い

インボイス方式（適格請求書等保存方式）は令和５年10月１日より適用されている。

インボイス方式について平成28年改正法附則の経過措置の他にその後の改正、いくつかのインボイスに関する消費税の通達では令和５年10月１日から令和11年９月30日まで最大６年間の経過措置がある。消費税の取扱い、各種届出書の提出期限の事前届出等が従来と異なり緩和されている。なお、令和５年８月10日に消費税に関するいくつかの通達、Q&Aが一本化され、消費税法基本通達として公表されている。

1　インボイス方式（適格請求書等保存方式）の登録申請

インボイス方式の登録申請は、令和３年10月１日から令和５年３月31日（９月30日まで可能となる）までであったが、免税事業者が令和５年10月２日以後に登録を受ける場合には、登録申請書に登録希望日（提出日から15日以降の日を希望日とする）を記載するとその日から課税事業者となる。なお、インボイス発行事業者の前々期の基準期間の課税売上が１千万円以下で免税事業者になるには、インボイスの登録取消届出書を免税事業者になる課税期間の15日前までに提出する。

2　２割の納付特例

免税事業者がインボイス発行事業者を選択した場合に、３年間につき売上に係る消費税の２割の納付特例が設けられた。適用対象者は、免税事業者からインボイス発行事業者になる前々期の基準期間の課税売上が１千万円以下の事業者とされる。課税期間は、令和５年10月１日から令和８年９月30日を含む課税期間となる。

２割の特例適用に当っては事前の届出も不要で、申告時に本則課税等との選択適用が可能となる。２割の納付特例期間中に簡易課税選択届出書を提出した場合には、その提出した日の属する課税期間から適用が受けられる。

3　小規模事業者の１万円未満の少額取引の特例

税込１万円未満の少額課税取引について、インボイスの保存を要することなく帳簿の保存のみで６年間につき仕入税額控除が認められる。適用対象者は前々期の基準期間の課税売上が１億円以下又は前期首より６ヶ月間の特定期間の課税売上（給与支払額は使用不可）が５千万円以下の事業者で、対象期間は令和５年10月１日から令和５年11年９月30日までの課税仕入となる。１万円未満の判定は一商品ごとでなく、一回の取引の税込金額で行う。なお、１万円未満の少額取引は、免税業者、個人からの仕入であっても全額仕入税額控除が適用される。

4　１万円未満の返品・値引

税込１万円未満の返品・値引について、返還インボイスの交付は不要となる。すべての事業者に対して事務負担軽減のため交付義務が免除された。令和５年10月１日から適用され適用期限はなく適用される。なお、１万円未満の少額取引とは取扱いは異なるが、３万円未満の公共交通機関、３万円未満の自動販売機、郵便切手等については、売手のインボイス交付義務は免除されている。

5　インボイス方式導入後６年間は免税事業者からの仕入について、一定割合の仕入税額控除が認められる（平成28年度改正法附則）。

令和５年10月１日～令和８年９月30日まで……仕入税額の80％が控除可能

令和８年10月１日～令和11年９月30日まで……仕入税額の50％が控除可能

(注)　仕入税額控除対象外の金額は、取引対価に含めることになるので棚卸資産、固定資産の資産項目等について費用処理した場合には申告調整の必要性の有無にも留意する。

別表十一(一)
個別評価金銭債権に係る貸倒引当金の損金算入に関する明細書

Case　法人が金銭債権のうち、一定の事由により将来、貸倒れが見込まれる場合、債務者ごとに貸倒引当金の個別繰入れを行うときに作成する。

1　個別評価する金銭債権に係る繰入限度額(注1)の計算

第1号………14　5年経過後に弁済される長期棚上げ債権

第2号………15　債務超過の状態が相当期間継続し、事業に好転の見通しがないこと等

第3号(注2)…16　更生手続開始の申立て等の事由の発生（50%繰入れ）

第4号………17　外国の政府等の金銭債権で、長期の履行遅滞により回収が著しく困難な場合（50%繰入れ）

(注1)　不渡りによる銀行取引停止処分があった場合に50%繰入れができるが、期末までに不渡りが発生し、申告期限までに取引停止処分があった場合にも50%の繰入れができる。

(注2)　第3号イ：会社更生法の申立て、同号ロ：民事再生法の申立て、同号ハ：破産の申立て、同号ニ：特別清算の申立て、同号ホ：手形交換所の取引停止処分

2　個別評価に係る繰入対象金額

金銭債権6－回収見込額(注)(7～10)－相手方よりの債務12＝繰入対象金額13

(注)　回収見込額とは、抵当権等により担保されている金額（配当見込額）、保証額（一般の保証も入るが保証人が行方不明、資力がないなど一定の場合は除かれる）、第三者振出しの受取手形を記載する。

3　貸倒引当金制度の見直し

貸倒引当金制度（別表十一(一の二)の繰入れも含む）について、平成24年度改正でその適用が中小企業者等、金融機関等に限定され、これ以外の法人は4分の1ずつ繰入限度額が縮小され平成27年度に廃止された。

(注)　中小企業者等については42ページ参照。なお、中小企業者等の貸倒引当金の法定繰入率による繰入は、措置法上の特例とされている。

4　書類等の保存

個別繰入れを行う場合には、繰入事由を証する書類、関係書類の保存が必要となる。

財務諸表及び他の別表との関連

(1)　貸倒引当金の個別繰入れの計算（5～18）

5　→　貸借対照表又は損益計算書

6　→　別表十一（一の二）21（金銭債権のうち、売掛金等を22に移記する）

18　→　別表四加算・留保

(2)　翌期以降の貸倒実績率の計算の基礎となる金額

19　→　翌期以降の別表十一（一の二）12（貸倒実績率の計算上加算）

24　→　翌期以降の別表十一（一の二）14（貸倒実績率の計算上控除）

個別評価金銭債権に係る貸倒引当金の損金算入に関する明細書

事業年度	令5・4・1 令6・3・31	法人名	○○株式会社 中小法人

別表十一(一) 令五・四・一以後終了事業年度分

項目			No.					計
債務者	住所又は所在地		1	大田区山王	横浜市			計
債務者	氏名又は名称（外国政府等の別）		2	A社 （　）	B社 （　）	（　）	（　）	
1 個別評価の事由			3	令第96条第1項第3号イ該当	令第96条第1項第2号該当	令第96条第1項第　号該当	令第96条第1項第　号該当	
同上の発生時期			4	令4・11・15	令5・11・30	・　・	・　・	
当期繰入額			5	円 7,500,000	円 5,000,000	円	円	円 12,500,000
繰入限度額の計算	個別評価金銭債権の額		6	20,000,000	10,000,000			30,000,000
繰入限度額の計算	(6)のうち5年以内に弁済される金額（令第96条第1項第1号に該当する場合）		7					
繰入限度額の計算	(6)のうち取立て等の見込額	担保権の実行による取立て等の見込額	8		5,000,000			
繰入限度額の計算	(6)のうち取立て等の見込額	他の者の保証による取立て等の見込額	9					
繰入限度額の計算	(6)のうち取立て等の見込額	その他による取立て等の見込額	10					
繰入限度額の計算	(6)のうち取立て等の見込額	(8)＋(9)＋(10)	11		5,000,000			
繰入限度額の計算	(6)のうち実質的に債権とみられない部分の金額		12	5,000,000				
繰入限度額の計算	(6)−(7)−(11)−(12)		13	15,000,000	5,000,000			
繰入限度額の計算	繰入限度額	令第96条第1項第1号該当 (13)	14					円
繰入限度額の計算	繰入限度額	令第96条第1項第2号該当 (13)	15		5,000,000			5,000,000
繰入限度額の計算	繰入限度額	令第96条第1項第3号該当 (13)×50%	16	7,500,000				7,500,000
繰入限度額の計算	繰入限度額	令第96条第1項第4号該当 (13)×50%	17					
繰入限度超過額 (5)−((14)、(15)、(16)又は(17))			18	−	−			
貸倒実績率の計算の基礎となる金額の明細	貸倒れによる損失の額等の合計額に加える金額（(6)の個別評価金銭債権が売掛債権等である場合の(5)と((14)、(15)、(16)又は(17))のうち少ない金額）		19	7,500,000	5,000,000			12,500,000
貸倒実績率の計算の基礎となる金額の明細	前期の個別評価金銭債権の額（前期の(6)）		20	20,000,000				20,000,000
貸倒実績率の計算の基礎となる金額の明細	貸倒れによる損失の額等の合計額から控除する金額	(20)の個別評価金銭債権が売掛債権等である場合の当該個別評価金銭債権に係る損金算入額（前期の(19)）	21	7,500,000				7,500,000
貸倒実績率の計算の基礎となる金額の明細	貸倒れによる損失の額等の合計額から控除する金額	(21)に係る売掛債権等が当期において貸倒れとなった場合のその貸倒れとなった金額	22					
貸倒実績率の計算の基礎となる金額の明細	貸倒れによる損失の額等の合計額から控除する金額	(21)に係る売掛債権等が当期においても個別評価の対象となった場合のその対象となった金額	23	20,000,000				20,000,000
貸倒実績率の計算の基礎となる金額の明細	貸倒れによる損失の額等の合計額から控除する金額	(22)又は(23)に金額の記載がある場合の(21)の金額	24	7,500,000				7,500,000

2

1

（18 計欄）→ 別表四加算・留保欄へ

別表十一(一の二)
一括評価金銭債権に係る貸倒引当金の損金算入に関する明細書

Case　資本金1億円以下の中小法人等（資本金5億円以上の大法人の100%子会社は除く）及び金融機関等が、金銭債権について過去3年間の貸倒実績に基づき、又は中小法人等が法定繰入率に基づいて貸倒引当金を計上するときに作成する。

1　一括評価する金銭債権に係る繰入限度額の計算

(1)　法定繰入率による場合(注)　差引期末一括評価金銭債権[26]×法定繰入率[5]

(2)　貸倒実績率による場合　期末一括評価金銭債権[24]×実績による貸倒れの発生割合[17]

(注)　法定繰入率による繰入れは資本金1億円以下の中小法人等に限られ、(1)、(2)の方法につき中小法人等は有利選択が可能。なお、平成31年4月1日以後に開始する事業年度から、中小法人のうち適用除外事業者（課税所得が3年間平均15億円超）は除かれている。

2　実質的に債権とみられないものの額の計算　[25]

(1)　[25]は、法定繰入率による繰入れを行う場合にのみ相殺適状の債務を記載する。

(2)　個別法と簡便法（[27]～[30]この場合の基準年度は、平成27年4月1日～平成29年3月31日までの間に開始した各事業年度）の有利選択が可能である。

3　一括評価金銭債権の計算

(1)　割引手形、裏書手形、輸出割引手形も含め、現先運用の有価証券、工事進行基準適用の未収金も対象となる。なお、令和2年度改正で100%グループ内の法人間の金銭債権は対象から除外され令和4年4月1日以後開始する事業年度より適用されている。

(2)　個別評価の対象となった売掛債権等がある場合には、別表十一(一)[6]の金額を科目ごとに[21]に記載する。

(3)　保証金等は一括評価繰入れの計算対象外であるが、その返還請求権は個別評価繰入れの対象となる。

4　実績による貸倒れの発生割合の計算

(1)　[11]の記載……当期前3年間の売掛債権等の貸倒損失を記載する。

(2)　[12]の記載……当期前3年間の各期の別表十一(一)[19]の金額を記載する。

(3)　[14]の記載……当期前3年間の各期の益金算入額と別表十一(一)[24]のうち、少ない金額を記載する。

5　公益法人等、協同組合等の10%の割増措置の廃止と経過措置

従来、10%の割増繰入れが認められていたが、平成31年度改正で廃止された。なお、経過措置として、平成31年4月1日から令和5年3月31日までの間に開始する事業年度において、5分の1ずつ減少した割合で割増しが認められた。

財務諸表及び他の別表との関連

[1]→貸借対照表又は損益計算書　[8]→別表四加算・留保　[18]→貸借対照表、勘定科目内訳明細書

一括評価金銭債権に係る貸倒引当金の損金算入に関する明細書

事業年度	令5・4・1 令6・3・31	法人名	A株式会社 中小法人製造業

1

別表十一（一の二） 令五・四・一以後終了事業年度分

区分	項目	番号	金額
	当期繰入額	1	20,500,000円
繰入限度額の計算	期末一括評価金銭債権の帳簿価額の合計額（23の計）	2	1,861,000,000
	貸倒実績率（16）	3	0.011
	実質的に債権とみられないものの額を控除した期末一括評価金銭債権の帳簿価額の合計額（25の計）	4	円
	法定の繰入率	5	8/1,000
	繰入限度額 ((2)×(3)) 又は ((4)×(5))	6	20,471,000円
	公益法人等・協同組合等の繰入限度額 (6)×102/100	7	
	繰入限度超過額 (1)－((6)又は(7))	8	29,000

1

別表四 加算・留保へ

区分	項目	番号	金額
貸倒実績率の計算	前3年内事業年度（設立事業年度である場合には当該事業年度）の(2)の合計額	9	5,340,000,000円
	(9) / 前3年内事業年度における事業年度の数	10	1,780,000,000
前3年内事業年度（設立事業年度である場合には当該事業年度）の	売掛債権等の貸倒れによる損失の額の合計額	11	53,740,000
	別表十一（一）「19の計」の合計額	12	5,000,000
	別表十一（一）「24の計」の合計額	13	
	貸倒れによる損失の額等の合計額 (11)＋(12)－(13)	14	58,740,000
	(14)×12/前3年内事業年度における事業年度の月数の合計	15	19,580,000
	貸倒実績率 (15)/(10)（小数点以下4位未満切上げ）	16	0.011

4

一括評価金銭債権の明細

3

2

勘定科目	期末残高	売掛債権等とみなされる額及び貸倒否認額	(17)のうち税務上貸倒れがあったものとみなされる額及び売掛債権等に該当しないものの額	個別評価の対象となった売掛債権等の額及び非適格合併等により合併法人等に移転する売掛債権等の額	法第52条第1項第3号に該当する法人の令第96条第9項各号の金銭債権以外の金銭債権の額	完全支配関係がある他の法人に対する売掛債権等の額	期末一括評価金銭債権の額 (17)＋(18)－(19)－(20)－(21)－(22)	実質的に債権とみられないものの額	差引期末一括評価金銭債権の額 (23)－(24)
	17	18	19	20	21	22	23	24	25
売掛金	円 960,000,000	円	円	円 30,000,000	円	円	円 930,000,000		円 930,000,000
受取手形	600,000,000						600,000,000		600,000,000
割引手形	300,000,000						300,000,000		300,000,000
未収金	5,000,000						5,000,000		5,000,000
貸付金	26,000,000						26,000,000		26,000,000
計	1,891,000,000			30,000,000			1,861,000,000		1,861,000,000

基準年度の実績により実質的に債権とみられないものの額を計算する場合の明細

項目	番号	金額	項目	番号	金額
平成27年4月1日から平成29年3月31日までの間に開始した各事業年度末の一括評価金銭債権の額の合計額	26	円	債権からの控除割合 (27)/(26)（小数点以下3位未満切捨て）	28	
同上の各事業年度末の実質的に債権とみられないものの額の合計額	27		実質的に債権とみられないものの額 (23の計)×(28)	29	円

（注）法定繰入率について

(1) 卸売及び小売業（飲食店等を含む）$\frac{10}{1,000}$　(2) 製造業（電気・ガス、水道業等含む）$\frac{8}{1,000}$

(3) 金融及び保険業 $\frac{3}{1,000}$　(4) 割賦販売小売業等 $\frac{7}{1,000}$　(5) その他の事業 $\frac{6}{1,000}$

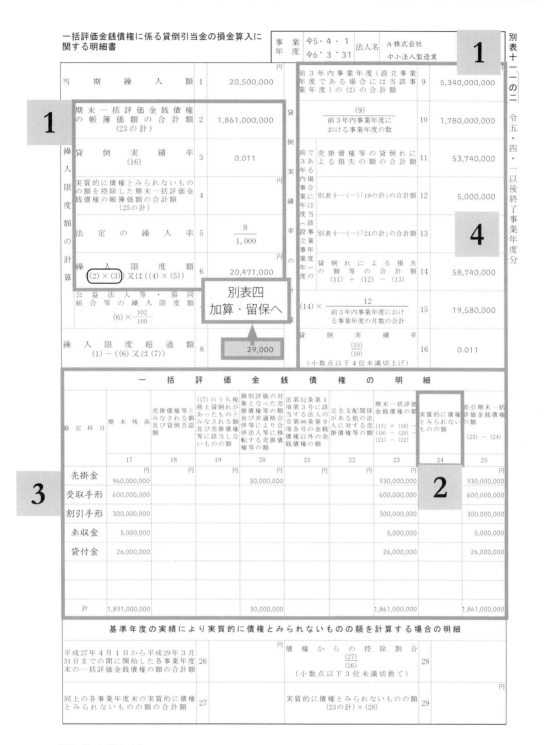

別表十二(二)

中小企業事業再編投資損失準備金の損金算入に関する明細書

Case　青色申告法人で、経営力向上計画の認定を受けた中小企業者が、株式等の取得をした場合に準備金を積み立てるときに作成する。

1 適用対象法人

令和3年8月2日から令和6年3月31日（令和6年度改正で内容の拡充とともに3年延長見込）までの間に、中小企業等経営強化法の経営力向上計画の認定を受けた中小企業者等が、株式等の取得（取得価額10億円以内）をした場合、取得価額の70%を限度として準備金を積み立てて損金算入できる。

なお、中小企業者であっても適用除外事業者に該当する場合には、大法人並みとして適用から除かれる（63ページ参照）。

2 積立限度額の計算

特定株式の取得価額[5]×70%＝積立限度額[6]

（注）特定株式の取得は購入によるものに限られ、その取得価額は10億円以下とされる。なお、合併、分割等による取得は対象外となる。

3 準備金の取崩し

積立てをした5年経過後に5年間で均等額を取り崩し益金算入する（[11]）。また、株式を有しなくなった場合等の一定の事由に該当する場合[12]には取り崩す。

4 留意点

⑴　申告書に特定株式であることを証する書類の添付が必要とされる。

⑵　中小企業経営強化税制（66ページ参照）の対象に、上記の経営力向上計画の認定を受けた場合は、経営資源集約化設備（D類型）が令和3年度改正で追加された。

他の別表との関連

[14]（＝[3]－[9]）→　別表四減算・留保　　[13]　→　別表四加算・留保

[11]　←　[23]の計　　[12]　←　[24]の計

中小企業事業再編投資損失準備金の損金算入に関する明細書

事業年度	令5・4・1 令6・3・31	法人名	×××（中小法人）

別表十二(二) 令五・四・一以後終了事業年度分

項目	番号	金額	項目	番号	金額
特定法人の名称	1	XXX（株）	翌期繰越額の計算：期首中小企業事業再編投資損失準備金の金額	10	円
経営力向上計画の認定を受けた日	2	令6・1・15	当期益金算入額：5年経過後5年間均等益金算入額 (23の計)	11	
当期積立額	3	円 210,000,000	当期益金算入額：同上以外の場合による益金算入額 (24の計)	12	
積立限度額の計算：当期において取得した特定株式等の取得年月日	4	令6・3・10	当期益金算入額：計 (11)＋(12)	13	
積立限度額の計算：(4)の特定株式等のうち期末に有するものの取得価額	5	円 300,000,000	当期積立額のうち損金算入額 (3)－(9)	14	210,000,000
積立限度額の計算：$(5)\times\frac{70}{100}$	6	210,000,000	期末中小企業事業再編投資損失準備金の金額 (10)－(13)＋(14)	15	210,000,000
積立限度額の計算：取得年度に特定株式等の帳簿価額を減額した金額	7	－	貸借対照表の金額との差額の明細：貸借対照表に計上されている中小企業事業再編投資損失準備金	16	210,000,000
積立限度額の計算：積立限度額 (6)－(7)	8	210,000,000	差引 (16)－(15)	17	－
			当期分：貸借対照表の取崩不足額 (13)－((3)－((16)－前期の(16)))	18	－
			当期分：当期に生じた差額の合計額 (9)＋(18)	19	－
積立限度超過額 (3)－(8)	9	－	前期以前分：前期末における差額 (前期の(17))	20	－

2

3

益金算入額の計算

積立事業年度		当初の積立額のうち損金算入額 21	期首現在の準備金額 22	当期益金算入額：5年経過後5年間均等益金算入による場合 $(21)\times\frac{当期の月数}{60}$ 23	当期益金算入額：(23)以外の場合 24	翌期繰越額 (22)－(23)－(24) 25
積立事業年度終了の日の翌日から5年を経過したもの	・・	円	円	円	円	
	・・					円
	・・					
	・・					
	・・					
積立事業年度終了の日の翌日から5年を経過しないもの	・・	円	円		円	円
	・・					
	・・					
	・・					
	・・					
当期分		210,000,000				210,000,000
計		210,000,000		円		210,000,000

別表十三(一)

国庫補助金等、工事負担金及び賦課金で取得した固定資産等の圧縮額等の損金算入に関する明細書

Case　法人が固定資産の取得等に充てるため、国又は地方公共団体から補助金等の交付を受け圧縮記帳を行う場合に作成する。

1

返還を要しない補助金

圧縮記帳を行うには、国庫補助金等の交付を受け、交付の目的に適合した固定資産の取得等をすると同時に事業年度末までに補助金等について返還を要しないことが確定していることが必要である。

なお、圧縮記帳の対象となる国庫補助金等は限定列挙されている（令79）。

2

圧縮限度額の計算

(1)　返還不要の国庫補助金等

国庫補助金等のうち返還を要しない金額等[7]

(2)　返還条件付きの国庫補助金等

国庫補助金等の返還が確定していない場合には、特別勘定の繰入れを行い、返還を要しないことが確定したときに特別勘定を取り崩し、圧縮記帳を行う。

$$\text{返還を要しないことが確定した日の固定資産の簿価}\boxed{8} \times \frac{\text{返還を要しない国庫補助金等の額}\boxed{7}}{\text{固定資産の取得価額}\boxed{9}} = \text{圧縮限度額}\boxed{11}$$

(注)　圧縮記帳後の簿価が１円未満となる場合には１円の備忘価額を付す。

3

固定資産の翌期以降の取得

返還不要の国庫補助金等の交付を受けたが、固定資産の取得が翌期以降になる場合には、補助金収入を仮受金等で処理し、固定資産の取得時に圧縮記帳を行うことができる。

4

先行取得

固定資産を前期において先行取得している場合には、国庫補助金等の交付を受けた事業年度で圧縮記帳ができる。この場合、[14]で先行取得資産の既償却額の調整を行い、[15]で固定資産の取得価額から控除する金額を計算する。

他の別表との関連

[13]　→　別表四加算・留保

別表十三（一）　国庫補助金等、工事負担金及び賦課金で取得した固定資産等の圧縮額等の損金算入に関する明細書

| 国庫補助金等、工事負担金及び賦課金で取得した固定資産等の圧縮額等の損金算入に関する明細書 | | 事業年度 | 令5・4・1
令6・3・31 | 法人名 | | 別表十三（一） |

Ⅰ　国庫補助金等で取得した固定資産等の圧縮額等の損金算入に関する明細書

補　助　金　等　の　名　称	1	○○事業補助金
補　助　金　等　を　交　付　し　た　者	2	××県
交　付　を　受　け　た　年　月　日	3	令5・12・1
交　付　を　受　け　た　補　助　金　等　の　額	4	70,000,000 円
交　付　を　受　け　た　資　産　の　価　額	5	

2

帳簿価額の減額等をしないこととなった場合（無条件）の場合又は	固定資産の帳簿価額を減額し、又は積立金に経理した金額	6	75,000,000		
	圧縮限度額の計算	(4)のうち返還を要しない又は要しないこととなった金額	7	70,000,000	
		前期以前に取得をした資産である場合の減価	(4)の全部又は一部の返還を要しないこととなった日における固定資産の帳簿価額	8	100,000,000
		固定資産の取得等に要した金額	9	100,000,000	
		補助割合 $\frac{(7)}{(9)}$	10	70%	
		圧縮限度基礎額 (8)×(10)	11	70,000,000 円	
		圧縮限度額 (5)、(7)若しくは(11)又は(((5)、(7)若しくは(11))－1円)	12	70,000,000	

帳簿価額の減額等をしないこととなった合の場合又は返還を要しない場合の減価	圧縮限度超過額 (6)－(12)	13	5,000,000
	前期以前に取得をした減価償却資産の既償却額に係る取得価額調整額（既償却額）×(10)	14	
	取得価額に算入しない金額 ((6)と(12)のうち少ない金額)＋(14)	15	70,000,000

4

特別勘定に経理した場合（条件付）の場合	特別勘定に経理した金額	16			
	特別勘定繰入限度額の計算	繰　入　限　度　額 ((4)のうち条件付の金額)	17		
		繰　入　限　度　超　過　額 (16)－(17)	18		
	翌期繰越額の計算（条件付の場合）	当初特別勘定に経理した金額（繰入事業年度の(16)－(18))	19		
		同上のうち前期末までに益金の額に算入された金額	20		
		当期中に益金の額に算入すべき金額	返　還　し　た　金　額	21	
			返還を要しないこととなった金額	22	
			(21)及び(22)以外の取崩額	23	
		期末特別勘定残額 (19)－(20)－(21)－(22)－(23)	24		

別表四加算・留保へ

令五・四・一以後終了事業年度分

Ⅱ　工事負担金で取得した固定資産等の圧縮額の損金算入に関する明細書

交付を受けた金銭の額及び資材の価額	25	円	
交付を受けた固定資産の価額	26		
取得した固定資産の種類	27		
固定資産の帳簿価額を減額し、又は積立金に経理した金額	28	円	
圧縮限度額の計算	固定資産の取得に要した金額	29	
	圧縮限度基礎額 ((25)と(29)のうち少ない金額)	30	

圧縮限度額の計算	前期以前に取得をした資産である場合の減価	(25)の交付を受けた日における固定資産の帳簿価額	31	円
		負　担　割　合 $\frac{(25)}{(29)}$ （1を超える場合は1）	32	
		圧縮限度基礎額 (31)×(32)	33	円
	圧縮限度額 (26)、(30)若しくは(33)又は(((26)、(30)若しくは(33))－1円)	34		
	圧縮限度超過額 (28)－(34)	35		
	前期以前に取得をした減価償却資産の既償却額に係る取得価額調整額 （既償却額）×(32)	36		
	取得価額に算入しない金額 ((28)と(34)のうち少ない金額)＋(36)	37		

Ⅲ　非出資組合が賦課金で取得した固定資産等の圧縮額の損金算入に関する明細書

賦課に基づいて納付された金額	38	円	
取得した固定資産の種類	39		
固定資産の帳簿価額を減額し、又は積立金に経理した金額	40	円	
圧縮限度額の計算	固定資産の取得等に要した金額	41	
	圧縮限度基礎額 ((38)と(41)のうち少ない金額)	42	

圧縮限度額の計算	前期以前に取得をした資産である場合の減価	(38)が納付された日における固定資産の帳簿価額	43	円
		賦　課　割　合 $\frac{(38)}{(41)}$ （1を超える場合は1）	44	
		圧縮限度基礎額 (43)×(44)	45	円
	圧縮限度額 (42)若しくは(45)又は(((42)若しくは(45))－1円)	46		
	圧縮限度超過額 (40)－(46)	47		
	前期以前に取得をした減価償却資産の既償却額に係る取得価額調整額 （既償却額）×(44)	48		
	取得価額に算入しない金額 ((40)と(46)のうち少ない金額)＋(48)	49

別表十三(二)
保険金等で取得した固定資産等の圧縮額等の損金算入に関する明細書

Case　法人が所有固定資産の滅失、損壊等により保険金等の支払を受け、保険差益が生じ、保険金等で固定資産を取得し圧縮記帳を行う場合に作成する。

1 代替資産の取得

保険金等の支払を受けた事業年度で代替資産として固定資産（棚卸資産は除く）を取得した場合に圧縮記帳ができる。また、当該事業年度で代替資産を取得することができない場合、翌期から2年以内に取得する見込みであれば、特別勘定の設定ができる。

2 圧縮限度額の計算(注1)

(1)　保険金等で代替資産を取得した場合　5～8

$$\text{保険差益}^{(\text{注}2)}\boxed{8}\times\frac{\text{分母の金額のうち代替資産の取得に充てた金額}\boxed{16}}{\text{保険金等}\boxed{5}-\text{支出経費}\boxed{6}}=\text{圧縮限度額}\boxed{18}$$

(2)　保険金等の支払に代えて代替資産の交付を受けた場合　9～12

（代替資産の時価9－支出経費10）－固定資産の被害部分の帳簿価額4＝圧縮限度額22

(3)　先行取得した代替資産がある場合(注3)

$$(1)\text{の圧縮限度額}\times\frac{\text{保険金等支払日の代替資産の帳簿価額}\boxed{19}}{\text{代替資産の取得価額}\boxed{15}}=\text{圧縮限度額}\boxed{20}$$

(注1)　圧縮記帳後の簿価が1円未満となる場合には1円の備忘価額を付す。
(注2)　保険差益8＝(保険金等5－支出経費6)－固定資産の被害部分の帳簿価額4
(注3)　先行資産に対する償却費の調整を行う必要があり、特別償却準備金（別表十六(九)24）がある場合には、特別償却準備金の残額を帳簿価額より控除する。

3 特別勘定の繰入限度額の計算

$$\text{保険差益}^{(\text{注}2)}\boxed{8}\times\frac{\text{分母の金額のうち代替資産の取得に充てようとする金額}\boxed{29}}{\text{保険金等}\boxed{5}-\text{支出経費}\boxed{6}}=\text{繰入限度額}\boxed{30}$$

代替資産を取得した場合は、特別勘定を取り崩し、圧縮記帳を行う。この場合の圧縮限度額の計算は**2**(1)の算式による。

また、翌期繰越額の計算32～35は、当初特別勘定で処理した金額について、代替資産の取得、2年の指定期間の経過等により取り崩すべき金額を記載する。

他の別表との関連

23、31　→　別表四加算・留保

保険金等で取得した固定資産等の圧縮額等の損金算入に関する明細書

事業年度	令5．4．1 令6・3・31	法人名	

別表十三(二) 令五・四・一以後終了事業年度分

区分		項目	番号	金額
		保険事故等のあった事業年度	1	令5．4．1 令6・3・31
		保険等の目的資産	2	建物
		保険等の目的資産の帳簿価額	3	40,000,000円
		同上のうち被害部分の帳簿価額	4	40,000,000
保険金等の支払を受けた場合 (2(1))		支払を受けた保険金等の額	5	200,000,000
		資産の滅失等により支出する経費の額	6	2,000,000
		差引保険金等の額 (5)－(6)	7	198,000,000
		保険差益金の額	8	158,000,000
代替資産の交付を受けた場合 (2(2))		交付を受けた代替資産の価額	9	
		資産の滅失等により支出する経費の額	10	
		差引代替資産の額 (9)－(10)	11	
		代替資産に係る差益金の額	12	
帳簿価額の減額等をした場合	保険金等の支払を受けた場合の計算 (2(1))	代替資産等の帳簿価額を減額し、又は積立金に経理した金額	13	160,000,000
		(7)のうち、圧縮額等の損金算入の適用を受けない金額及び他の代替資産等につき圧縮額等の損金算入の適用を受ける場合のその適用に係る金額	14	－
		当該代替資産等の取得等に要した金額	15	220,000,000
		当該代替資産等の取得等に対応する保険金等の額 (((7)－(14))と(15)のうち少ない金額) (マイナスの場合は0)	16	198,000,000
		圧縮基礎割合 $\frac{(16)}{(7)}$	17	100%
		圧縮限度額 ((8)×(17))又は((8)×(17)－1円)	18	158,000,000円

区分			項目	番号	金額
帳簿価額の減額等をした場合	保険金等の支払を受けた場合の計算 (2(3))	前期以前に取得をした減価償却資産である場合	保険金等の支払を受ける日における代替資産等の帳簿価額	19	円
			圧縮限度額 $((18) \times \frac{(19)}{(15)})$又は$((18) \times \frac{(19)}{(15)} - 1円)$	20	
	代替資産の交付を受けた場合の計算 (2(2))		代替資産の帳簿価額を減額し、又は積立金に経理した金額	21	
			圧縮限度額 (12)又は((12)－1円)	22	
			圧縮限度超過額 ((13)－((18)若しくは(20)))又は((21)－(22))	23	2,000,000 → 別表四加算・留保へ
			保険差益割合 $\frac{(8) \times (17)}{(15)}$	24	71.8%
			前期以前に取得をした減価償却資産の既償却額に係る取得価額調整額 (既償却額)×(24)	25	円
			取得価額に算入しない金額 ((13)と(18)のうち少ない金額)、(((13)と(20)のうち少ない金額)＋(25))又は((21)と(22)のうち少ない金額)	26	
特別勘定に経理した場合 (3)			特別勘定に経理した金額	27	
	繰入限度額の計算		特別勘定の対象となり得る金額 (7)－(14)－(15)	28	
			(28)のうち代替資産等の取得等に充てようとする金額	29	
			繰入限度額 $(8) \times \frac{(29)}{(7)}$	30	
			繰入限度超過額 (27)－(30)	31	
	翌期繰越額の計算		当初特別勘定に経理した金額 (繰入事業年度の(27)－(31))	32	
			同上のうち前期末までに益金の額に算入された金額	33	
			当期中に益金の額に算入すべき金額	34	
			期末特別勘定残額 (32)－(33)－(34)	35	

(注) 代替資産の当期取得価額を[7]の198,000,000円以上と仮定する。

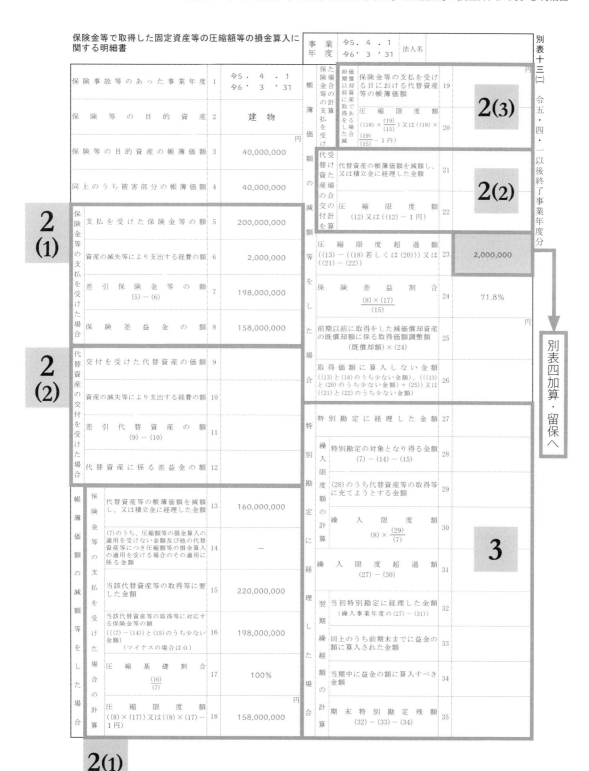

別表十三(三)

交換により取得した資産の圧縮額の損金算入に関する明細書

Case　法人が1年以上所有していた固定資産を交換し、交換取得資産を譲渡資産と同一の用途に供した場合に、交換の圧縮記帳の適用を受けるときに作成する。

1 圧縮限度額の計算

(1)　交換差金がない場合（取得資産のみを取得）　13～18

取得資産の時価7－(譲渡資産の簿価10＋譲渡経費11)＝圧縮限度額18

(2)　取得資産とともに交換差金等を取得した場合　13～18

取得資産の時価7－(譲渡資産の簿価10＋譲渡経費11)

$$\times \frac{\text{取得資産の時価}\boxed{7}}{\text{取得資産の時価}\boxed{7}+\text{交換差金等}\boxed{16}}=\text{圧縮限度額}\boxed{18}$$

(3)　譲渡資産とともに交換差金等を支出した場合　20～25

取得資産の時価7－(譲渡資産の簿価10＋譲渡経費11＋交換差金等23)＝圧縮限度額25

2 資産の種類と用途1

資産の種類は固定資産に限られ、交換取得資産は同一の用途に供することが要件。

3 その他の要件

(1)　双方が1年以上所有していることが要件3～5

(2)　交換差金8が20％以下であることが要件

譲渡資産の時価6と取得資産の時価7の差額8≦6、7のうち多い金額×20％9

4 圧縮記帳の方法

圧縮記帳の処理は、直接減額方式で略式記帳による。

財務諸表及び他の別表との関連

7、10　→　固定資産a／c

13、20　→　固定資産a／c

19、26　→　別表四加算・留保

交換により取得した資産の圧縮額の損金算入に関する明細書

事業年度	令5・4・1 令6・3・31	法人名	

2	交換により譲渡した資産の種類及び用途	1	土地（宅地）
	交換の相手先の氏名又は名称	2	㈱×××
3	交換の年月日	3	令5・6・10
3	譲渡資産を取得した年月日	4	平13・8・10
3	交換取得資産を交換の相手先が取得した年月日	5	平10・2・20
	譲渡資産の価額	6	円 1,500,000,000
	取得資産の価額	7	1,600,000,000
3	(6)と(7)の差額	8	100,000,000
3	(6)と(7)のうち多い金額の $\frac{20}{100}$ 相当額	9	320,000,000
	譲渡直前の帳簿価額　譲渡資産の帳簿価額	10	200,000,000
	譲渡直前の帳簿価額　譲渡資産の譲渡に要した経費の額	11	500,000
	譲渡直前の帳簿価額　計 (10)＋(11)	12	200,500,000

1	取得資産のみを取得した場合又は取得資産と交換差金等を取得した場合	資産の帳簿価額を減額した金額	13	円
1		圧縮限度額の計算　譲渡直前の帳簿価額 (12)	14	
1		圧縮限度額の計算　取得資産の価額 (7)	15	
1		圧縮限度額の計算　取得資産とともに取得した交換差金等の額	16	
1		圧縮限度額の計算　取得資産の価額に対応する帳簿価額 $(14)\times\frac{(15)}{(15)+(16)}$	17	
1		圧縮限度額の計算　圧縮限度額 ((15)−(17))又は((15)−(17)−1円)	18	
		圧縮限度超過額 (13)−(18)	19	
1	譲渡資産と交換差金等を交付して取得資産を取得した場合	資産の帳簿価額を減額した金額	20	1,300,000,000
1		圧縮限度額の計算　取得資産の価額 (7)	21	1,600,000,000
1		圧縮限度額の計算　譲渡資産の帳簿価額　譲渡直前の帳簿価額 (12)	22	200,500,000
1		圧縮限度額の計算　譲渡資産の帳簿価額　譲渡資産とともに交付した交換差金等の額	23	100,000,000
1		圧縮限度額の計算　譲渡資産の帳簿価額　計 (22)＋(23)	24	300,500,000
1		圧縮限度額の計算　圧縮限度額 (21)−(24)	25	1,299,500,000
		圧縮限度超過額 (20)−(25)	26	500,000

→ 別表四加算・留保へ

別表十三(三) 令五・四・一以後終了事業年度分

別表十三(四)

収用換地等に伴い取得した資産の圧縮額等の損金算入に関する明細書

Case　法人が収用等に伴い代替資産を取得し、又は換地処分により交換取得資産を取得し、収用換地等の圧縮記帳の適用を受けるときに作成する。

1 圧縮限度額の計算

(1)　収用等に伴い補償金等をもって代替資産を取得した場合

代替資産の取得価額のうち対価補償金部分[26]×差益割合(注)[23]＝圧縮限度額[27]

(注)　差益割合[23]＝$\dfrac{(\text{対価補償金等[19]}-\text{譲渡経費[20]})-\text{譲渡資産の簿価[22]}}{\text{対価補償金等[19]}-\text{譲渡経費[20]}}$

(2)　換地処分等により交換取得資産を取得した場合

a　交換取得資産だけを取得した場合

交換取得資産の時価[44]－(譲渡資産の簿価[45]＋譲渡経費[47])＝圧縮限度額[49]

b　交換取得資産とともに補償金等を取得した場合

譲渡資産の簿価[4]を補償金部分[17]と交換取得資産部分[18]に按分し(1)と同様に計算する。

c　交換取得資産の取得にあたり交換差金を支払う場合

交換取得資産の時価[44]－(譲渡資産の簿価[45]＋譲渡経費[47]＋支払った交換差金[46])＝圧縮限度額[49]

2 資産の種類 [3] 及び対価補償金 [5]～[8]

換地処分により土地等を取得した場合には、清算中の法人、棚卸資産の譲渡でも認められる。また、補償金は対価補償金に限られ、収益補償金（営業補償）や経費補償金、移転補償金は原則として対象外となるが、対価補償金として取り扱われる場合もあるので、収用証明書等で確認する。

3 先行取得の圧縮限度額（前期以前に代替資産（減価償却資産）を取得している場合）

圧縮限度額[27]×$\dfrac{\text{前期末帳簿価額[29]}}{\text{前期末取得価額[28]}}$

なお、減価償却費の修正として、取得価額から控除する金額は[32]で計算する。

4 その他の留意点

(1)　[16]～[18]の記入は、補償金とともに取得した交換取得資産[11]がある場合に記入する。

(2)　5,000万円の所得控除との有利選択が可能（94ページ参照）。

(3)　収用証明書等の添付は、平成30年4月以降不要となったが、保存義務はある。

財務諸表及び他の別表との関連　[4] → 固定資産 a／c　[43] → 損益計算書
[25]、[33] → 損益計算書又は株主資本等変動計算書　[31]、[37]、[50] → 別表四加算・留保

収用換地等に伴い取得した資産の圧縮額等の損金算入に関する明細書

事業年度	令5・4・1 〜 令6・3・31	法人名	

別表十三(四) 令五・四・一以後終了事業年度分

区分	項目	No.	金額
譲渡資産の明細	公共事業者の名称	1	××市
	収用換地等による譲渡年月日	2	令5・7・1
	譲渡資産の種類	3	土地
	譲渡資産の収用換地等のあった部分の帳簿価額	4	円 5,000,000
取得した補償金等の額の計算	対価補償金及び清算金の額	5	320,000,000
	補償金以外の同上の額：収益補償金のうち対価補償金に相当する部分の額	6	
	補償金以外の同上の額：経費補償金のうち対価補償金に相当する部分の額	7	
	補償金以外の同上の額：移転補償金のうち対価補償金に相当する部分の額	8	
	取得した補償金等の額 (5)＋(6)＋(7)＋(8)	9	320,000,000
	保留地の対価の額	10	
	交換取得資産の価額	11	
譲渡経費の額の計算	支出した譲渡経費の額	12	2,300,000
	譲渡経費に充てるため交付を受けた金額	13	2,000,000
	差引譲渡経費の額 (12)−(13)	14	300,000
	補償金等又は保留地の対価に係る譲渡経費の額 $(14)\times\frac{(9)+(10)}{(9)+(10)+(11)}$	15	300,000
	交換取得資産に係る譲渡経費の額 (14)−(15)	16	
帳簿価額の計算	補償金等の額又は保留地の対価の額に対応する帳簿価額 $(4)\times\frac{(9)+(10)}{(9)+(10)+(11)}$	17	5,000,000
	交換取得資産の価額に対応する帳簿価額 (4)−(17)	18	
差益割合の計算	取得した補償金等の額 (9)	19	320,000,000
	同上に係る譲渡経費の額 $(14)\times\frac{(9)}{(9)+(10)+(11)}$	20	300,000
	差引補償金等の額 (19)−(20)	21	319,700,000
	補償金等の額に対応する帳簿価額 $(4)\times\frac{(9)}{(9)+(10)+(11)}$	22	5,000,000
	差益割合 $\frac{(21)-(22)}{(21)}$	23	0.9843

区分	項目	No.	金額
代替資産について帳簿価額の減額等をした場合	取得した代替資産の種類	24	土地
	代替資産の帳簿価額を減額し、又は積立金として積み立てた金額	25	円 315,000,000
圧縮限度額の計算	代替資産の取得のため(21)又は(21)のうち特別勘定残額に対応するものから支出した金額	26	319,700,000
	圧縮限度額 (26)×(23)	27	314,700,000
資産を前期以前に取得した場合で減価償却資産を取得した場合	前期末の取得価額	28	
	前期末の帳簿価額	29	
	圧縮限度額 $(27)\times\frac{(29)}{(28)}$	30	
	圧縮限度超過額 (25)−((27)又は(30))	31	300,000
	取得価額に算入しない金額 ((25)と(27)のうち少ない金額)又は(((25)と(30)のうち少ない金額)×$\frac{(28)}{(29)}$)	32	314,700,000
特別勘定を設けた場合	特別勘定に経理した金額	33	
繰入限度額の計算	特別勘定の対象となり得る金額 (21)−(26)	34	
	(34)のうち代替資産の取得に充てようとする金額	35	
	繰入限度額 (35)×(23)	36	
	繰入限度超過額 (33)−(36)	37	
翌期繰越額の計算	当初の特別勘定の金額 (繰入事業年度の(33)−(37))	38	
	同上のうち前期末までに益金の額に算入された金額	39	
	当期中に益金の額に算入すべき金額	40	
	期末特別勘定残額 (38)−(39)−(40)	41	
交換取得資産について帳簿価額を減額した場合	交換取得資産の種類	42	
	交換取得資産の帳簿価額を減額した金額	43	円
圧縮限度額の計算	交換取得資産の価額 (11)	44	
交換取得資産の帳簿価額	交換取得資産の価額に対応する帳簿価額 (4)又は(18)	45	
	交換取得資産につき支払った交換差金の額	46	
	交換取得資産に係る譲渡経費の額 (14)又は(16)	47	
	計 (45)＋(46)＋(47)	48	
	圧縮限度額 (44)−(48)	49	
	圧縮限度超過額 (43)−(49)	50	

1 / 2 / 3 / 4 / 1(2)

31 300,000 → 別表四加算・留保へ

【適用額明細書との関連】

25、33、43の記載がある場合…170ページ参照

別表十三(五)

特定の資産の買換えにより取得した資産の圧縮額等の損金算入に関する明細書

Case　法人が特定の固定資産を譲渡（令和8年3月31日までの譲渡に適用）し、買換資産を取得し圧縮記帳の適用を受けるときに作成する。

1 圧縮限度額の計算

(1)　圧縮記帳

買換資産の取得に充てた譲渡対価[23]×差益割合(注1)[10]×80%＝圧縮限度額[27]

(2)　先行取得資産の圧縮記帳

$$\text{買換資産の取得に充てた譲渡対価}\boxed{23}\times\frac{\text{買換資産の前期末の簿価}\boxed{25}}{\text{買換資産の前期末の取得価額}\boxed{24}}$$

×差益割合(注1)[10]×80%(注2)＝圧縮限度額[27]

(3)　特別勘定の設定

買換資産の取得に充てようとする譲渡対価[38]×差益割合[10]×80%＝繰入限度額[39]

(注1)　$$\text{差益割合}\boxed{10}=\frac{\text{譲渡対価}\boxed{6}-(\text{譲渡直前簿価}\boxed{7}+\text{譲渡経費}\boxed{8})}{\text{譲渡対価}\boxed{6}}$$

(注2)　2の3号買換で一定の集中地域への買換えについては60%、70%、75%、90%
2の1号買換で一部の地域では70%（令和2年度改正）

2 適用対象資産

(1)　航空機騒音障害区域の内から外への買換え（1号）

(2)　既成市街地及び一定の人口集中地区内での買換え（2号）

(3)　10年超の国内の長期所有土地等建物等から国内にある土地等建物等への買換え（3号）

(4)　日本船舶の買換え（4号）

3 記入上の留意点

(1)　[11]は、資産の種類ごと、取得年月日の異なるごとに記入する。

買換資産は取得の日から1年以内に事業の用に供した又は供する見込が要件[15]で、建物等の敷地の用に供する土地等の場合は建物、構築物を事業の用に供した日（[17]）となる。

(2)　[23]の記入にあたって、同一の号の買換資産が2以上ある場合は譲渡資産の対価の額を順次買換資産の取得価額に達するまで充当する。

(3)　差益割合[10]は、原則として譲渡資産ごとに計算するが、同一区分の2以上の資産を譲渡した場合等はプール計算もできる。小数点以下は任意の位まで出し切り捨てる。

(4)　土地については5倍等の面積制限（[4]×5倍≧[18]－[19]）がある。

(5)　特別勘定の指定期間（通常は翌期より1年間・117ページ参照、特別な場合は3年間・119ページ参照）を経過しているものは益金算入となる[43]。なお、特別勘定の残高がある場合には、毎期「特別勘定を設けた場合」の各欄、その他所要の欄の記入を行う必要がある。

(6) 先行取得した減価償却資産については、減価償却費の調整を行う（24～26）。

4 手続上の留意点

(1) 適用を受ける号の譲渡資産と買換資産に該当しているか。また、地域制限がある号については証明書等の添付要件があるので留意する。具体的には措規22の7を参照。

(2) 特別勘定設定の際の明細書の添付（117ページ参照）

特別勘定を設定する場合には、取得見込資産について、何を、いつ、いくらで買う見込みかなどを記載した明細書を申告書に添付する。

(3) 先行取得資産の圧縮記帳と届出（118ページ参照）

先行取得資産を買換資産として圧縮記帳の適用を受ける場合には、先行資産の取得年度終了の日から2ヶ月以内にその旨の届出を行う。

(4) 譲渡又は取得予定資産の届出の改正（119ページ参照）

令和5年度改正で同一事業年度内の期中の譲渡予定資産又は買換予定資産について、譲渡又は取得した日のいずれか早い日の属する3ヶ月期間（3ヶ月ごとに区分した期間）の末日から2ヶ月以内に一定の届出書の提出が期中で必要となり、最後の3ヶ月期間内の譲渡又は取得が行われた場合は、申告書添付書類等による届出の代用で済むことになる。令和6年4月1日から適用される。なお、上記(2)、(3)のケースは除かれる。

(5) 適用例の多い長期所有土地等、建物又は構築物から土地等、建物、構築物への買換え（3号買換え）について

① 平成24年度改正で、平成24年1月1日以後の買換えより買換資産の土地等について事務所等の一定の建築物等の敷地の用に供されているものに限定され、またその面積が300m²以上のものに限定された。

② 平成27年度改正で買換資産から機械装置が除かれ、東京23区を除く集中地域への買換えは80%でなく75%の圧縮記帳割合とされた。令和5年度改正では、地域再生法の集中地域の外から東京23区内への本店所在地の移転を伴う買換えは70%より60%に引下げられ、東京23区から集中地域以外への本店所在地の移転を伴う買換えは80%より90%の圧縮記帳割合に引上げられた。

(6) 平成2年4月1日以後に行う土地等の譲渡で、土地譲渡の重課（5年超所有の一般重課は除く）の適用があるものについては、圧縮記帳の適用がないので留意する。ただし、平成10年1月1日～令和8年3月31日までの土地等の譲渡については、適用停止のため、圧縮記帳の特例は制限されない。

(7) 旧1号買換の既成市街地等の内から外への10年超の当期所有建物等の買換えが令和5年度改正で廃止された。

財務諸表及び他の別表との関連

21 → 積立金方式による場合は株主資本等変動計算書　28 → 別表四加算・留保

特定の資産の買換えにより取得した資産の圧縮額等の損金算入に関する明細書
（ 3 号該当）

事業年度	令5・4・1 令6・3・31	法人名	

別表十三(五)　令五・四・一以後終了事業年度分

2

区分	項目	番号					計
譲渡資産の明細	譲渡した資産の種類	1	土地				譲渡の日を含む事業年度
	同上の資産の取得年月日	2	昭55・7・1	・ ・	・ ・	・ ・	令5・4・1 令6・3・31
	譲渡した資産の所在地	3	東京都杉並区				計
	譲渡した土地等の面積	4	平方メートル 400	平方メートル	平方メートル	平方メートル	平方メートル 400
	譲渡年月日	5	令5・7・10	・ ・	・ ・	・ ・	
	対価の額	6	円 600,000,000	円	円	円	円 600,000,000
	譲渡直前の帳簿価額　帳簿価額	7	23,000,000				23,000,000
	譲渡に要した経費の額	8	1,000,000				1,000,000
	計 (7)＋(8)	9	24,000,000				24,000,000
差益割合		10	0.96				
取得資産の明細	取得した買換資産の種類	11	土地				
	取得した買換資産の所在地	12	神奈川県××市				
	取得年月日	13	令5・9・20	・ ・	・ ・	・ ・	
	買換資産の取得価額	14	円 700,000,000	円	円	円	700,000,000
	事業の用に供した又は供する見込みの年月日	15	令6・2・20	・ ・	・ ・	・ ・	
	買換資産が土地等である場合　買換資産が土地等であり敷地の用に供される場合の建物、構築物等の事業供用予定年月日	16	令6・2・20	・ ・	・ ・	・ ・	
	(16)の建物、構築物等を実際に事業の用に供した年月日	17	令6・2・20	・ ・	・ ・	・ ・	
	取得した土地等の面積	18	平方メートル 550				平方メートル 550
	同上のうち買換えの特例の対象とならない面積	19					
	取得価額 (14)×((18)−(19))/(18)	20	円 700,000,000	円	円	円	円 700,000,000
帳簿価額の減額等をした場合	買換資産の帳簿価額を減額し、又は積立金として積み立てた金額	21	461,600,000				461,600,000
	圧縮限度額の計算　買換資産の取得のため(6の計)のうち特別勘定残額に対応するものから支出した金額	22	600,000,000				600,000,000
	圧縮基礎取得価額 (((14)又は(20))と(22)のうち少ない金額)	23	600,000,000				600,000,000
	買換資産が前期以前に取得をした減価償却資産である場合　前期末の取得価額	24					
	前期末の帳簿価額	25					
	圧縮基礎取得価額 (23)×(25)/(24)	26					
	圧縮限度額 ((23)又は(26))×(10)×—/100	27	460,800,000				460,800,000
	圧縮限度超過額 (21)−(27)	28	800,000				800,000
	取得価額に算入しない金額 ((21)と(27)のうち少ない金額)又は(((21)と(27)のうち少ない金額)×(24)/(26))	29	460,800,000				

対価の額の残額の計算		番号	金額
	対価の額の合計額 (6の計)	30	円 600,000,000
	同上のうち譲渡の日を含む事業年度において使用した額	31	600,000,000
	特別勘定の対象となり得る金額 (30)−(31)	32	−
翌期繰越額の計算	特別勘定の金額の計算の基礎となった買換資産の取得に充てようとする金額 (繰入事業年度の(37)と(39)のうち少ない金額)÷—/100÷(10)	33	
	同上のうち前期末までに買換資産の取得に充てた金額	34	
	当期中において買換資産の取得に充てた金額	35	
	翌期へ繰り越す対価の額の合計額 (33)−(34)−(35)	36	

特別勘定を設けた場合		番号	金額
	特別勘定に経理した金額	37	円
繰入限度額の計算	(32)のうち買換資産の取得に充てようとする金額	38	
	繰入限度額 (38)×(10)×—/100	39	
	繰入限度超過額 (37)−(39)	40	
翌期繰越額の計算	当初の特別勘定の金額 (繰入事業年度の(37)−(40))	41	
	同上のうち前期末までに益金の額に算入された金額	42	
	当期中に益金の額に算入すべき金額	43	
	期末特別勘定残額 (41)−(42)−(43)	44	

その他参考となる事項

資産の異なるごとに記入し差益割合も原則として資産ごとに計算する

買換資産が土地等である場合には、面積制限がある

2以上の買換資産がある場合には非減価償却資産から充てるとよい

1

別表四加算・留保欄

1

取得指定期間までに買換資産を取得できない場合には、特別勘定の金額を取り崩し、益金に算入する

特定の資産の譲渡に伴う特別勘定を設けた場合の取得予定資産の明細書

事業年度	・・ ・・	法人名	

譲渡資産の明細				特別勘定金額の計算			
	種類	1			特別勘定として経理した金額	6	円
	構造又は用途	2			繰入限度超過額	7	
	規模	3					
	所在地	4			特別勘定金額 (6)－(7)	8	
	譲渡年月日	5	年　月　日				

取得予定資産の明細					
	種類	9			
	構造	10			
	規模	11			
	所在地	12			
	取得予定年月日	13	年　月　日	年　月　日	年　月　日
	措置法第65条の7第1項の表の該当号	14	措置法第　号該当	措置法第　号該当	措置法第　号該当

その他参考となるべき事項

(注) 工場等の建設に要する期間が1年を超えるなどやむを得ない事情がある場合、特別勘定の1年以内の取得を3年以内に延長申請するときは、原則として譲渡事業年度終了の日から2ヶ月以内に「特定の資産の買換えの場合における特別勘定の設定期間延長承認申請書」を提出する。

【適用額明細書との関連】

[21]の金額（[21]が[27]の金額を超えるときは[27]の金額）

…（条項）第65条の7第1項（企業組織再編成の場合は同条第9項）又は第65条の9（特定資産の交換の場合）他

…（区分）旧1号＝00359　　1号イ又はロ＝00549　　1号ハ＝00550

2号＝00363　　3号＝00422　　4号＝00364

なお、特別勘定の繰入[37]の記載については省略

先行取得資産に係る買換えの特例の適用に関する届出書

※整理番号	

税務署受付印

令和　年　月　日

税務署長殿

納税地	〒 電話(　　)　—
(フリガナ) 法人名等	
法人番号	
(フリガナ) 代表者氏名	
代表者住所	〒
事業種目	業

連結子法人(届出の対象が連結子法人である場合に限り記載)			※税務署処理欄	
	(フリガナ) 法人名等		整理番号	
	本店又は主たる事務所の所在地	〒　(　局　署) 電話(　　)　—	部門	
			決算期	
	(フリガナ) 代表者氏名		業種番号	
	代表者住所	〒	整理簿	
	事業種目	業	回付先	□ 親署 ⇒ 子署 □ 子署 ⇒ 調査課

自 令和　年　月　日
至 令和　年　月　日
事業年度において取得をした下記の資産につき、

租税特別措置法第65条の7第3項(先行取得資産がある場合の買換えの特例の適用)の規定の適用を

受けたいので、下記のとおり届け出ます。

記

先行取得資産	種類			
	規模			
	所在地			
	用途			
	取得年月日	年　月　日	年　月　日	年　月　日
	取得価額	円	円	円
譲渡予定資産の種類				
その他参考となるべき事項				

税理士署名	

※税務署処理欄	部門		決算期		業種番号		番号		整理簿		備考		通信日付印		年月日	確認	

(規格A4)

04.03改正

特定の資産の買換えの場合の課税の特例の適用に関する届出書

※整理番号

税務署受付印

令和　年　月　日

税務署長殿

納税地	〒 電話(　　)　　－
(フリガナ) 法人名等	
法人番号	
(フリガナ) 代表者氏名	
代表者住所	〒
事業種目	業

自 令和　年　月　日
至 令和　年　月　日
事業年度において取得をする下記の資産につき、

□ 租税特別措置法第65条の7第1項又は9項
□ 租税特別措置法第65条の7第3項
(同条第10項において準用する場合を含む)

の規定の適用を受けたいので、下記のとおり届け出ます。

記

譲渡日又は取得日を含む3月期間		令和　年　月　日から　令和　年　月　日		
□譲渡見込資産 □譲渡資産	種類			
	構造又は用途			
	規模			
	所在地			
	譲渡(予定)年月日	年　月　日	年　月　日	年　月　日
	譲渡価額	円	円	円
	帳簿価額	円	円	円
□取得見込資産 □取得資産	種類			
	構造又は用途			
	規模			
	所在地			
	取得(予定)年月日	年　月　日	年　月　日	年　月　日
	取得価額	円	円	円
	租税特別措置法第65条の7第1項の表の各号の区分	号	号	号
その他参考となるべき事項				

税理士署名	

※税務署処理欄	部門	決算期	業種番号	番号	整理簿	備考	通信日付印	年月日	確認

(規格A4)

05.06改正

別表十四(二)
寄附金の損金算入に関する明細書

Case　法人が支出した寄附金のうち指定寄附金等以外は一定の限度額計算があり、寄附金の支出があるときに作成する。

1　損金算入限度額

(1)　一般の法人の場合

イ　国又は地方公共団体に対する寄附金及び指定寄附金（指定寄附金等という）は全額が損金算入……[41]、[1]、[18]に記入

ロ　特定公益増進法人等に対する寄附金……[42]、[2]、[17]に記入

- 特定公益増進法人等に対する寄附金[2]
- 特定公益増進法人等に対する寄附金の特別損金算入限度額[16]

} いずれか少ない金額を損金に算入

ハ　イ、ロ以外の一般寄附金の損金算入限度額[13]

$$\left\{\text{資本金の額及び資本}^{(注)}\text{準備金の額の合計額} \times \frac{\text{事業年度の月数}}{12} \times \frac{2.5}{1,000} + \left(\text{所得金額仮計} + \text{寄附金}\right) \times \frac{2.5}{100}\right\} \times \frac{1}{4}$$

(注)　令和２年度改正により期末の資本金等の額が資本金の額及び資本準備金の合計額とされ、令和４年４月１日以後開始する事業年度より適用されている。

(2)　公益法人等の場合の[31]の割合

- 公益社団法人・公益財団法人、学校法人・社会福祉法人・社会医療法人等……50％
- その他……20％

2　損金算入時期

未払寄附金、手形払の寄附金は損金にならないが、仮払寄附金は損金になり、限度額計算の対象となる。

3　指定寄附金等の範囲

指定寄附金等[41]は告示されているので、その告示番号を別表に記載し、告示に係る指定期間内に支出されたものであることが必要。

4　書類の保存

特定公益増進法人等に対する寄附金[42]については、一定の書類（特定公益増進法人等に該当する旨の書類、業務に関連する寄附金であることを証明する書類）を保存する。

5　国外関連者等に対する寄附金

国外関連者に対する寄附金[19]は全額損金不算入[22]となる。

6　100％グループ内の法人間の寄附金

100％グループ内の法人間の寄附金[5]は全額損金不算入[23]、受け取った法人は全額益金不算入となり、有価証券の帳簿価額修正が別表五(一)で行われることに留意する。

財務諸表及び他の別表との関連

[1]～[3]　→　損益計算書、製造原価報告書　　[24]　→　別表四[27]・社外流出

寄附金の損金算入に関する明細書

事業年度	令5・4・1 令6・3・31	法人名	ＸＸ株式会社

別表十四(二) 令五・四・一以後終了事業年度分

公益法人等以外の法人の場合

区分	項目	番号	金額
一般寄附金の損金算入限度額の計算	支出した寄附金の額：指定寄附金等の金額 (41の計)	1	円 1,670,000
	特定公益増進法人等に対する寄附金額 (42の計)	2	300,000
	その他の寄附金額	3	16,500,000
	計 (1)＋(2)＋(3)	4	18,470,000
	完全支配関係がある法人に対する寄附金額	5	6
	計 (4)＋(5)	6	18,470,000
	所得金額仮計 (別表四「26の①」)	7	621,000,000
	寄附金支出前所得金額 (6)＋(7) (マイナスの場合は0)	8	639,470,000
	同上の (2.5又は1.25)/100 相当額	9	15,986,750
	期末の資本金の額及び資本準備金の額の合計額又は出資金の額 (別表五(一)「32の④」＋「33の④」)	10	4,230,000,000
	同上の月数換算額 (10)×12/12	11	4,230,000,000
	同上の 2.5/1,000 相当額	12	10,575,000
	一般寄附金の損金算入限度額 ((9)＋(12))×1/4	13	6,640,437
特定公益増進法人等に対する寄附金の特別損金算入限度額の計算	寄附金支出前所得金額の 6.25/100 相当額 (8)×6.25/100	14	39,966,875
	期末の資本金の額及び資本準備金の額の合計額又は出資金の額の月数換算額の 3.75/1,000 相当額 (11)×3.75/1,000	15	15,862,500
	特定公益増進法人等に対する寄附金の特別損金算入限度額 ((14)＋(15))×1/2	16	27,914,687
	特定公益増進法人等に対する寄附金の損金算入額 ((2)と((14)又は(16))のうち少ない金額)	17	300,000
	指定寄附金等の金額 (1)	18	1,670,000
	国外関連者に対する寄附金額及び本店等に対する内部寄附金額	19	5
	(4)の寄附金額のうち同上の寄附金以外の寄附金額 (4)－(19)	20	18,470,000
損金不算入額	同上のうち損金の額に算入されない金額 (20)－((9)又は(13))－(17)－(18)	21	9,859,563
	国外関連者に対する寄附金額及び本店等に対する内部寄附金額 (19)	22	5
	完全支配関係がある法人に対する寄附金額 (5)	23	6
	計 (21)＋(22)＋(23)	24	9,859,563

公益法人等の場合

区分	項目	番号	金額
損金算入限度額の計算	支出した寄附金の額：長期給付事業への繰入利子額	25	円
	同上以外のみなし寄附金額	26	
	その他の寄附金額	27	
	計 (25)＋(26)＋(27)	28	
	所得金額仮計 (別表四「26の①」)	29	
	寄附金支出前所得金額 (28)＋(29) (マイナスの場合は0)	30	
	同上の (20又は50)/100 相当額 (50/100 相当額が年200万円に満たない場合 (当該法人が公益社団法人又は公益財団法人である場合を除く。) は、年200万円)	31	
	公益社団法人又は公益財団法人の公益法人特別限度額 (別表十四(二)付表「3」)	32	
	長期給付事業を行う共済組合等の損金算入限度額 ((25)と融資額の年5.5%相当額のうち少ない金額)	33	
	損金算入限度額 (31)、((31)と(32)のうち多い金額) 又は ((31)と(33)のうち多い金額)	34	
	指定寄附金等の金額 (41の計)	35	
	国外関連者に対する寄附金額及び完全支配関係がある法人に対する寄附金額	36	
	(28)の寄附金額のうち同上の寄附金以外の寄附金額 (28)－(36)	37	
損金不算入額	同上のうち損金の額に算入されない金額 (37)－(34)－(35)	38	
	国外関連者に対する寄附金額及び完全支配関係がある法人に対する寄附金額 (36)	39	
	計 (38)＋(39)	40	

→ 別表四 27 ・社外流出へ

1

3 指定寄附金等に関する明細

寄附した日	寄附先	告示番号	寄附金の使途	寄附金額 41
令和5年 7月22日	日本赤十字	×年財務省令第○号	災害救援設備の整備	円 50,000
令和5年11月24日	東京都共同募金	×年財務省令第△号	赤い羽根共同募金	20,000
令和5年12月22日	県立××高校		体育館建設	1,600,000
計				1,670,000

4 特定公益増進法人若しくは認定特定非営利活動法人等に対する寄附金又は認定特定公益信託に対する支出金の明細

寄附した日又は支出した日	寄附先又は受託者	所在地	寄附金の使途又は認定特定公益信託の名称	寄附金額又は支出金額 42
令和5年12月 4日	社会福祉法人×	×××	社会福祉事業	円 100,000
令和6年 2月12日	公益財団法人××研究所	×××	××研究基金	200,000
計				300,000

その他の寄附金のうち特定公益信託(認定特定公益信託を除く。)に対する支出金の明細

支出した日	受託者	所在地	特定公益信託の名称	支出金額
				円

【適用額明細書との関連】認定特定非営利活動法人等に対して寄附金を支出した場合に記載

26…（条項）第66条の11の３第１項　（区分）00393

42…（条項）第66条の11の３第２項他　（区分）00394他

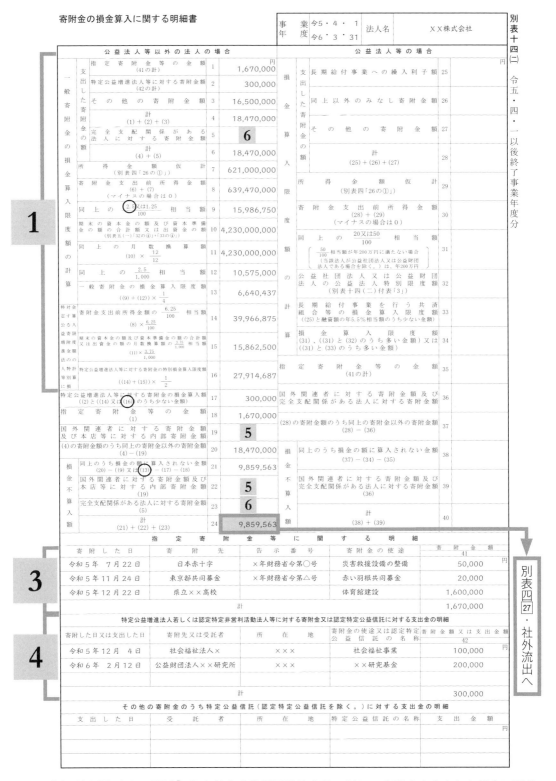

別表十四(六)

完全支配関係がある法人の間の取引の損益の調整に関する明細書

Case　100%グループ内の法人へ譲渡損益調整資産を譲渡した場合に作成する。

1

100%グループ内の法人の間の取引の損益の調整

100%グループ内の内国法人間（完全支配関係がある法人）で譲渡損益調整資産を譲渡したことにより生ずる譲渡損益を調整し、譲渡、償却等を行ったときに譲渡損益を計上する。

(注)　平成22年10月1日以後に行う譲渡損益調整資産の譲渡より適用されている。

2

譲渡損益調整資産　[2]

譲渡損益調整資産とは、帳簿価額が1,000万円以上の固定資産、土地、有価証券（売買目的有価証券を除く）、金銭債権、繰延資産をいう。なお、棚卸資産（土地を除く）は除かれる。

3

簡便法による調整計算

譲渡した資産が減価償却資産（[19]～[22]）、繰延資産[23]～[26]である場合には、簡便法により譲渡損益の調整を行うことができる。

4

譲渡損益の実現事由　[18]

譲渡損益調整資産の譲渡、償却、除却、貸倒れ、評価換算の事由が生じた場合に繰り延べられた損益が益金[13]又は損金[16]に算入される。なお、完全支配関係がなくなった場合も同様である。

5

譲渡損益の調整

(1)　当期が譲渡年度である場合

譲渡利益の調整　[8]→[9]（損金算入額）…別表四減算留保

譲渡損失の調整　[10]→[11]（益金算入額）…別表四加算留保

(2)　繰り延べた譲渡損益が実現する場合

譲渡利益の調整　[12]－[13]（益金算入額）＝[14]

譲渡損失の調整　[15]－[16]（損金算入額）＝[17]

6

留意事項

(1)　完全支配関係の判定において、個人、外国法人等に支配されている場合も含まれる。

(2)　譲渡損益調整資産の譲渡時及び繰り延べられた譲渡損益の実現事由が生じたときには、譲渡損益の調整計算に必要な事項を相手方に通知する義務がある。

(3)　完全支配関係を系統的に示す出資関係図を申告書に添付する（平成22年4月1日以後開始事業年度より適用）。

完全支配関係がある法人の間の取引の損益の調整に関する明細書

事業年度	令5・4・1 令6・3・31	法人名	

別表十四(六) 令五・四・一以後終了事業年度分

項目						計
譲受法人名	1	××(株)	××(株)			
譲渡損益調整資産の種類	2	土地	建物			
譲渡年月日	3	6・3・10	6・3・10	・ ・	・ ・	
譲渡収益の額	4	円 40,000,000	円 25,400,000	円	円	
譲渡原価の額	5	30,000,000	20,000,000			
調整前譲渡利益額 (4) − (5) (マイナスの場合は0)	6	10,000,000	5,400,000			
圧縮記帳等による損金算入額	7					
譲渡利益額 (6) − (7)	8	10,000,000	5,400,000			
当期が譲渡年度である場合の損金算入額 (8)	9	10,000,000	5,400,000			円 15,400,000
譲渡損失額 (5) − (4) (マイナスの場合は0)	10					
当期が譲渡年度である場合の益金算入額 (10)	11					
譲渡利益額の調整 (8)のうち期首現在で益金の額に算入されていない金額 (前期の(14))	12					
譲渡利益額の調整 当期益金算入額 [簡便法により計算する場合には、(21)又は(25)の金額]	13		15,000			15,000
譲渡利益額の調整 翌期以後に益金の額に算入する金額 ((8)又は(12)) − (13)	14	10,000,000	5,385,000			15,385,000
譲渡損失額の調整 (10)のうち期首現在で損金の額に算入されていない金額 (前期の(17))	15					
譲渡損失額の調整 当期損金算入額 [簡便法により計算する場合には、(22)又は(26)の金額]	16					
譲渡損失額の調整 翌期以後に損金の額に算入する金額 ((10)又は(15)) − (16)	17					
当期に譲受法人において生じた調整事由	18	譲渡・償却 その他( )	譲渡・(償却) その他( )	譲渡・償却 その他( )	譲渡・償却 その他( )	
簡便法により当期益金算入額又は当期損金算入額を計算する場合 減価償却資産 償却期間の月数 [譲受法人が適用する耐用年数] × 12	19	月	月 360	月	月	
簡便法により当期益金算入額又は当期損金算入額を計算する場合 減価償却資産 当期の月数(当期が譲渡年度である場合には譲渡日から当期の末日までの月数)	20		1			
簡便法により当期益金算入額又は当期損金算入額を計算する場合 減価償却資産 当期益金算入額 $(8) \times \frac{(20)}{(19)}$	21	円	円 15,000	円	円	
簡便法により当期益金算入額又は当期損金算入額を計算する場合 減価償却資産 当期損金算入額 $(10) \times \frac{(20)}{(19)}$	22					
簡便法により当期益金算入額又は当期損金算入額を計算する場合 繰延資産 支出の効果の及ぶ期間の月数	23	月	月	月	月	
簡便法により当期益金算入額又は当期損金算入額を計算する場合 繰延資産 当期の月数(当期が譲渡年度である場合には譲渡日から当期の末日までの月数)	24					
簡便法により当期益金算入額又は当期損金算入額を計算する場合 繰延資産 当期益金算入額 $(8) \times \frac{(24)}{(23)}$	25	円	円	円	円	
簡便法により当期益金算入額又は当期損金算入額を計算する場合 繰延資産 当期損金算入額 $(10) \times \frac{(24)}{(23)}$	26					

2

5(1)

5(2)

4

3

別表四減算・留保へ

他の別表との関連

(1) [9]又は[16] → 当期の別表四減算・留保　(2) [11]又は[13] → 当期の別表四加算・留保

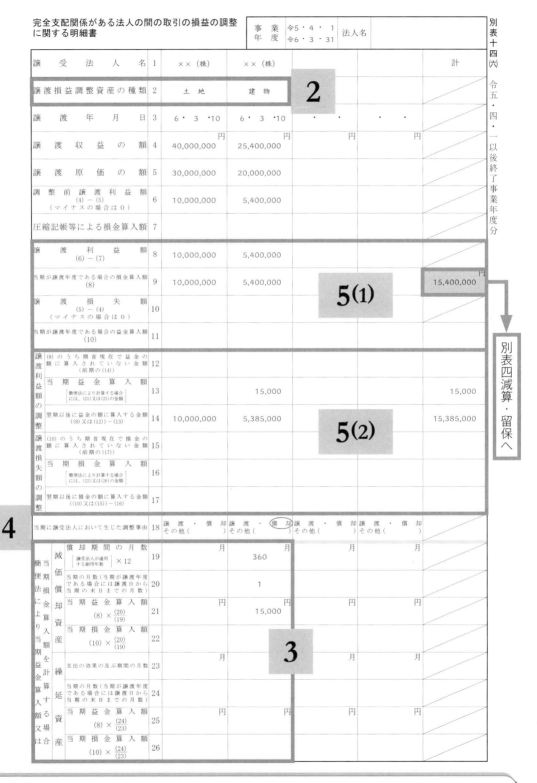

別表十五
交際費等の損金算入に関する明細書

Case　交際費等の支出があるときに作成するが、法人が支出した交際費等のうち資本金1億円以下の法人（資本金5億円以上の大法人の100％子法人は除かれる）については一定の限度額計算がある。

1　損金算入限度額

〈資本金1億円以下の中小法人〉

イ　支出交際費等[1]－（接待飲食費[9]×50％）[2]＝損金不算入額[5]
ロ　支出交際費等[1]－800万円＝損金不算入額[5]
｝イ、ロのいずれか少ない方

〈上記以外の法人〉

支出交際費等[1]－（接待飲食費[9]×50％）[2]＝損金不算入額[5]

平成26年4月1日より令和6年3月31日（令和6年度改正で3年延長見込）までの間に開始する事業年度において、飲食のために支出する費用の50％を損金算入するという措置が設けられているが、令和2年4月1日以後開始する事業年度より、資本金100億円超の法人は適用対象外となる。

2　交際費等と資産勘定・隣接科目

(1)　仮払金、棚卸資産、固定資産等の取得価額に算入した交際費等も含めて[6]に記載する必要がある。

(2)　交際費等のうち、棚卸資産等の取得価額に算入した部分の金額がある場合には、その原価算入額のうち、損金不算入よりなる部分の金額を減算することができる（翌期受入処理が条件）。

(3)　交際費等の隣接科目（福利厚生費、給与、広告宣伝費、その他）との区分に留意する。

3　少額飲食費の取扱い

1人当たり5,000円（飲食費÷人数で1人当たりを算定）以下の一定の飲食費（役員、社員間の飲食は除く）は損金に算入される。なお、所定の記載がある書類の保存が必要である。

(注)　令和6年度改正で5,000円以下が1万円以下に引上げられる見込

4　費途不明金の取扱い

費途不明金は損金不算入。使途秘匿金も損金不算入でさらに40％の重課が課されることに留意する。

5　税抜処理した交際費に係る仕入税額控除対象外の消費税等の取扱い

税抜処理した交際費に係る仕入税額について、仕入税額控除対象外の金額が期末において交際費勘定に振り替えられている場合（次ページの記載参照）以外は、交際費の損金不

交際費等の損金算入に関する明細書

事業年度	令5．4．1 令6．3．31	法人名	××株式会社 （資本金１億円）

別表十五 令五・四・一以後終了事

1

		円			円
支出交際費等の額 （8の計）	1	10,000,000	損金算入限度額 （2）又は（3）	4	8,000,000
支出接待飲食費損金算入基準額 （9の計）× $\frac{50}{100}$	2	600,000			
中小法人等の定額控除限度額 （(1)と((800万円× $\frac{12}{12}$)又は(別表十五付表「5」))のうち少ない金額）	3	8,000,000	損金不算入額 （1）－（4）	5	2,000,000

別表四 8 加算・社外流出へ

支出交際費等の額の明細

科目	支出額	交際費等の額から控除される費用の額	差引交際費等の額	(8)のうち接待飲食費の額
	6	7	8	9
		円	円	円
交際費	7,770,000	500,000	7,270,000	1,200,000
旅費交通費	2,000,000		2,000,000	－
雑費	700,000		700,000	－
租税公課 （控除対象外消費税等）	30,000		30,000	－
計	10,500,000	500,000	10,000,000	1,200,000

2 隣接科目等の区分に留意する

3 １人当たり5,000円以下の少額飲食費等は控除する

5

算入部分を申告加算する。なお、課税期間の課税売上高が5億円超の法人は仕入税額控除対象外の交際費が発生するので留意する。

6 インボイス方式における免税事業者に支払う接待飲食費等の仕入税額について

免税事業者に支払った接待飲食費等の仕入税額は、原則として仕入税額控除対象外のため交際費に含める。しかしながら、仕入税額の経過措置を適用する場合、令和5年10月1日から令和8年9月30日までは仕入税額の20%（80%は仕入税額控除される）を交際費に、令和8年10月1日から令和11年9月30日までは仕入税額の50%（50%は仕入税額控除される）を交際費に含めることになる。なお、少額飲食費1人当たり5,000円の判定においても同様に行い、飲食費の税抜価額にその仕入税額の20%、50%を乗じた金額を加え判定する。

7 別表十五付表について

別表十五付表は、通算定額控除限度分配額の計算に関する明細書で、中小グループ通算法人の定額控除限度額800万円を交際費等の額で按分計算するものである。通算法人のうち、いずれかの法人が1億円超の場合は適用対象外となる。

財務諸表及び他の別表との関連

1 → 損益計算書、製造原価報告書等　　5 → 別表四8加算・社外流出

Column 9 グループ通算制度と主な別表

1 主な特徴

⑴ 連結納税制度の見直しが行われ、令和４年４月１日以後開始事業年度からグループ通算制度に移行した。グループ通算制度では、損益通算の枠組みは維持されるが、各法人が個別に申告を行い基本的に当初申告額に固定される。修正申告等による修正等は当該法人のみが修正を行い、他法人には影響を与えないこととされる。

⑵ 研究開発税制、外国税額控除については、連結納税制度同様にグループ全体で税額控除を計算し各法人に配分される。なお、修正申告等による修正等は他法人の過年度の申告には影響しないこととされた。

⑶ 親法人も子法人同様にグループ通算制度の適用開始前の繰越欠損金は、自己の所得の範囲内で控除することとなる。

⑷ 子法人の中小判定において、大法人がグループ内にある場合には、中小法人の特例は適用されないことになる。

2 主な別表

⑴ 所得金額の調整（別表四付表）

別表四付表は通算法人の所得金額の調整を行い、通算税効果額の支払、受取金額などを記入し、通算法人に係る加算額、減算額を別表四へ移記する。

⑵ 外国税額控除（別表六(二)・同付表五）

別表六(二)付表五は、通算法人の控除限度額の計算に関する付表で、各法人の法人税額、所得金額等を記入し、外国税額控除限度額を計算していく。

⑶ 一般試験研究費の税額控除（別表六(九)・同(九)付表）

別表六(九)で通算グループ全体の税額控除可能額を各法人の調整前法人税額の比で按分していく。連結納税制度では試験研究費の額で税額控除額を按分したが、グループ通算制度では法人税額の比で按分するので、試験研究費がない法人でも試験研究費の税額控除額が出てくる。別表十八(二)では、各法人の試験研究費の額等を記載する。なお、別表六(八)は税額控除適用可否判定の別表となる。

⑷ 繰越欠損金の通算（別表七(一)・同(二)・同(二)付表一）

通算法人の過年度の欠損金額について、10年以内の欠損金の繰越控除の適用を受ける場合には、古いものから順に特定欠損金を所得の範囲内で控除し、次に非特定欠損金の配分額を損金算入限度額の範囲内で控除していく。別表七(二)付表一は通算法人の欠損金の通算に関するもので、別表七(二)はこれを受けて欠損金の当期控除額、翌期繰越額等の計算を行う。

⑸ 損益通算（別表七の２）

別表七の２は、通算対象となる欠損金額、所得金額の計算を行う。グループ全体で所得金額が欠損金額より大きい場合には所得金額の比で、逆に欠損金額が所得金額より大きい場合は欠損金額の比で按分していく。

⑹ 受取配当等の益金不算入・支払利子の計算（別表八(一)付表）

関連法人株式等の配当等から控除する支払利子の計算で、支払利子合計額の上限10％の特例の適用を受ける場合に全ての通算法人が別表八(一)付表を作成する。

別表十六(一)

旧定額法又は定額法による減価償却資産の償却額の計算に関する明細書

Case　法人が減価償却資産について、旧定額法又は定額法による償却計算を行うときに作成する。平成19年４月１日以降取得したものとその前に取得したものとは償却計算が異なるので留意する。ポイントチェック等については、別表十六(二)を参照。

1　償却方法等について改正の流れ

⑴　償却方法の選択が定額法に限定

①　平成10年度改正で新たに取得する建物について定率法は認められず定額法のみとされた。

②　平成28年度改正では、平成28年４月１日以後に取得された建物附属設備、構築物等について、定率法が廃止され定額法のみとされた。

③　上記に関しての償却方法変更の届出について、新規取得資産については、定額法償却のみになるので変更の届出は不要。既存の資産について変更する場合は変更の届出が必要。

⑵　営業権の償却方法（平成10年度改正）

平成10年４月１日以後取得された営業権の償却方法は任意償却から５年間均等償却に改められている。なお、初年度の償却は月数按分せず１事業年度分の償却ができる。

⑶　レバレッジド・リースに対する貸手側の規制（平成10年度改正）

レバレッジド・リースの賃貸資産で、非居住者又は外国法人の国外において行われる業務の用に供される資産の減価償却の方法は、リース期間定額法とされている。

⑷　ソフトウエア（平成12年度改正）

イ　無形固定資産の範囲にソフトウエアが追加され、従来の税務上の繰延資産であった購入ソフト、外部委託ソフトは無形固定資産とされる。

ロ　償却年数：販売目的(注)……３年、自社利用……５年、開発用……３年

(注)　販売目的とは、複写して販売するための原本としてのソフトウエアをいう。

2　記載例

①　平成19年４月１日前取得資産（既存資産）ですでに償却可能限度額に達しているケース（[16]≦[18]）

②　平成19年４月１日前取得資産（既存資産）で償却可能限度額に達していないケース（[16]＞[18]）

③　既存資産に資本的支出があった場合で、新たな資産を取得したものとして処理するケース（令55①適用）

④　平成19年４月１日以降取得したケース

⑤　平成28年４月１日以降取得した構築物のケース

旧定額法又は定額法による減価償却資産の償却額の計算に関する明細書

事業年度	令5・4・1 令6・3・31	法人名	

別表十六(一) 令五・四・一以後終了事業年度分

資産区分	種類	1	①建物	②建物	③資本的支出	④建物	⑤構築物
資産区分	構造	2	金属造	鉄筋コンクリート	同左	金属造	緑化施設
資産区分	細目	3	事務所用	事務所用	同左	工場用	工場緑化施設
資産区分	取得年月日	4	H3・4・20	H19・4・30	R5・4・1	R5・10・1	R5・4・30
資産区分	事業の用に供した年月	5	H3年4月	H19年4月	R5年4月	R5年10月	R5年4月
資産区分	耐用年数	6	30 年	50 年	50 年	24 年	7 年
取得価額	取得価額又は製作価額	7	外 244,000,000 円	外 500,000,000 円	外 60,000,000 円	外 500,000,000 円	外 4,000,000 円
取得価額	(7)のうち積立金方式による圧縮記帳の場合の償却額計算の対象となる取得価額に算入しない金額	8					
取得価額	差引取得価額 (7)-(8)	9	244,000,000	500,000,000	60,000,000	500,000,000	4,000,000
帳簿価額	償却額計算の対象となる期末現在の帳簿記載金額	10	9,760,001	347,000,000	58,800,000	489,500,000	3,432,000
帳簿価額	期末現在の積立金の額	11					
帳簿価額	積立金の期中取崩額	12					
帳簿価額	差引帳簿記載金額 (10)-(11)-(12)	13	外△ 9,760,001	外△ 347,000,000	外△ 58,800,000	外△ 489,500,000	外△ 3,432,000
帳簿価額	損金に計上した当期償却額	14	2,439,999	9,000,000	1,200,000	10,500,000	568,000
帳簿価額	前期から繰り越した償却超過額	15	外	外	外	外	外
帳簿価額	合計 (13)+(14)+(15)	16	12,200,000	356,000,000	60,000,000	500,000,000	4,000,000
当期分の普通償却限度額等	平成19年3月31日以前取得分 残存価額	17	24,400,000	50,000,000			
当期分の普通償却限度額等	平成19年3月31日以前取得分 差引取得価額×5% (9)×5/100	18	12,200,000	25,000,000			
当期分の普通償却限度額等	平成19年3月31日以前取得分 (16)>(18)の場合 旧定額法の償却額計算の基礎となる金額 (9)-(17)	19		450,000,000			
当期分の普通償却限度額等	平成19年3月31日以前取得分 (16)>(18)の場合 旧定額法の償却率	20		0.020			
当期分の普通償却限度額等	平成19年3月31日以前取得分 (16)>(18)の場合 算出償却額 (19)×(20)	21	円	9,000,000 円	円	円	円
当期分の普通償却限度額等	平成19年3月31日以前取得分 (16)>(18)の場合 増加償却額 (21)×割増率	22	( )	( )	( )	( )	( )
当期分の普通償却限度額等	平成19年3月31日以前取得分 (16)>(18)の場合 計 ((21)+(22))又は((16)-(18))	23		9,000,000			
当期分の普通償却限度額等	平成19年3月31日以前取得分 (16)≦(18)の場合 算出償却額 ((18)-1円)×12/60	24	2,439,999				
当期分の普通償却限度額等	平成19年4月1日以後取得分 定額法の償却額計算の基礎となる金額 (9)	25			60,000,000	500,000,000	4,000,000
当期分の普通償却限度額等	平成19年4月1日以後取得分 定額法の償却率	26			0.020	0.042	0.142
当期分の普通償却限度額等	平成19年4月1日以後取得分 算出償却額 (25)×(26)	27	円	円	1,200,000 円	21,000,000×6/12 円 10,500,000	568,000 円
当期分の普通償却限度額等	平成19年4月1日以後取得分 増加償却額 (27)×割増率	28	( )	( )	( )	( )	( )
当期分の普通償却限度額等	平成19年4月1日以後取得分 計 (27)+(28)	29			1,200,000	10,500,000	568,000
当期分の償却限度額	当期分の普通償却限度額等 (23)、(24)又は(29)	30	2,439,999	9,000,000	1,200,000	10,500,000	568,000
当期分の償却限度額	特別償却又は割増償却による特別償却限度額 租税特別措置法適用条項	31	条 項 ( )	条 項 ( )	条 項 ( )	条 項 ( )	条 項 ( )
当期分の償却限度額	特別償却又は割増償却による特別償却限度額 特別償却限度額	32	外 円	外 円	外 円	外 円	外 円
当期分の償却限度額	前期から繰り越した特別償却不足額又は合併等特別償却不足額	33					
当期分の償却限度額	合計 (30)+(32)+(33)	34	2,439,999	9,000,000	1,200,000	10,500,000	568,000
当期償却額		35	2,439,999	9,000,000	1,200,000	10,500,000	568,000
差引	償却不足額 (34)-(35)	36					
差引	償却超過額 (35)-(34)	37					
償却超過額	前期からの繰越額	38	外	外	外	外	外
償却超過額	当期損金認容額 償却不足によるもの	39					
償却超過額	当期損金認容額 積立金取崩しによるもの	40					
償却超過額	差引合計翌期への繰越額 (37)+(38)-(39)-(40)	41					
特別償却不足額	翌期に繰り越すべき特別償却不足額 (((36)-(39))と((32)+(33))のうち少ない金額)	42					
特別償却不足額	当期において切り捨てる特別償却不足額又は合併等特別償却不足額	43					
特別償却不足額	差引翌期への繰越額 (42)-(43)	44					
特別償却不足額	翌期への繰越額の内訳 ・ ・	45					
特別償却不足額	翌期への繰越額の内訳 当期分不足額	46					
適格組織再編成により引き継ぐべき合併等特別償却不足額 (((36)-(39))と(32)のうち少ない金額)		47					
備考							

【適用額明細書との関連】

32、33の記載がある場合…168～170ページ参照

別表十六(二)
旧定率法又は定率法による減価償却資産の償却額の計算に関する明細書

Case

法人が減価償却資産について、旧定率法又は定率法による償却計算を行うときに作成する。平成19年４月１日または、平成24年４月１日以降取得したものとその前に取得したものとは償却計算が異なるので留意する。

1

⑴　**平成19年度改正**

平成19年４月１日以降の新規取得資産について定額法、定率法ともに、償却可能限度額(95％）及び残存価額（10％）を廃止し、１円の備忘価額まで償却できることとされた。

定率法については250％（定額法の償却率を250％した割合）定率法が導入され、通常の償却限度額[26]＜償却保証額[28]となった事業年度以後の償却限度額は、改定取得価額[29]×改定償却率[30]となる。

なお、平成19年３月31日以前に取得した既存の資産については、定額法、定率法ともに償却可能限度額に達した翌期から１円を残し５年で均等償却していく。

⑵　**平成23年度改正**

平成24年４月１日以後取得する資産より250％定率法が200％定率法に改正された。

なお、250％定率法が適用される資産に同日以後に資本的支出があった場合には、翌期首に本体に合算することはできないので留意する。

2

記載要領(注)

[11]、[12]…………圧縮記帳積立金等を記入

[19]………………[9]×５％の金額を記入

[35]の（　）……割増償却、特別償却の割合を記入

[36]の外書………特別償却準備金として積み立てる場合に限度額を記入して別表十六(九)[8]へ移記する。

(注)　合計額での記載：減価償却資産の種類ごとに区分し、区分ごとの合計額で記載することもできる。

3

特別償却

⑴　別表十六(二)には合計でなく個別に記載し、特別償却に関する付表も添付する。

⑵　特別償却不足額の繰越しは１年間[50]

4

減価償却資産の償却率表

250％定率法は耐用年数省令別表第９に、200％定率法は同令別表第10に掲げられているが、参考までに定率法の償却率表を示すと以下のとおり。

平成19年3月31日以前取得（旧定率法）		平成19年4月1日～平成24年3月31日取得（250%定率法）				平成24年4月1日以後取得（200%定率法）			
耐用年数	償却率	耐用年数	償却率	改定償却率	保証率	耐用年数	償却率	改定償却率	保証率
2	0.684	2	1.000	－	－	2	1.000	－	－
3	0.536	3	0.833	1.000	0.02789	3	0.667	1.000	0.11089
4	0.438	4	0.625	1.000	0.05274	4	0.500	1.000	0.12499
5	0.369	5	0.500	1.000	0.06249	5	0.400	0.500	0.10800
6	0.319	6	0.417	0.500	0.05776	6	0.333	0.334	0.09911
7	0.280	7	0.357	0.500	0.05496	7	0.286	0.334	0.08680
8	0.250	8	0.313	0.334	0.05111	8	0.250	0.334	0.07909
9	0.226	9	0.278	0.334	0.04731	9	0.222	0.250	0.07126
10	0.206	10	0.250	0.334	0.04448	10	0.200	0.250	0.06552

（注）耐用年数は50年まであるが、11年以降は省略。

〈償却保証額28＞通常の償却限度額26の5(2)④のケースについて〉

減価償却費　期末簿価

イ．令2/3期の通常の減価償却限度額¥400,000(取得価額)×0.500×$\frac{9}{12}$＝ ¥150,000 ¥250,000

ロ．令3/3期の 〃 ¥250,000 ×0.500 ＝ ¥125,000 ¥125,000

ハ．令4/3期の 〃 ¥125,000 ×0.500 ＝ ¥62,500 ¥62,500

ニ．令5/3期の 〃 ¥62,500 ×0.500 ＝ ¥31,250……ⓐ

〃 償却保証額 ¥400,000(取得価額)×0.12499 ＝ ¥49,996……ⓑ

ⓑ＞ⓐのため¥62,500（期首簿価＝改定取得価額）×1.000（改定償却率）＝¥62,500

残存価額1円を残し¥62,500－¥1＝¥62,499が償却限度額となる。

5

(1) 旧定率法及び250%定率法の記載例

① 平成19年4月1日前取得資産（既存資産）で当期に償却可能限度額に達していないケース

② 平成19年4月1日前取得資産（既存資産）で償却可能限度額に達したケース

(2) 200%定率法の記載例

③ 平成24年4月1日以降取得した資産で償却保証額28に達しているケース

④ 平成24年4月1日以降取得した資産で償却保証額28に達しているケース

⑤ 平成24年4月1日以降取得した資産で償却保証額28に達していないケース

旧定率法又は定率法による減価償却資産の償却額の計算に関する明細書

事業年度	令5・4・1 令6・3・31	法人名	

別表十六(二)　令五・四・一以後終了事業年度分

区分	項目		①	②	③	④	⑤
資産区分	種類	1	構築物	機械装置	器具備品	工具	工具器具備品
	構造	2	へい	××製造設備	家具	金型	電気機器
	細目	3	鉄骨コンクリートへい	No.××	応接セット	金型	冷房機器
	取得年月日	4	H4・1・10	H19・12・1	H29・4・1	令2・7・10	R5・7・20
	事業の用に供した年月	5	H4年1月	H19年12月	H29年4月	令2年7月	R5年7月
	耐用年数	6	30年	12年	8年	4年	6年
取得価額	取得価額又は製作価額	7	外 8,000,000円	外 46,000,000円	外 1,000,000円	外 400,000円	外 350,000円
	(7)のうち積立金方式による圧縮記帳の場合の償却額計算の対象となる取得価額に算入しない金額	8	–	–	–	–	
	差引取得価額 (7)－(8)	9	8,000,000	46,000,000	1,000,000	400,000	350,000
償却額計算の基礎となる額	償却額計算の対象となる期末現在の帳簿記載金額	10	670,763	2,300,000	158,046	1	262,588
	期末現在の積立金の額	11	–	–	–		
	積立金の期中取崩額	12	–	–	–		
	差引帳簿記載金額 (10)－(11)－(12)	13	外△ 670,763	外△ 2,300,000	外△ 158,046	外△ 1	外△ 262,588
	損金に計上した当期償却額	14	53,603	118,047	79,260	62,499	87,412
	前期から繰り越した償却超過額	15	外 –	外 –	外 –	外 –	外
	合計 (13)＋(14)＋(15)	16	724,366	2,418,047	237,306	62,500	350,000
	前期から繰り越した特別償却不足額又は合併等特別償却不足額	17	–	–	–	–	
	償却額計算の基礎となる金額 (16)－(17)	18	724,366	2,418,047	237,306	62,500	350,000
当期分の普通償却限度額等 平成19年3月31日以前取得分	差引取得価額×5％ (9)×5/100	19	400,000	2,300,000			
	(16)＞(19)の場合 旧定率法の償却率	20	0.074	0.175			
	(16)＞(19)の場合 算出償却額 (18)×(20)	21	53,603円	423,158円	円	円	円
	(16)＞(19)の場合 増加償却額 (21)×割増率	22	(　)	(　–　)	(　)	(　)	(　)
	(16)＞(19)の場合 計 ((21)＋(22))又は((18)－(19))	23	53,603	118,047			
	(16)≦(19)の場合 算出償却額 ((19)－1円)×　/60	24					
平成19年4月1日以後取得分	定率法の償却率	25			0.250	0.500	0.333
	調整前償却額 (18)×(25)	26	円	円	59,326円	31,250円	(116,550) 9/12 87,412円
	保証率	27			0.07909	0.12499	0.09911
	償却保証額 (9)×(27)	28	円	円	79,090円	49,996円	34,688円
	(26)＜(28)の場合 改定取得価額	29			237,306	62,500	
	(26)＜(28)の場合 改定償却率	30			0.334	1.000	
	(26)＜(28)の場合 改定償却額 (29)×(30)	31	円	円	79,260円	62,499円	円
	増加償却額 ((26)又は(31))×割増率	32	(　)	(　)	(　)	(　)	(　)
	計 ((26)又は(31))＋(32)	33			79,260	62,499	87,412
当期分の償却限度額	当期分の普通償却限度額等 (23)、(24)又は(33)	34	53,603	118,047	79,260	62,499	87,412
	特別償却又は割増償却による特別償却限度額 租税特別措置法適用条項	35	条　項 (　)	条　項 (　)	条　項 (　)	条　項 (　)	条　項 (　)
	特別償却限度額	36	外　円	外　円	外　円	外　円	外　円
	前期から繰り越した特別償却不足額又は合併等特別償却不足額	37					
	合計 (34)＋(36)＋(37)	38	53,603	118,047	79,260	62,499	87,412
当期償却額		39	53,603	118,047	79,260	62,499	87,412
差引	償却不足額 (38)－(39)	40					
	償却超過額 (39)－(38)	41					
償却超過額	前期からの繰越額	42	外	外	外	外	外
	当期損金認容額 償却不足によるもの	43					
	当期損金認容額 積立金取崩しによるもの	44					
	差引合計翌期への繰越額 (41)＋(42)－(43)－(44)	45					
特別償却不足額	翌期に繰り越すべき特別償却不足額 (((40)－(43))と((36)＋(37))のうち少ない金額)	46					
	当期において切り捨てる特別償却不足額又は合併等特別償却不足額	47					
	差引翌期への繰越額 (46)－(47)	48					
	翌期への繰越額の内訳 ・　：	49					
	翌期への繰越額の内訳 当期分不足額	50					
適格組織再編成により引き継ぐべき合併等特別償却不足額 (((40)－(43))と(36)のうち少ない金額)		51					
備考							

【適用額明細書との関連】

36、37の記載がある場合…168～170ページ参照

Column 10 帳簿書類等の電子化について

経済・社会のデジタル化に伴い帳簿書類を電子的に保存する手続が令和3年度改正で大幅に簡素化された。既に、資本金1億円超の大法人の電子申告義務化として、法人税、消費税等の申告書、添付書類の提出は電子的に行う必要があり、令和2年4月1日以後開始事業年度より適用されている。また、令和3年度改正では、税務全般において税務関係書類における押印義務の見直しが行われた。電子帳簿保存法は平成10年に施行後、令和3年度改正で見直され、令和4年1月1日より適用される。その後、電子取引の電子データの保存義務は、2年間宥恕されるという省令の改正（令和5年度改正で一定の猶予措置に改正）が行われた。主な改正点等を以下に示す。

⑴　国税関係帳簿書類の電磁的記録等による保存の見直し

会計帳簿、補助簿及び決算書等の帳簿書類をデータ保存する場合に事前に税務署長の承認と一定の要件を満たす必要があるが、改正で承認等が不要とされた。ただし、従来の要件を満たす電子帳簿については承認申請書の提出も必要で、優良帳簿とされ、税務調査等における過少申告加算税が5％軽減される。この優良な電子帳簿については税務署長の承認の他に要件として、①訂正、削除履歴の確保 ②帳簿との相互関連性の確保 ③システム及び事務手続関係書類等の備付け ④見読可能装置の備付け等 ⑤検索機能の確保の要件があるが、その他の電子的な帳簿については①～②の要件がなくなり新たに、質問検査権に基づくデータのダウンロードの求めに応じる要件が加わったが、最低限の要件を満たせば電子データのまま保存が可能となった。

⑵　スキャナ保存の見直し

取引先から受け取る請求書や領収書等をスキャンしデータ保存する場合に税務署長の承認が不要となったほか、①タイムスタンプの付与期間が3日から最長2ヶ月以内（一定の場合(注)は不要）になり、受領書等の紙原本への自署も不要となった。②定期的な検査等の適正事務処理要件の廃止③検索要件については、取引の年月日、金額、取引先に検査項目を限定し、データのダウンロードの求めに応じる場合には範囲の指定等の条件設定はなくなる。

以上により所定の要件を満たせば紙原本からスキャナ保存が可能となる。

(注)　なお訂正削除履歴の残るクラウドに最長2ヶ月以内に保存する場合はタイムスタンプも不要になる。

⑶　電子取引のデータ保存の見直し

電子契約書、領収書をデータでやりとりする電子取引（EDI取引、電子メール等）は、税務署長の承認は不要であるが、以下の要件が見直しされ、①タイムスタンプは遅滞なくから最長2ヶ月以内とされた。②検索要件は上記⑵③と同様である。なお、前々期の売上高が1千万円（令和5年度改正で5千万に改正）以下の小規模事業者について、税務調査時にデータのダウンロード、出力書面の求めに応じる場合にはすべての検索要件が不要になる。

⑷　スキャナ保存と電子取引の適正な保存を担保するための措置

電子データの改ざんに対しては、重加算税を10％加重される。なお、上記の市販ソフト及びソフトウエアサービスに対して、適用要件の確認（認証）を受けたものは、国税庁のホームページにJIIMA認証情報リストとして公表されている。

また地方税関係の帳簿書類の電子的保存の要件等については、国税の取扱いに準じ所要の措置が講じられる。

別表十六(四)

旧国外リース期間定額法若しくは旧リース期間定額法又はリース期間定額法による償却額の計算に関する明細書

Case　法人が所有権移転外リースについて資産計上するときなどに作成する。

1

リース期間定額法

平成20年4月1日以後に締結する所有権移転外リース取引(注)に係るリース資産について、賃借人は、リース期間定額法により償却計算する。

$$（リース資産の取得価額－残価保証額）\times\frac{当期の月数}{リース期間の月数}$$

(注)　所有権移転外リース取引とは、解約不能、フルペイアウト（令48の2⑤五）のリース取引をいう。

2

リース資産の取得価額

リース資産の取得価額は、残価保証額がない場合には、リース料の総額となる。ただし、法人がその一部を利息相当額として区分した場合には、その区分した利息相当額を控除した金額となる。

3

償却費として損金経理した金額

税法は企業会計とは異なり、すべての所有権移転外リース取引について、売買があったものとして取り扱われ、賃借人に賃貸借処理を認める例外的取扱いはない。しかしながら、賃借人が賃借料として損金経理したとしても、その金額は償却費として損金経理をした金額に含まれるものとされているので、リース料がリース期間の経過に比例して発生するものであれば、企業会計上、1件リース料総額が300万円以下のリース等の理由で賃貸借処理をしたとしても、原則として申告調整は不要となる。また、この場合には別表十六(四)への記載も不要とされている。

4

特別償却等又は法人税の税額控除の適用について

所有権移転外リース取引に係る資産については、特別償却又は圧縮記帳の対象にならないが、法人税の税額控除の対象になるので留意する。

財務諸表及び他の別表との関連

- 20 → 貸借対照表
- 27 → 損益計算書、製造原価報告書
- 29 → 別表四 6
- 31、32 → 別表四 12

旧国外リース期間定額法若しくは旧リース期間定額法又はリース期間定額法による償却額の計算に関する明細書	事業年度	令5・4・1 令6・3・31	法人名	

区分		項目	番号					
資産区分		種類	1	機械装置				
資産区分		構造	2	××製造設備				
資産区分		細目	3	×××				
資産区分		契約年月日	4	令5・10・1	・・	・・	・・	・・
資産区分		賃貸の用又は事業の用に供した年月	5					
償却額計算の基礎となる金額	旧国外リース期間定額法	取得価額又は製作価額	6	外 円	外 円	外 円	外 円	外 円
	旧国外リース期間定額法	(6)のうち積立金方式による圧縮記帳の場合の償却額計算の対象となる取得価額に算入しない金額	7					
	旧国外リース期間定額法	差引取得価額 (6)－(7)	8					
	旧国外リース期間定額法	見積残存価額	9					
	旧国外リース期間定額法	償却額計算の基礎となる金額 (8)－(9)	10					
	旧リース期間定額法	旧リース期間定額法を採用した事業年度	11	：：	：：	：：	：：	：：
	旧リース期間定額法	取得価額又は製作価額	12	外 円	外 円	外 円	外 円	外 円
	旧リース期間定額法	(12)のうち(11)の事業年度前に損金の額に算入された金額	13					
	旧リース期間定額法	差引取得価額 (12)－(13)	14					
	旧リース期間定額法	残価保証額	15					
	旧リース期間定額法	償却額計算の基礎となる金額 (14)－(15)	16					
	リース期間定額法	取得価額	17	外 30,000,000	外	外	外	外
	リース期間定額法	残価保証額	18					
	リース期間定額法	償却額計算の基礎となる金額 (17)－(18)	19	30,000,000				
帳簿記載金額		償却額計算の対象となる期末現在の帳簿記載金額	20	27,500,000				
帳簿記載金額		期末現在の積立金の額	21					
帳簿記載金額		積立金の期中取崩額	22					
帳簿記載金額		差引帳簿記載金額 (20)－(21)－(22)	23	外△ 27,500,000	外△	外△	外△	外△
リース期間又は改定リース期間の月数			24	( )月 72	( )月	( )月	( )月	( )月
当期におけるリース期間又は改定リース期間の月数			25	6				
当期分の普通償却限度額 ((10)、(16)又は(19))× (25)/(24)			26	円 2,500,000	円	円	円	円
当期償却額			27	2,500,000				
差引		償却不足額 (26)－(27)	28					
差引		償却超過額 (27)－(26)	29					
償却超過額		前期からの繰越額	30	外	外	外	外	外
償却超過額	当期損金認容額	償却不足によるもの	31					
償却超過額	当期損金認容額	積立金取崩しによるもの	32					
償却超過額		差引合計翌期への繰越額 (29)＋(30)－(31)－(32)	33					
備考								

別表十六(四) 令五・四・一以後終了事業年度分

別表十六(六)
繰延資産の償却額の計算に関する明細書

Case　法人が支出する費用のうち、その効果が1年以上に及ぶ繰延資産について償却計算を行うときに作成する。

1 償却限度額

税務上の繰延資産 ｛ 旧商法上の繰延資産(注)……一時償却が認められる
　　　　　　　　　 6号資産（令14⑥）…………均等償却を行う

(注) 従来の社債発行差金については、社債金額から直接控除され、法人税法上も平成19年度改正で繰延資産でなくなった。

2 留意事項

(1)　少額な繰延資産

支出した金額が20万円未満のものについては、その全額を損金処理することができる。

(2)　長期の分割払いの繰延資産

長期の分割払いの繰延資産については、総額を未払金に計上して償却することはできない。ただし3年以内の分割払いのものは除く。

(3)　繰延資産の償却額の計算単位

繰延資産の償却限度額は、支出した費目の異なるごとに、かつ、償却期間の異なるごとに計算する。なお、種類及び細目の区分ごとに、かつ、償却期間の異なるごとに法人が継続して計算することも認められる。

3 記載要領

(1)　繰延資産の種類ごとに区分し、区分ごとの合計額を記入する場合には、2、4、5の各欄の記入は不要。

(2)　租税特別措置法適用条項7は、令和3年度改正で設けられ、措置法による特別償却の適用（事業適応繰延資産160頁参照）を受ける場合にその条項を記載する。また、カッコの中は特別償却の割合を記載する。8の外書きは、特別償却準備金として積み立てた場合にその限度額を記載する。

財務諸表及び他の別表との関連

27 → 貸借対照表
13 → 別表四加算・留保
15 → 別表四減算・留保

繰延資産の償却額の計算に関する明細書

事業年度	令5・4・1 令6・3・31	法人名	

別表十六(六) 令五・四・一以後終了事業年度分

Ⅰ 均等償却を行う繰延資産の償却額の計算に関する明細書

繰延資産の種類		1	ノウハウの頭金	借家権利金			合計
支出した年月		2	令 2年 4月	令 3年 6月			
支出した金額		3	50,000,000円	30,000,000円	円	円	80,000,000円
償却期間の月数		4	60月	60月	月	月	月
当期の期間のうちに含まれる償却期間の月数		5	12	12			
当期分の償却限度額	当期分の普通償却限度額 $(3) \times \frac{(5)}{(4)}$	6	10,000,000円	6,000,000円	円	円	16,000,000円
	租税特別措置法適用条項	7	(条項)	(条項)	(条項)	(条項)	(条項)
	特別償却限度額	8	外 円	外 円	外 円	外 円	外 円
	前期から繰り越した特別償却不足額又は合併等特別償却不足額	9					
	合計 (6)+(8)+(9)	10	10,000,000	6,000,000			16,000,000
当期償却額		11	11,000,000	6,000,000			17,000,000
差引	償却不足額 (10)−(11)	12					
	償却超過額 (11)−(10)	13	1,000,000				1,000,000
償却超過額	前期からの繰越額	14					
	同上のうち当期損金認容額 ((12)と(14)のうち少ない金額)	15					
	差引合計翌期への繰越額 (13)+(14)−(15)	16	1,000,000				1,000,000
特別償却不足額	翌期に繰り越すべき特別償却不足額 ((12)と((8)+(9))のうち少ない金額)	17					
	当期において切り捨てる特別償却不足額又は合併等特別償却不足額	18					
	差引翌期への繰越額 (17)−(18)	19					
	翌期への繰越額の内訳 ・ ・	20					
	翌期への繰越額の内訳 当期分不足額	21					
適格組織再編成により引き継ぐべき合併等特別償却不足額 ((12)と(8)のうち少ない金額)		22					

3(2)

→ 別表四・加算留保

Ⅱ 一時償却が認められる繰延資産の償却額の計算に関する明細書

繰延資産の種類	23	株式交付費				
支出した金額	24	40,000,000円	円	円	円	円
前期までに償却した金額	25	−				
当期償却額	26	40,000,000				
期末現在の帳簿価額	27	−				

1 旧商法上

【適用額明細書との関連】

8 …（条項）第42条の12の７第２項（区分）00663

9 …（条項）第52条の２第１項等（区分）00187

別表十六(七)
少額減価償却資産の取得価額の損金算入の特例に関する明細書

Case　青色申告法人の中小企業者等が30万円未満の減価償却資産について損金算入するときに作成する。

1　30万円未満の減価償却資産の損金算入制度

中小企業者等が平成18年4月1日から令和6年3月31日（令和6年度改正で2年延長見込）までの間に取得等をし事業の用に供した少額減価償却資産（取得価額が30万円未満）について、損金経理を要件に全額が損金算入される。

2　中小企業者等(注)が対象

資本金1億円以下で大規模法人の子会社等でない法人（42ページ参照）が適用対象。

なお、常時使用する従業員（パート、アルバイト含む）の数が500人を超える法人は除外される。

また、平成31年4月1日以後に取得する少額減価償却資産から、中小企業者等で適用対象事業者（課税所得が3年平均15億円超）に該当する法人は除かれる。

（注）　資本金1億円、従業員500人の判定時期について
　資本金1億円以下の判定は取得日、事業供用日で行うが、従業員500人以下の判定は同上の日の他に期末日で判定することもできる。
　なお、令和2年度改正で従業員数1,000人から500人に改正された。グループ通算法人は、特例適用対象外となる。

3　適用対象資産

⑴　取得価額が30万円未満の減価償却資産で、資産の種類には制限はない。

なお、令和4年度改正で、30万円未満の減価償却の対象資産から貸付（主要な事業として行われるものを除く）の用に供した資産が除外された。

⑵　令和5年10月1日以降に免税事業者より取得する資産については、6年間の経過措置により一定割合の消費税の仕入税額控除（80%、50%）が認められるが、仕入税額控除のできない金額を含めて30万円未満の判定を行うことに留意する。なお、費用処理することができる10万円基準も同様で、99頁、126頁を参照。

4　取得価額の合計年300万円の制限

少額減価償却資産の年間の取得価額の合計が300万円を超える場合、超える部分の資産については適用対象外とされる。

少額減価償却資産の取得価額の損金算入の特例に関する明細書

事業年度	令5・4・1 令6・3・31	法人名	

別表十六(七) 令五・四・一以後終了事業年度分

区分	項目	番号					
資産区分	種類	1	器具備品	器具備品	器具備品		
	構造	2	通信機器	事務機器	事務機器		
	細目	3	その他 通信機器	その他 事務機器	その他 事務機器		
	事業の用に供した年月	4	令5年8月	令6年1月	令6年2月		
取得価額	取得価額又は製作価額	5	円 270,000	円 260,000	円 280,000		
	法人税法上の圧縮記帳による積立金計上額	6					
	差引改定取得価額 (5)－(6)	7	270,000	260,000	280,000		
資産区分	種類	1					
	構造	2					
	細目	3					
	事業の用に供した年月	4					
取得価額	取得価額又は製作価額	5	円	円	円	円	円
	法人税法上の圧縮記帳による積立金計上額	6					
	差引改定取得価額 (5)－(6)	7					
資産区分	種類	1					
	構造	2					
	細目	3					
	事業の用に供した年月	4					
取得価額	取得価額又は製作価額	5	円	円	円	円	円
	法人税法上の圧縮記帳による積立金計上額	6					
	差引改定取得価額 (5)－(6)	7					
当期の少額減価償却資産の取得価額の合計額 ((7)の計)		8	円 810,000				

3 1個又は1組の価額が30万円未満の減価償却資産であれば、資産の種類は問わない

4 合計額は年300万円まで

【適用額明細書との関連】

8…（条項）第67条の5第1項 （区分）00277

別表十六(八)
一括償却資産の損金算入に関する明細書

Case　法人が20万円未満の減価償却資産について一括償却資産として３年で償却するときに作成する。

1 損金算入限度額

(1)　年度決算

一括償却資産の取得価額の合計額[2]×$\frac{\text{事業年度の月数}}{36}$＝当期の損金算入限度額[4]

(2)　中間決算

初年度…………[2]×$\frac{12}{36}$＝損金算入限度額[4]

次年度以降……[2]×$\frac{6}{36}$＝損金算入限度額[4]

2 留意事項

(1)　令和５年10月１日以降に免税事業者より取得する資産については、６年間の経過措置により一定割合の消費税の仕入税額控除（80%、50%）が認められるが、仕入税額控除できない金額を含めて20万円未満の判定を行うことに留意する。なお、99頁、126頁を参照。

(2)　取得価額が20万円未満の固定資産については、一括して３年で償却する方法が選択できる。

(3)　取得価額を単純に３年で償却し、途中除売却があっても無視して償却していく。

(4)　20万円未満の資産について、一括償却資産又は通常の固定資産として扱うかは任意。

(5)　仮決算による中間決算を行う場合の償却限度額は、初年度は$\frac{12}{36}$、次年度以降は$\frac{6}{36}$になることに留意。

(6)　一括償却資産の損金算入について、対象資産から貸付（主要な事業として行われるものを除く）の用に供した資産が除外された。

(7)　一括償却資産について、償却資産税は課されない。

財務諸表及び他の別表との関連

[5] → 損益計算書又は製造原価報告書

[7] → 別表四加算・留保

[9] → 別表四減算・留保

[10] → 別表五(一)④

一括償却資産の損金算入に関する明細書

事業年度	令5・4・1 令6・3・31	法人名	

別表十六(八) 令五・四・一以後終了事業年度分

事業の用に供した事業年度		1	令3・4・1 令4・3・31	令4・4・1 令5・3・31	・ ・ ・ ・	・ ・ ・ ・	・ ・ ・ ・	(当期分)
同上の事業年度において事業の用に供した一括償却資産の取得価額の合計額		2	円 147,900	円 986,480	円	円	円	円 2,400,000
当期の月数 (事業の用に供した事業年度の中間申告の場合は、当該事業年度の月数)		3	月 12	月 12	月	月	月	月 12
当期分の損金算入限度額 $(2) \times \frac{(3)}{36}$		4	円 49,300	円 328,826	円	円	円	円 800,000
当期損金経理額		5	49,300	0				2,400,000
差引	損金算入不足額 (4) − (5)	6		328,826				
	損金算入限度超過額 (5) − (4)	7						1,600,000
損金算入限度超過額	前期からの繰越額	8		657,654				
	同上のうち当期損金認容額 ((6)と(8)のうち少ない金額)	9		328,826				
	翌期への繰越額 (7) + (8) − (9)	10		328,828				

別表四減算・留保へ

別表四加算・留保へ

別表十六(九)

特別償却準備金の損金算入に関する明細書

Case　青色申告法人が特別償却準備金の計上を行う場合に作成する。

1 特別償却準備金の積立限度額 [10]

特別償却限度額（別表十六(一)～(四)各特別償却限度額欄外書)[8]＋積立不足額（前期1年内の分)[9]

2 特別償却準備金の取崩額

特別償却準備金の積立てが平成13年4月1日以後開始事業年度より、各特別償却対象資産別に行うこととされ、取崩しも法定耐用年数に応じて三とおりとなり、また、対象資産を除売却すると準備金の残額も取り崩すこととなった。

(1)　対象資産の法定耐用年数が10年以上

$$\text{当初の積立額のうち損金算入額[23]} \times \frac{\text{当期の月数}}{84} = \text{益金算入額[25]}$$

(2)　対象資産の法定耐用年数が10年未満

$$\text{当初の積立額のうち損金算入額[23]} \times \frac{\text{当期の月数}}{\text{60と法定耐用年数×12のいずれか少ない方}} = \text{益金算入額[25]}$$

(3)　対象資産の除売却による取崩し

特別償却準備金を除売却した場合には、準備金の残額を取り崩す。

3 取崩期間(注)

(1)　法定耐用年数が2年から4年…………各耐用年数

(2)　法定耐用年数が5年以上10年未満……5年

(3)　法定耐用年数が10年以上………………7年

(注)　耐用年数の改正が行われた場合の準備金の均等取崩し

準備金を積み立てた事業年度後に法定耐用年数が改正された場合には、改正後の耐用年数により判断し均分取崩しを行う（措通52の3－4、平成21年8月改正)。

4 記載上の留意点

(1)　[25]、[26]の取崩しで剰余金の処分による取崩し及び取崩不足額は別表四で加算する。

(2)　積立不足額は1年間繰越しができるが、翌期に繰り越す場合には、[14]～[19]の記入を行う。

財務諸表及び他の別表との関連

[7]　→　株主資本等変動計算書

[8]　←　別表十六(一)～別表十六(五)の特別償却限度額の欄の外書の金額

特別償却準備金の損金算入に関する明細書

事業年度	令5・4・1 令6・3・31	法人名	

別表十六(九) 令五・四・一以後終了事業年度分

区分	項目	番号				計
資産区分	特別償却に関する規定の該当条項	1	第42条の6第1項 第　号	第　条第　項 第　号	第　条第　項 第　号	
	種類	2	機械装置			
	構造、用途、設備の種類又は区分	3	XXX			
	細目	4				
	事業の用に供した年月	5	令5　9　10			
	耐用年数等	6	7 年	年	年	
当期積立額		7	5,000,000 円			5,000,000 円
当期積立限度額	当期の特別償却限度額	8	4,760,000			4,760,000
	前期から繰り越した積立不足額又は合併等特別償却準備金積立不足額	9				
	積立限度額 (8)＋(9)	10	4,760,000			4,760,000
差引	積立限度超過額 (7)－(10)	11	240,000			240,000
	積立不足額：割増償却の場合 (8)－(7)	12				
	積立不足額：初年度特別償却の場合 (8)－((7)－(9)) ((7)－(9)≦0の場合は(8))	13				
積立不足額	翌期に繰り越すべき積立不足額 (10)－(7)	14				
	当期において切り捨てる積立不足額又は合併等特別償却準備金積立不足額	15				
	差引翌期への繰越額 (14)－(15)	16				
	翌期への繰越額の内訳：・　・	17				
	翌期への繰越額の内訳：当期分 (12)又は(13)	18				
	翌期への繰越額の内訳：計 (17)＋(18)	19				
当期積立額のうち損金算入額 ((7)と(10)のうち少ない金額)		20	4,760,000			
合併等特別償却準備金積立不足額 (8)－(7)		21				
翌期繰越額の計算	積立事業年度	22	令4・4・1 令5・3・31	・　・ ・　・	・　・ ・　・	
	各積立事業年度の積立額のうち損金算入額	23	4,000,000 円	円	円	円
	期首特別償却準備金の金額	24	4,000,000			4,000,000
	当期益金算入額：均等益金算入による場合 (23)×12/(84、60又は(耐用年数等×12))	25	800,000			800,000
	当期益金算入額：同上以外の場合による益金算入額	26				
	当期益金算入額：合計 (25)＋(26)	27	800,000			800,000
	期末特別償却準備金の金額 (24)－(27)	28	3,200,000			3,200,000

1（当期積立限度額）

剰余金の処分により積み立てた場合は、別表四で減算する

別表四加算・留保へ（11欄 240,000）

積立不足額を翌期へ繰り越す場合に記入する

2（当期益金算入額）

剰余金の処分により取り崩した場合は、別表四で加算する

【適用額明細書との関連】

8、9の記載がある場合…164～166ページ参照

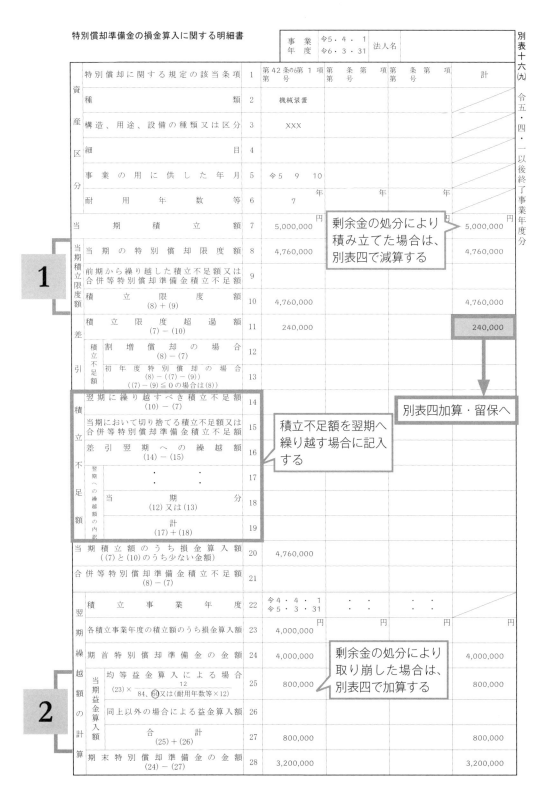

特別償却の付表

特別償却等の償却限度額の計算に関する付表

Case　青色申告法人が特別償却を適用するには、償却限度額に関する付表を申告書に添付する必要がある。従来は特別償却ごとに定められていた付表が令和4年4月1日以後終了事業年度より、共通の付表に記載することになった。以下に主な記載事項について示す。

1

特別償却又は割増償却の名称と該当条項　1

特別償却は取得価額の一定割合を初年度に償却するもので、割増償却は各年度において償却費を割り増して償却する。

1の名称の記載にあたっては、国税庁ホームページ「特別償却の付表の記載項目等一覧表（142ページは一覧表の番号と名称のみを表し、各特別償却ごとの記載要領は省略）」を参考に記載していく。

2

取得価額　8、14

取得価額要件があるものについて、個々ではなく取得価額の合計額により判定する場合は14に記入する。対象となる取得価額又は支出金額9は、合計額で判定するもの以外は8の金額を記載し、一定の船舶の場合は8×75％の金額を記載する。

3

適用要件等

15には、適用区域の名称が指定されている場合に記載する。

16には、国又は地方公共団体による認定等が要件とされるものについて認定日等を記載する。また、認定の他に確認日等が必要となるものについては確認日等を記載する。

17のその他参考となる事項については、各特別償却の記載要領を参照。

4

中小企業者等の判定欄

中小企業者等が適用要件となっているものについて、判定欄に記入していく。

特別償却の付表

特別償却等の償却限度額の計算に関する付表

事業年度又は連結事業年度	・ ・ ・ ・	法人名	( )

(特別償却又は割増償却の名称) 該当条項	1	( ) (置法・震災特例法 ( )条(の)項( )号( )	( ) ( ) 措置法・震災特例法 ( )条(の)第( )項( )号( )
事業の種類	2		
(機械・装置の耐用年数表等の番号) 資産の種類	3	( )	( )
構造、用途、設備の種類又は区分	4		
細目	5		
取得等年月日	6	・ ・	・ ・
事業の用に供した年月日又は支出年月日	7	・ ・	・ ・
取得価額又は支出金額	8	円	円
対象となる取得価額又は支出金額	9	円	円
普通償却限度額	10	円	円
特別償却率又は割増償却率	11	―/100	―/100
特別償却限度額又は割増償却限度額 ((9)－(10))、((9)×(11)) 又は ((10)×(11))	12	円	円
償却・準備金方式の区分	13	償却・準備金	償却・準備金
適用要件等 資産の取得価額等の合計額	14	円	円
適用要件等 区域の名称等	15		
適用要件等 認定等年月日	16	・ ・ ( ) ・ ・ ( )	・ ・ ( ) ・ ・ ( )
適用要件等 その他参考となる事項	17		

中小企業者又は中小連結法人の判定

発行済株式又は出資の総数又は総額	18		大規模法人の保有する株式数等の明細	順位	大規模法人	株式数又は出資金の額
(18)のうちその有する自己の株式又は出資の総数又は総額	19			1		26
差引(18)－(19)	20					27
常時使用する従業員の数	21	人				28
大規模法人の株式数等の保有割合 第1順位の株式数又は出資金の額 (26)	22					29
大規模法人の株式数等の保有割合 保有割合 (22)/(20)	23	%				30
大規模法人の株式数等の保有割合 大規模法人の保有する株式数等の計 (32)	24					31
大規模法人の株式数等の保有割合 保有割合 (24)/(20)	25	%			計 (26)＋(27)＋(28)＋(29)＋(30)＋(31)	32

〔特別償却の付表の記載項目等一覧表〕

一覧表番号	制度の名称
1	中小企業者等が取得した機械等の特別償却
2	国家戦略特別区域における機械等の特別償却
3	国際戦略総合特別区域における機械等の特別償却
4	地域経済牽引事業の促進区域内における特定事業用機械等の特別償却
5	地方活力向上地域等における特定建物等の特別償却
6	中小企業者等が取得した特定経営力向上設備等の特別償却
7	認定特定高度情報通信技術活用設備の特別償却
8	情報技術事業適応設備、事業適応繰延資産又は生産工程効率化等設備等の特別償却
9	特定船舶の特別償却
10	港湾隣接地域における技術基準適合施設の特別償却
11	被災代替資産等の特別償却（措置法）
12	関西文化学術研究都市の文化学術研究地区における文化学術研究施設の特別償却
13	特定事業継続力強化設備等の特別償却
14	共同利用施設の特別償却
15	環境負荷低減事業活動用資産等の特別償却
16	特定地域における工業用機械等の特別償却
17	特定地域における産業振興機械等の割増償却
18	医療用機器等の特別償却
19	事業再編計画の認定を受けた場合の事業再編促進機械等の割増償却
20	輸出事業用資産の割増償却
21	企業主導型保育施設用資産の割増償却
22	特定都市再生建築物又は特定都市再生建築物等の割増償却
23	倉庫用建物等の割増償却
24	特定復興産業集積区域又は復興産業集積区域における機械等の特別償却
25	企業立地促進区域等における機械等の特別償却
26	避難解除区域等における機械等の特別償却
27	特定復興産業集積区域又は復興産業集積区域における開発研究用資産の特別償却
28	新産業創出等推進事業促進区域における開発研究用資産の特別償却
29	被災代替船舶又は被災代替資産等の特別償却（震災特例法）
30	被災者向け優良賃貸住宅の割増償却
31	新たに創設された特別償却又は割増償却の名称

◇ Column 11 適用額明細書からみた租税特別措置法の適用状況 ◇

令和４年４月１日から令和５年３月31日までの間に終了した事業年度に、租税特別措置法の適用を受けた法人の件数、適用金額について、財務省発表の実態調査（令和６年２月国会提出）を元に適用件数が1,000件を超えるもののうち、主な項目を以下に示すことにする。なお、全体では、適用法人数146万社、適用件数235万件である。

項　　　　　目	適用件数	適用金額（億円）
(1) 中小企業者等の法人税率の特例	1,068,172	44,020
(2) 試験研究費の税額控除 内、（　）は中小企業技術基盤強化税制	16,402 (5,636)	7,636 (241)
(3) 中小企業者の機械等取得の特別償却	21,339	1,814
中小企業者の機械等取得の税額控除	29,254	189
(4) 認定地方公共団体の寄附活用事業に関連する寄附の税額控除	1,510	13
(5) 中小企業者等の特定経営力向上設備等取得の特別償却	14,973	5,005
中小企業者等の特定経営力向上設備等取得の税額控除	7,596	120
(6) 給与等引上げ及び設備投資を行った場合の税額控除 内、（　）は中小企業者が適用した税額控除	215,294 (204,181)	5,150 (2,024)
(7) 特別償却不足額がある場合の償却限度額の特例	1,896	426
(8) 収用換地等の所得控除	2,077	315
(9) 特定資産の買換えの圧縮記帳 内、（　）は10年超の土地・建物等の４号買換え	1,052 (870)	5,364 (4,311)
(10) 中小企業者等の少額減価償却資産の損金算入の特例	653,858	3,636

〈当初申告要件について〉

平成23年12月改正により、当初申告時に選択した場合に限り適用が可能な当初申告要件について法人税法上のものは廃止された。

なお、租税特別措置法上の上記の税額控除は、別表に適用金額等の特定の事項の記載を要し当初申告要件がある。したがって適用もれがあっても更正の請求等はできないことに留意する。

〈資本金１億円以下の中小企業者について〉

資本金が１億円以下の法人は中小の法人になるが、大法人並みの所得がある場合には資本金が１億円以下であっても適用除外事業者として租税特別措置法の優遇措置が適用されないものがある。また、適用除外事業者に該当しない場合でも資本金５億円以上の大法人の100％子会社等はみなし大企業として同様に優遇措置が適用できなくなることに留意する。詳細は63ページ参照。

特別償却の付表

中小企業者等が取得した機械等の特別償却

Case　青色の中小企業者等又は資本金3,000万円以下の青色の特定中小企業者等が機械等を取得し、特別償却の適用を受けるときに作成し、別表十六に添付する。

1　適用対象法人

中小企業者等に適用があり、中小企業者等とは資本金1億円以下で大規模法人の子会社などでない法人をいう。なお、資本金3,000万円以下の特定中小企業者等は特別償却と税額控除との有利選択が認められる。資本金3,000万円を超え1億円以下の中小企業者は特別償却のみの適用となる。

中小企業者等の判定は[18]～[32]で行う。

2　償却限度額

基準取得価額(注1)[9]×特別償却率30%[11]＝特別償却限度額[12]

(注1)　対象資産が船舶の場合には、取得価額[8]の75%が対象となる取得価額[9]になる。それ以外は100%となる。

(注2)　特別償却不足額は1年間の繰越しができる（130ページ参照）。

3　適用要件

(1)　令和5年度改正で、コインランドリー業の用に供する（主要な事業である場合は除く）機械装置で、その管理のおおむね全部を他の者に委託するものが除外された。

(2)　[17]についてはソフトウエアのうち、所定の規格15408に基づく評価及び認証を受けることが要件となっているものについて、その評価及び認証の有無を記載する。

(3)　[14]については、特定の工具、特定のソフトウエアについて、複数の資産合計額で取得価額要件を判定している場合にその合計額を記載する。

なお適用要件については税額控除の50ページを参照。

4　取得価額　[9]

対象資産の取得価額については、金額制限（下限）があるので留意する（50ページを参照）。

特別償却の付表

特別償却等の償却限度額の計算に関する付表

事業年度又は連結事業年度	令5・4・1 令6・3・31	法人名	(株)×××（中小法人） ( )

項目	番号		
（特別償却又は割増償却の名称） 該当条項	1	（中小企業者等が取得した機械等の特別償却） （ ）措置法・震災特例法 （42）条（の 6 ）第（1）項（1）号（ ）	（ 同左 ） （ ）措置法・震災特例法 （ ）条（の ）第（ ）項（ ）号（ ）
事業の種類	2	××製造業	
（機械・装置の耐用年数表等の番号） 資産の種類	3	（ No. ×× ） ××設備	（ ）
構造、用途、設備の種類又は区分	4	××機械	
細目	5	××	
取得等年月日	6	令5・6・10	・・
事業の用に供した年月日又は支出年月日	7	令5・6・10	・・
取得価額又は支出金額	8	10,000,000 円	円
対象となる取得価額又は支出金額	9	10,000,000 円	4 円
普通償却限度額	10	− 円	円
特別償却率又は割増償却率	11	30/100	/100
特別償却限度額又は割増償却限度額 （(9)−(10)）、（(9)×(11)）又は（(10)×(11)）	12	3,000,000 円	2 円
償却・準備金方式の区分	13	償却・準備金	償却・準備金
適用要件等　資産の取得価額等の合計額	14	− 円	円
適用要件等　区域の名称等	15	−	
適用要件等　認定等年月日	16	・・（ ） ・・（ ）	・・（ ） ・・（ ）
適用要件等　その他参考となる事項	17	−	3　1

中小企業者又は中小連結法人の判定

項目	番号		大規模法人の保有する株式数等の明細　順位	大規模法人	番号	株式数又は出資金の額
発行済株式又は出資の総数又は総額	18	100,000 株				
(18)のうちその有する自己の株式又は出資の総数又は総額	19		1	AB株式会社	26	30,000 株
差引 (18)−(19)	20	100,000 株			27	
常時使用する従業員の数	21	人			28	
大規模法人の株式数等の保有割合　第1順位の株式数又は出資金の額 (26)	22	30,000 株			29	
大規模法人の株式数等の保有割合　保有割合 (22)/(20)	23	30 %			30	
大規模法人の株式数等の保有割合　大規模法人の保有する株式数等の計 (32)	24	30,000 株			31	
大規模法人の株式数等の保有割合　保有割合 (24)/(20)	25	30 %	計 (26)＋(27)＋(28)＋(29)＋(30)＋(31)		32	30,000 株

【適用額明細書との関連】

（条項）　第42条の６第１項第１号（償却費）（区分）00031他…別表十六（一）32、別表十六（二）36他

（条項）　第52条の３第１項又は第11項（特別償却準備金）他（区分）00032…別表十六（九）8他

特別償却の付表

国家戦略特別区域における機械等の特別償却

Case　青色申告法人で一定の特定事業を行う法人が、国家戦略特区内において機械装置等を取得し特別償却の適用を受けるときに作成し、別表十六に添付する。

1 適用対象法人

特定事業の実施主体として国家戦略特区法の認定区域計画に定められた法人が適用対象となる。なお、税額控除の選択も認められる。

2 償却限度額

イ　機械装置、開発研究用の器具備品

取得価額[9]×45％＝特別償却限度額[12]

ロ　建物、建物附属設備、構築物

取得価額[9]×23％＝特別償却限度額[12]

(注)　特例償却不足額は1年間の繰越しができる（130ページ参照）。

3 取得要件 [6] 及び事業供用要件 [7]

一定の特定事業を行う法人が、平成26年4月1日より令和6年3月31日までの間に国家戦略特別区域内において、特定の機械装置等又は建物等を新規取得し、特定事業の用に供することが必要。

なお、内閣総理大臣による区域計画の認定年月日と（　）内に“認定”と記載し、また、平成31年3月31日以前に受けた主務大臣の確認がある場合には、事業実施計画の確認年月日と（　）内に“計画記載”と記載する。

4 取得価額要件 [8]

イ　特定中核事業の用に供するものについて

機械装置	1台2,000万円以上
開発研究用の器具備品	1台1,000万円以上

ロ　イ以外について

52ページ参照。

特別償却等の償却限度額の計算に関する付表

事業年度 又は連結 事業年度	令5 ・ 4 ・ 1 令6 ・ 3 ・ 31	法人名	×××（大法人） （ ）

（特別償却又は割増償却の名称） 該　　当　　条　　項	1	（国家戦略特別区域における機械等の特別償却） （ ）措置法・震災特例法 （ 42 ）条（の 10 ）第（1）項（1）号（ ）	（ ） 措置法・震災特例法 （ ）条（の ）第（ ）項（ ）号（ ）	
事　業　の　種　類	2	××事業		
（機械・装置の耐用年数表等の番号） 資　産　の　種　類	3	（ No.×× ） ××設備	（ ）	
構造、用途、設備の種類又は区分	4	××機械		
細　　　　　　　　　目	5	××		
取　得　等　年　月　日	6	令6 ・ 3 ・ 10	**3** ・ ・	
事業の用に供した年月日 又　は　支　出　年　月　日	7	令6 ・ 3 ・ 10	・ ・	
取　得　価　額　又　は　支　出　金　額	8	70,000,000 円	**4** 円	
対象となる取得価額又は支出金額	9	70,000,000 円	円	
普　通　償　却　限　度　額	10	－ 円	円	
特別償却率又は割増償却率	11	45/100	/100	
特別償却限度額又は割増償却限度額 (⑨-⑩)、((⑨×⑪) 又は (⑩×⑪)	12	31,500,000 円	**2** 円	
償　却・準　備　金　方　式　の　区　分	13	償　却・準　備　金	償　却・準　備　金	
資産の取得価額等の合計額	14	－ 円	円	
区　域　の　名　称　等	15	××（特区）	**3**	
認　定　等　年　月　日	16	令5・7・1（ 認定 ） ・ ・（ ）	・（ ）	
その他参考となる事項	17	－		

中 小 企 業 者 又 は 中 小 連 結 法 人 の 判 定

				順位	大 規 模 法 人		株式数又は 出資金の額	
発 行 済 株 式 又 は 出 資 の 総　　数　　又　　は　　総　　額	18		大規模法人等の保有する明細					
⑱のうちその有する自己の株式 又 は 出 資 の 総 数 又 は 総 額	19			1		26		
差　引⑱－⑲	20					27		
常 時 使 用 す る 従 業 員 の 数	21	人				28		
第 1 順 位 の 株 式 数 又 は 出 資 金 の 額　㉖	22					29		
保　有　割　合　㉒/⑳	23	％				30		
大規模法人の保有する 株 式 数 等 の 計　㉜	24					31		
保　有　割　合　㉔/⑳	25	％			計 (26)+(27)+(28)+(29)+(30)+(31)	32		

【適用額明細書との関連】

（条項）　第42条の10第1項（償却費）（区分）00622…別表十六（一）㉜、別表十六（二）㊱他

（条項）　第52条の3第1項又は第11項（特別償却準備金）（区分）00623…別表十六（九）⑧

特別償却の付表

国際戦略総合特別区域における機械等の特別償却

Case　指定法人が国際戦略総合特区内において、特定の機械、建物等を取得し、特別償却の適用を受けるときに作成し、別表十六に添付する。

1 適用対象法人

総合特別区域法第26条第1項に規定する認定地方公共団体の指定を受けた法人が適用対象となる。なお、税額控除の選択も認められる（税額控除は54ページ参照）。

2 償却限度額

取得価額[9]×特別償却率(注1)[11]＝特別償却限度額[12]

（注1）機械装置、一定の器具備品…34％
建物及びその附属設備、構築物…17％
なお、令和6年度改正で34％は30％に、17％は15％に引下げられる見込。
（注2）特別償却不足額は1年間の繰越しができる（130ページ参照）。

3 取得要件 [6] 及び事業供用要件 [7]

指定法人が平成23年8月1日～令和6年3月31日までの間に、国際戦略総合特区内において、特定の機械装置又は建物等を新規取得し特定国際戦略事業の用に供することが必要。

4 取得価額要件 [8]

一定金額以上の取得に限られる。

- 建物及びその附属設備、構築物については1億円以上
- 機械装置については1台2,000万円以上
- 器具備品（専ら開発研究用）については1台1,000万円以上

5 所得控除との関係

国際戦略総合特区内における、指定法人の所得控除の特例は平成28年度改正で廃止された。

6 留意事項

(1) 適用対象投資は、指定法人事業実施計画に記載された機械装置、建物等で一定金額以上の取得に限られる。

(2) 適用を受ける法人は、認定地方公共団体の指定を受ける必要があり、指定年月日を[16]に記載し、(　) 内に“指定”と記載する。

また、平成31年3月31日以前に指定がある場合には、指定法人事業実施計画の年月日と (　) 内に“計画記載”と記載する。

特別償却等の償却限度額の計算に関する付表

事業年度又は連結事業年度	令5・4・1 令6・3・31	法人名	×××（大法人） （ ）

特別償却の付表

（特別償却又は割増償却の名称） 該当条項	1	（国際戦略総合特別区域における機械等の特別償却） （ ）措置法・震災特例法 （42）条（の 11）第（1）項（1）号（ ）	（ ） （ ）措置法・震災特例法 （ ）条（の ）第（ ）項（ ）号（ ）
事業の種類	2	××事業	
（機械・装置の耐用年数表等の番号） 資産の種類	3	（No.××） ××設備	（ ）
構造、用途、設備の種類又は区分	4	××機械	
細目	5	××	
取得等年月日	6	令6・1・30	3 ・ ・
事業の用に供した年月日又は支出年月日	7	令6・1・30	・ ・
取得価額又は支出金額	8	150,000,000円	4 円
対象となる取得価額又は支出金額	9	150,000,000円	円
普通償却限度額	10	− 円	円
特別償却率又は割増償却率	11	34/100	/100
特別償却限度額又は割増償却限度額 （(9)−(10)）、（(9)×(11)）又は（(10)×(11)）	12	51,000,000円	2 円
償却・準備金方式の区分	13	償却・準備金	償却・準備金
適用要件等 資産の取得価額等の合計額	14	− 円	円
適用要件等 区域の名称等	15	××（特区）	6
適用要件等 認定等年月日	16	令5・4・1（指定） ・ ・（ ）	・ （ ） ・ （ ）
適用要件等 その他参考となる事項	17	−	

中小企業者又は中小連結法人の判定

発行済株式又は出資の総数又は総額	18		
(18)のうちその有する自己の株式又は出資の総数又は総額	19		
差引(18)−(19)	20		
常時使用する従業員の数	21	人	
大規模法人の保有割合 第1順位の株式数又は出資金の額 (26)	22		
保有割合 (22)/(20)	23	%	
大規模法人の保有する株式数等の計 (32)	24		
保有割合 (24)/(20)	25	%	

大規模法人の保有する株式数等の明細

順位	大規模法人		株式数又は出資金の額
1		26	
		27	
		28	
		29	
		30	
		31	
計 (26)+(27)+(28)+(29)+(30)+(31)		32	

【適用額明細書との関連】

（条項） 第42条の11第1項（償却費）（区分）00298…別表十六（一）32、別表十六（二）36他

（条項） 第52条の3第1項又は第11項（特別償却準備金）（区分）00299…別表十六（九）8

特別償却の付表

地域経済牽引事業の促進区域内における特定事業用機械等の特別償却

Case　青色申告法人で地域経済を牽引する事業者として承認を受けた者が、特定の機械装置、器具備品、建物等を取得し、特別償却の適用を受けるときに作成し、別表十六に添付する。

1 適用対象法人

適用対象法人については、56ページを参照。

2 適用要件

適用要件については、56ページを参照。

3 償却限度額

取得価額[8]（注1）×特別償却率[11]（注2）＝特別償却限度額[12]

（注1）[8]は取得価額の合計額が80億円の限度額を超える場合に修正取得価額（56ページ参照）を[9]に記載する。

（注2）機械装置・器具備品…40％（地域の成長発展の基盤強化に著しく資するものは50％）
建物、同附属設備、構築物…20％

（注3）特別償却不足額は1年間の繰越しができる（130ページ参照）。

4 留意事項

(1)　承認地域経済牽引事業計画について、都道府県知事又は主務大臣の承認を受けた年月日を[16]に、（　）内には“承認”と記載する。

(2)　承認地域経済牽引事業について、主務大臣の確認を受けた年月日を[16]に、（　）内には“確認”と記載する。

特別償却等の償却限度額の計算に関する付表

事業年度又は連結事業年度	令5・4・1 令6・3・31	法人名	×××（大法人） （　　）

特別償却の付表

（特別償却又は割増償却の名称） 該当条項	1	（地域経済牽引事業の促進区域内における特定事業用） （機械等の特別償却　）（措置法）・震災特例法 （42）条（の11の2）第（1）項（1）号（　）	（　　） （　　）措置法・震災特例法 （　）条（の　）第（　）項（　）号（　）
事業の種類	2	××製造業	
（機械・装置の耐用年数表等の番号） 資産の種類	3	（No.××） ××設備	（　　）
構造、用途、設備の種類又は区分	4	××機械	
細目	5	××	
取得等年月日	6	令5・11・20	・・
事業の用に供した年月日又は支出年月日	7	令5・11・20	・・
取得価額又は支出金額	8	30,000,000円	円
対象となる取得価額又は支出金額	9	30,000,000円	円
普通償却限度額	10	−　円	円
（特別償却率）又は割増償却率	11	50/100	/100
（特別償却限度額）又は割増償却限度額 （(9)−(10)）、（(9)×(11)）又は（(10)×(11)）	12	15,000,000円	円
償却・準備金方式の区分	13	償却・（準備金）	償却・準備金
適用要件等　資産の取得価額等の合計額	14	−　円	円
区域の名称等	15	××（区域）	
認定等年月日	16	令5・9・5（承認） 令5・11・1（確認）	・・（　） ・・（　）
その他参考となる事項	17	−	

3

4

中小企業者又は中小連結法人の判定

発行済株式又は出資の総数又は総額	18		
(18)のうちその有する自己の株式又は出資の総数又は総額	19		
差引(18)−(19)	20		
常時使用する従業員の数	21		人
大規模法人の保有する株式数等の保有割合　第1順位の株式数又は出資金の額(26)	22		
保有割合 (22)/(20)	23		%
大規模法人の保有する株式数等の計(32)	24		
保有割合 (24)/(20)	25		%

大規模法人の保有する株式数等の明細

順位	大規模法人		株式数又は出資金の額
1		26	
		27	
		28	
		29	
		30	
		31	
計 (26)+(27)+(28)+(29)+(30)+(31)		32	

【適用額明細書との関連】

（条項）　第42条の11の2第1項（償却費）（区分）00597…別表十六（一）32、別表十六（二）36他

（条項）　第52条の3第1項又は第11項（特別償却準備金）00598…別表十六（九）8

特別償却の付表

地方活力向上地域等における特定建物等の特別償却

Case　青色申告法人が地方再生法の認定を受け、地方活力向上地域において特定建物等を取得した場合、特別償却の適用を受けるときに作成し、別表十六に添付する。

1　適用対象法人

適用対象法人については、58ページを参照。

2　適用対象区域

認定地域再生計画に記載されている地方活力向上地域であること。

移転型計画の場合は、人口、産業の一定の集中地域から特定業務施設を地方活力向上地域に移転し、拡充型計画の場合は、地方活力向上地域において特定業務施設を拡充又は取得する必要がある。

3　適用対象資産

適用対象資産については、58ページを参照。

4　特別償却限度額

特定建物等の取得価額[9]×特別償却率15％(注１)[11]＝特別償却限度額[12]

（注１）　拡充型計画の場合は15％、移転型計画の場合は25％
（注２）　特別償却不足額は１年間の繰越しができる（130ページ参照）。

5　留意事項

(1)　地方活力向上地域等の特定業務施設整備計画の都道府県知事による認定年月日を[16]に、（　）内には“認定”と記載する。

(2)　特定建物が次の期間に取得等されたものでない場合には、特例の適用はない。

イ　令和２年３月31日以後に認定を受けた場合…認定日の翌日から３年を経過する日までに取得する。

ロ　令和２年３月31日前に認定を受けた場合…認定日の翌日から２年を経過する日までに取得する。

(3)　その他参考となる事項には、移転型計画又は拡充型計画のいずれか該当するものを記載する。

特別償却等の償却限度額の計算に関する付表

事業年度又は連結事業年度	令5・4・1 令6・3・31	法人名	×××（大法人） （　　）

特別償却の付表

項目	番号		
（特別償却又は割増償却の名称） 該当条項	1	（地方活力向上地域等における特定建物等の特別償却） （　　）措置法・震災特例法 （42）条（の11の3）第（1）項（1）号（　）	（同左） （　　）措置法・震災特例法 （　）条（の　）第（　）項（　）号（　）
事業の種類	2	××業	××業
（機械・装置の耐用年数表等の番号） 資産の種類	3	（建物）	（建物附属設備）
構造、用途、設備の種類又は区分	4	鉄筋コンクリート造	××設備
細目	5	事務所	×××
取得等年月日	6	令6・2・20	令6・2・20
事業の用に供した年月日又は支出年月日	7	令6・2・20	令6・2・20
取得価額又は支出金額	8	400,000,000円	40,000,000円
対象となる取得価額又は支出金額	9	400,000,000円	40,000,000円
普通償却限度額	10	－円	－円
特別償却率又は割増償却率	11	15/100	15/100
特別償却限度額又は割増償却限度額 ((9)－(10))、((9)×(11))又は((10)×(11))	12	60,000,000円	6,000,000円
償却・準備金方式の区分	13	償却・準備金	償却・準備金
適用要件等　資産の取得価額等の合計額	14	－円	－円
適用要件等　区域の名称等	15	××地域	××地域
適用要件等　認定等年月日	16	令4・10・10（認定） ・　・（　　）	・　・（　　） ・　・（　　）
適用要件等　その他参考となる事項	17	拡充型計画	拡充型計画

3　4　5

中小企業者又は中小連結法人の判定

項目	番号		大規模法人の保有する株式数等の明細 順位	大規模法人	番号	株式数又は出資金の額
発行済株式又は出資の総数又は総額	18					
(18)のうちその有する自己の株式又は出資の総数又は総額	19		1		26	
差引(18)－(19)	20				27	
常時使用する従業員の数	21	人			28	
大規模法人の株式数等の保有割合　第1順位の株式数又は出資金の額 (26)	22				29	
保有割合 (22)/(20)	23	%			30	
大規模法人の保有する株式数等の計 (32)	24				31	
保有割合 (24)/(20)	25	%		計 (26)＋(27)＋(28)＋(29)＋(30)＋(31)	32	

【適用額明細書との関連】

（条項）　第42条の11の3第1項（償却費）（区分）00568…別表十六（一）32、別表十六（二）36他

（条項）　第52条の3第1項又は第11項（特別償却準備金）（区分）00569…別表十六（九）8

特別償却の付表

中小企業者等が取得した特定経営力向上設備等の特別償却

Case　青色申告法人である中小企業者等が特定経営力向上設備等を取得し、特別償却の適用を受けるときに作成し、別表十六に添付する。

1　適用対象法人

中小企業等経営強化法の経営力向上計画の認定を受けた中小企業者等が、平成29年４月１日から令和７年３月31日までに特定経営力向上設備等を取得し指定事業の用に供した場合に適用され、即時償却が認められる。なお、税額控除との有利選択が認められる。

中小企業者の判定は[18]～[32]で行う。

2　償却限度額

取得価額[9]－普通償却限度額[10]＝特別償却限度額[12]

（注）　特別償却不足額は１年間の繰越しができる（130ページ参照）。

3　適用対象資産

生産等設備を構成する機械装置、工具、器具及び備品、建物附属設備、一定のソフトウエアで経営力向上設備等（生産性向上設備、収益力強化設備、デジタル化設備、経営資源集約化設備）に該当し、取得価額が一定の金額以上のものとされる。

●機械装置	１台160万円以上	●建物附属設備	一で60万円以上
●工具及び器具備品	１台30万円以上	●ソフトウエア	一で70万円以上

(1)　経営力向上設備について、主務大臣の認定年月日を[16]に、（　）内には“認定”と記載する。また、申告書には、その経営力向上計画の写し、認定書の写しを添付する。

(2)　生産性向上設備…経営力向上計画の申請書には工業会等が発行する証明書を添付する。[17]にはその証明書の発行を受けた旨を記載し、証明書の写しを申告書に添付する。

(3)　収益力強化設備、デジタル化設備、経営資源集約化設備…その投資計画について経済産業大臣の確認を受けた年月日を[16]に、（　）内には“確認”と記載する。また、その確認の際に交付された確認書の番号を（確認番号××）のように[17]に記載する。

(4)　一定のソフトウエアのうち、ISO/IEC15408に基づく評価及び認証を受けているものについては、その評価及び認証の有無を[17]に記載する

(5)　令和５年度改正で、コインランドリー業又は暗号資産マイニング（主要な事業であるものは除く）の用に供する設備等でその管理のおおむね全部を他の者に委託するものが除外された。

4　その他

その他の適用要件、留意事項については、66ページを参照。

特別償却の付表

特別償却等の償却限度額の計算に関する付表

事業年度又は連結事業年度	令5・4・1 令6・3・31	法人名	(株)×××（中小法人） （　　）

（特別償却又は割増償却の名称） 該当条項	1	（中小企業者等が取得した特定経営力向上設備等の特別償却） （　　）措置法・震災特例法 （42）条（の12の4）第（1）項（　）号（　）	（　　） （　　）措置法・震災特例法 （　）条（の　）第（　）項（　）号（　）
事業の種類	2	××製造業	
（機械・装置の耐用年数表等の番号） 資産の種類	3	（No.××） ××設備	（　　）
構造、用途、設備の種類又は区分	4	××機械	
細目	5	××	
取得等年月日	6	令5・10・1	・・
事業の用に供した年月日又は支出年月日	7	令5・10・1	・・
取得価額又は支出金額	8	7,000,000 円	円
対象となる取得価額又は支出金額	9	7,000,000 円	円
普通償却限度額	10	1,249,500 円	円
特別償却率又は割増償却率	11	100	100
特別償却限度額又は割増償却限度額 （(9)−(10)）、（(9)×(11)）又は（(10)×(11)）	12	5,750,500 円	円
償却・準備金方式の区分	13	償却・準備金	償却・準備金
適用要件等　資産の取得価額等の合計額	14	− 円	円
適用要件等　区域の名称等	15	生産性向上設備	
適用要件等　認定等年月日	16	令5・5・10（認定） 令5・7・1（確認）	・・（　） ・・（　）
適用要件等　その他参考となる事項	17		

3

2

3

中小企業者又は中小連結法人の判定

発行済株式又は出資の総数又は総額	18	60,000,000
(18)のうちその有する自己の株式又は出資の総数又は総額	19	
差引(18)−(19)	20	60,000,000
常時使用する従業員の数	21	人
大規模法人の株式数等の保有割合　第1順位の株式数又は出資金の額 (26)	22	
大規模法人の株式数等の保有割合　保有割合 (22)/(20)	23	%
大規模法人の株式数等の保有割合　大規模法人の保有する株式数等の計 (32)	24	
大規模法人の株式数等の保有割合　保有割合 (24)/(20)	25	%

大規模法人の保有する株式数等の明細

順位	大規模法人		株式数又は出資金の額
1		26	
		27	
		28	
		29	
		30	
		31	
	計 (26)+(27)+(28)+(29)+(30)+(31)	32	

【適用額明細書との関連】

（条項）　第42条の12の4第1項（償却費）（区分）00601…別表十六（一）32、別表十六（二）36他

（条項）　第52条の3第1項又は第11項（特別償却準備金）（区分）00602…別表十六（九）8

特別償却の付表

情報技術事業適応設備、事業適応繰延資産又は生産工程効率化等設備等の特別償却

Case　青色申告法人が事業適応設備等を取得し、特別償却の適用を受けるときに作成し、別表十六に添付する。

1　適用対象法人

適用対象法人については、80・82ページを参照。

2　適用要件

⑴　情報技術事業適応設備、事業適応繰延資産の取得について、事業適応計画の認定[16]及び確認[16]を主務大臣より受け、申告書に認定書の写し及び確認書の写しの添付が必要とされる。

⑵　情報技術事業適応設備について、耐用年数省令別表第六の開発研究用減価償却資産に該当する場合にはその資産については適用対象外となる。

3　償却限度額

⑴　情報技術事業適応設備及び事業適応繰延資産(注)…[9]×30％＝償却限度額[12]

(注)　情報技術事業適応のためにクラウドを通じて利用するソフトウエアの初期費用で令14①六ロに該当するものをいう（措通42の12の７－１）。

⑵　生産工程効率化等設備等…[9]×50％＝償却限度額[12]

なお、[15]には、上記３つの資産のうち、いずれに該当するかを記載する。

4　設備投資総額の上限額

設備投資総額の上限額について、上記⑴の資産は300億円、⑵の資産は500億円となる。これらの金額を超える場合には、取得価額の修正を行い[9]に記載する。

$$\text{300億円又は500億円} \times \frac{\text{取得価額等[8]}}{\text{取得価額等の合計額[14]}} = \text{修正取得価額等[9]}$$

5　留意事項

⑴　事業適応計画については、デジタル（D）要件（データ連携、共有等）と企業変革（X）要件（生産性向上等）を満たし、認定を受けることが必要である。

⑵　事業適応計画について主務大臣の認定・確認を受けた年月日を[16]に、（　）内には“認定”“確認”と記載する。なお、認定申請書の写しを申告書に添付する。

⑶　その他参考になる事項[17]には、特定ソフトウエアの新増設又は情報技術事業適応のためのソフトウエアの利用に係る費用（繰延資産となるものに限る）につき、その支出の有無を記載する。また、開発研究用資産に該当するか否かについて記載し、該当の場合は特例適用はなく、非該当の場合に特例適用となるので留意する。

特別償却の付表

特別償却等の償却限度額の計算に関する付表

事業年度又は連結事業年度	令5・4・1 令6・3・31	法人名	×××（大法人） （　　）

（特別償却又は割増償却の名称） 該当条項	1	（情報技術事業適応設備の特別償却） （　　）措置法・震災特例法 （42）条（の12の7）第（1）項（　）号（　）	（生産工程効率化等設備等の特別償却） （　　）措置法・震災特例法 （42）条（の12の7）第（3）項（　）号（　）
事業の種類	2	××製造業	××製造業
（機械・装置の耐用年数表等の番号） 資産の種類	3	（No.××） ××設備	（No.××） ××設備
構造、用途、設備の種類又は区分	4	××機械	××機械
細目	5	××	×××
取得等年月日	6	令5・11・1	令5・12・5
事業の用に供した年月日又は支出年月日	7	令5・11・15	令5・12・20
取得価額又は支出金額	8	600,000,000 円	**4** 500,000,000 円
対象となる取得価額又は支出金額	9	600,000,000 円	500,000,000 円
普通償却限度額	10	－ 円	－ 円
特別償却率又は割増償却率	11	30/100	50/100
特別償却限度額又は割増償却限度額 （(9)－(10)）、（(9)×(11)）又は（(10)×(11)）	12	180,000,000 円	**3** 250,000,000 円
償却・準備金方式の区分	13	償却・準備金	償却・準備金
適用要件等　資産の取得価額等の合計額	14	－ 円	**4** － 円
適用要件等　区域の名称等	15	情報技術事業適応設備 **3**	生産工程効率化等設備等
適用要件等　認定等年月日	16	令5・9・30（認定） 令5・10・20（確認）	令5・9・30（認定） ・・（　）
適用要件等　その他参考となる事項	17	××	×× **5**

中小企業者又は中小連結法人の判定

発行済株式又は出資の総数又は総額	18		
(18)のうちその有する自己の株式又は出資の総数又は総額	19		
差引(18)－(19)	20		
常時使用する従業員の数	21		人
大規模法人の株式数等の保有割合　第1順位の株式数又は出資金の額 (26)	22		
保有割合 (22)/(20)	23		%
大規模法人の保有する株式数等の計 (32)	24		
保有割合 (24)/(20)	25		%

大規模法人の保有する株式数等の明細

順位	大規模法人		株式数又は出資金の額
1		26	
		27	
		28	
		29	
		30	
		31	
計 (26)＋(27)＋(28)＋(29)＋(30)＋(31)		32	

【適用額明細書との関連】

（条項）第42条の12の7第1項（償却費）（区分）00661…別表十六(一)32、別表十六(二)36他

（条項）第52条の3第1項又は第11項（特別償却準備金）等（区分）00662等…別表十六(九)8等

（条項）第42条の12の7第2項等（償却費）（区分）00663等、…別表十六(六)8等

特別償却の付表

特定事業継続力強化設備等の特別償却

Case　青色申告法人である中小企業者等が事業継続力強化計画等の認定を受け、一定の設備等を取得した場合、特別償却の適用を受けるときに作成し、別表十六に添付する（中小企業防災・減災投資促進税制）。

1 適用対象法人

中小企業等経営強化法の認定を受けた中小企業者等が、令和元年７月16日から令和７年３月31日までの間に事業継続力強化計画等の認定を受け特定事業継続力強化設備等を取得し事業の用に供した場合に、20％の特別償却が認められる。なお、適用除外事業者（42ページ参照）に該当するものは除かれる。

2 償却限度額

特定事業継続力強化設備[9]×18％＝特別償却限度額[12]

（注）　特別償却不足額は１年間の繰越しができる（130ページ参照）。

なお、令和５年度改正で、令和７年４月１日以後取得したものから、償却割合が18％から16％に引き下げられる。

3 適用対象資産

イ　機械装置……１台の取得価額が100万円以上

ロ　器具備品……１台の取得価額が30万円以上

ハ　建物附属設備……一の取得価額が60万円以上

具体的には防災、減災に関連する自家発電設備、制震・免震装置、排水ポンプ等があり、令和５年度改正で耐震装置が追加された。

なお、令和３年度改正では対象資産から火災報知器、スプリンクラー、消火設備、防火シャッター等が除かれた。

4 留意事項

⑴　[16]は、認定を受けた計画の区分に応じ「事業継続力強化計画」又は「連携事業継続力強化計画」と記載する。

⑵　補助金等をもって特定事業継続力強化設備等の取得等をしたか否かについて、「補助金等受領有」又は「補助金等受領無」と記載する。受領有の場合は特例の適用ないので留意する。

特別償却等の償却限度額の計算に関する付表

特別償却の付表

事業年度又は連結事業年度	令5・4・1 令6・3・31	法人名	(株)×××（中小法人） （　）

（特別償却又は割増償却の名称） 該当条項	1	（特定事業継続力強化設備等の特別償却） （　）(措置法)・震災特例法 （44）条（の2）第（1）項（　）号（　）	（　） （　）措置法・震災特例法 （　）条（の　）第（　）項（　）号（　）
事業の種類	2	××製造業	
（機械・装置の耐用年数表等の番号） 資産の種類	3	（No.××） ××設備	（　）
構造、用途、設備の種類又は区分	4	××機械	
細目	5	××	
取得等年月日	6	令5・12・10	・・
事業の用に供した年月日又は支出年月日	7	令5・12・15	・・
取得価額又は支出金額	8	1,200,000円	円
対象となる取得価額又は支出金額	9	1,200,000円	円
普通償却限度額	10	−円	円
(特別償却率)又は割増償却率	11	20/100	/100
(特別償却限度額)又は割増償却限度額 ((9)−(10))、((9)×(11))又は((10)×(11))	12	240,000円	円
償却・準備金方式の区分	13	償却・(準備金)	償却・準備金
適用要件等 資産の取得価額等の合計額	14	−円	円
適用要件等 区域の名称等	15	−	
適用要件等 認定等年月日	16	令5・11・10（事業継続力強化計画） ・・（　）	・・（　） ・・（　）
適用要件等 その他参考となる事項	17	補助金受領無し	

3　2　4

中小企業者又は中小連結法人の判定

発行済株式又は出資の総数又は総額	18	20,000,000	大規模法人の保有する株式数等の明細 順位	大規模法人		株式数又は出資金の額
(18)のうちその有する自己の株式又は出資の総数又は総額	19		1		26	
差引 (18)−(19)	20	20,000,000			27	
常時使用する従業員の数	21	人			28	
大規模法人の株式数等の保有割合 第1順位の株式数又は出資金の額 (26)	22				29	
保有割合 (22)/(20)	23	%			30	
大規模法人の保有する株式数等の計 (32)	24				31	
保有割合 (24)/(20)	25	%		計 (26)+(27)+(28)+(29)+(30)+(31)	32	

【適用額明細書との関連】

（条項）　第44条の２第１項（償却費）（区分）00646…別表十六（一）32、別表十六（二）36他

（条項）　第52条の３第１項又は第11項（特別償却準備金）（区分）00647…別表十六（九）8

別表十六(十)

資産に係る控除対象外消費税額等の損金算入に関する明細書

Case　法人が資産に係る控除対象外消費税額等について税抜処理を採用している場合で損金算入するときに作成する。

1 基本的な考え方

(1)　課税売上に対応する仕入税額………売上に係る税額より控除が可能。

(2)　非課税売上に対応する仕入税額……売上に係る税額より控除が不可能で取得価額等（資産については取得価額算入、経費については経費に含める）に算入する。

2 税抜処理における資産に係る仕入税額控除対象外の消費税額等の取扱い(注)

(1)　個々の資産の取得価額に算入するかどうかは任意。

(2)　個々の資産の取得価額に算入しない場合、その金額は(3)によるもの以外を一括して当期以後5年間で償却していく。

(3)　即時損金算入が認められる場合

イ　当期の非課税売上割合が20%以下の場合は、仕入税額控除対象外の消費税すべてを損金とする（損金経理が要件、ロ、ハも同様）。

ロ　上記の割合が20%超であっても、個々の資産に係る控除対象外の消費税等が20万円未満のもの。

ハ　棚卸資産に係る控除対象外の消費税等。

(注)　税込処理においては仕入税額控除対象外の消費税等は取得価額等に含まれているため、即時損金算入は認められないことに留意する。

3 繰延消費税額等の処理（法令139の9）

(1)　繰延消費税額等とは、税抜処理における当期の資産に係る控除対象外の消費税額等（棚卸資産、20万円未満で損金算入されたものを除く）をいう。

(2)　当期の損金算入限度額

a　当期発生分……繰延消費税額等$\boxed{1} \times \dfrac{\text{当期の月数}}{60} \times \dfrac{1}{2}$＝損金算入限度額$\boxed{2}$

b　aの次期以降…繰延消費税額等$\boxed{1} \times \dfrac{\text{当期の月数}}{60}$＝損金算入限度額$\boxed{2}$

(3) 課税仕入等の税額と繰延消費税額等の関係

- 課税仕入等の税額（税抜処理分[10]）
  - 控除対象のもの
  - 控除対象外のもの[11]
    - 資産に係るもの[12]
      - 棚卸資産に係るもの[16]
      - 特定課税仕入れ係るもの[17]
      - 20万円未満のもの[18]
      - 上記以外（繰延消費税額等）
    - 上記以外（経費）

- 繰延消費税額等＝[12]－[16]－[17]－[18]

4 記載例

(1) [15]～[18]の記載

- 課税売上割合が80％以上の場合……[15]に記載し、[16]、[17]、[18]の記載は不要
- 課税売上割合が80％未満の場合……[16]、[17]、[18]に記載し、[15]の記載は不要

(2) 繰延消費税額等[1]は[19]より移記する。

(3) 当期損金経理額[3]の記載

- 課税売上割合が80％以上の場合……[14]～[15]
- 課税売上割合が80％未満の場合……[14]－[16]－[17]－[18]

(4) 課税売上割合[13] ≧ 80％……[19]はゼロとなる。

他の別表との関連

[5]……別表四加算・留保

[6]……別表五(一)①欄と一致

[7]……別表四減算・留保

[8]……別表五(一)④欄と一致

資産に係る控除対象外消費税額等の損金算入に関する明細書	事業年度	令5・4・1 令6・3・31	法人名		別表十六(十)　令五・四・一以後終了事業年度分

繰延消費税額等 (発生した事業年度)		1	900,000円 令4・4・1 令5・3・31	円 ・・ ・・	円 ・・ ・・	円 ・・ ・・	円 ・・ ・・	450,000円 当期分
当期の損金算入限度額 $(1) \times \frac{当期の月数}{60}$ $\left(当期発生分については (1) \times \frac{当期の月数}{60} \times \frac{1}{2}\right)$		2	180,000					45,000
当期損金経理額		3	0					450,000
差引	損金算入不足額 (2)−(3)	4	180,000					
	損金算入限度超過額 (3)−(2)	5						405,000
損金算入限度超過額	前期からの繰越額	6	810,000					
	同上のうち当期損金認容額 ((4)と(6)のうち少ない金額)	7	180,000					
	翌期への繰越額 (5)+(6)−(7)	8	630,000					

別表四加算・留保へ

別表四減算・留保へ

当期に生じた資産に係る控除対象外消費税額等の損金算入額等の明細

課税標準額に対する消費税額等 (税抜経理分)	9	15,000,000円	(12)のうち当期損金算入額		14	3,450,000円
課税仕入れ等の税額等 (税抜経理分)	10	12,500,000	同上のうち	(13)の割合が80%以上である場合の資産に係る控除対象外消費税額等の合計額	15	
同上の額のうち課税標準額に対する消費税額等から控除されない部分の金額	11	3,750,000		資産に係る控除対象外消費税額等で棚卸資産に係るものの合計額	16	3,000,000
同上の額のうち資産に係るものの金額 (資産に係る控除対象外消費税額等の合計額)	12	3,450,000		資産に係る控除対象外消費税額等で特定課税仕入れに係るものの合計額	17	
				資産に係る控除対象外消費税額等で20万円未満のものの合計額	18	
当期の消費税の課税売上割合	13	70%	当期の繰延消費税額等 ((12)−(15))又は((12)−(16)−(17)−(18))		19	450,000

「適用額明細書」の申告書添付について

1 適用額明細書の提出義務

租税特別措置で減税の恩恵を受けるすべての法人は、適用額明細書を法人税申告書に添付する必要がある。この明細書の添付がないと、措置法の適用は受けられなくなる。

なお、この明細書の提出は、平成23年４月１日以後に終了する事業年度より適用される。（租税特別措置の適用状況の透明化等に関する法律平成22年３月31日公布）。

2 適用額明細書の記載内容

適用額明細書には、法人税関係特別措置の適用を受けたことにより減少した税額、所得、その他省令で定める金額を記載する。なお、区分番号は税制改正で変わる場合があるので留意する。様式第一は単体申告用、第二は連結申告用である。

「事業種目」の欄は、法人の行う主たる事業の属する業種について、次の表の事業種目の欄に掲げる事業種目を記載し、「業種番号」の欄は、当該事業種目に対応した同表の業種番号の欄に掲げる番号を記載する。なお、下記の事業種目の表は99ある業種番号の一部を示したものである。

164頁に示す表について、「租税特別措置法の条項」の欄は、租税特別措置法の条項の欄に掲げる条項を記載する。「区分番号」の欄には同表の区分番号の欄に掲げる番号を、「適用額」の欄には同表の適用額の欄に掲げる金額をそれぞれ記載する。なお、以下は主な特別措置（単体法人）の一部を示している。

<table>
<tr><th colspan="2">事業種目</th><th>業種番号</th><th colspan="2">事業種目</th><th>業種番号</th></tr>
<tr><td rowspan="10">食料品製造業</td><td>水産食料品</td><td rowspan="10">01</td><td rowspan="3">織物業</td><td>綿・スフ織物</td><td rowspan="3">03</td></tr>
<tr><td>調味料</td><td>絹・人絹織物</td></tr>
<tr><td>精穀、製粉</td><td>毛織物</td></tr>
<tr><td>砂糖</td><td>織物業</td><td>その他の織物</td><td>03</td></tr>
<tr><td>菓子</td><td>ニット製造業</td><td>ニット</td><td>04</td></tr>
<tr><td>パン類</td><td>染色整理業</td><td>染色整理</td><td>05</td></tr>
<tr><td>清涼飲料</td><td>その他の繊維工業</td><td></td><td>06</td></tr>
<tr><td>酒類</td><td rowspan="6">衣服、その他の繊維製品製造業</td><td>男子服、作業服、学校服</td><td rowspan="6">07</td></tr>
<tr><td>畜産食料品</td><td>婦人、子供服</td></tr>
<tr><td>その他の食料品</td><td>ワイシャツ、下着</td></tr>
<tr><td rowspan="3">製糸、紡績、ねん糸業</td><td>製糸</td><td rowspan="3">02</td><td rowspan="2">帽子、毛皮製衣服、その他の衣服</td></tr>
<tr><td>紡績</td></tr>
<tr><td>ねん糸</td><td>その他の繊維製品</td></tr>
</table>

法人税関係特別措置	租税特別措置法の条項	区分番号	適　用　額
中小企業者等の法人税率の特例 （一部省略）	第42条の３の２第１項の表の第１号	00380	法人税法施行規則（以下この号において「法規」という。）別表一次葉「45」の欄の金額他
	第42条の３の２第１項の表の第２号	00381	法規別表一次葉「45」の欄の金額
試験研究を行った場合の法人税額の特別控除	第42条の４第１項	00688	法規別表六(九)「28」の欄の金額
	第42条の４第４項	00689	法規別表六(十)「21」の欄の金額
	第42条の４第７項	00639	法規別表六(十四)「11」の欄の金額
	第42条の４第13項	00675	法規別表六(十六)「14」の欄の金額
	第42条の４第18項	00676	法規別表六(十六)「28」の欄の金額
中小企業者等が機械等を取得した場合の特別償却 （一部省略）	第42条の６第１項第１号（償却費）	00031	法規別表十六(一)「32」の欄、別表十六(二)「36」の欄他
	第52条の３第１項又は第11項（特別償却準備金）（第42条の６第１項第１号）	00032	法規別表十六(九)「８」の欄の金額
中小企業者等が機械等を取得した場合の法人税額の特別控除	第42条の６第２項	00043	法規別表六(十七)「16」の欄の金額
	第42条の６第３項	00044	法規別表六(十七)「21」の欄の金額
国家戦略特別区域において機械等を取得した場合の特別償却（一部省略）	第42条の10第１項（償却費）	00622	法規別表十六(一)「32」の欄、別表十六(二)「36」の欄他
	第52条の３第１項又は第11項（特別償却準備金）	00623	法規別表十六(九)「８」の欄の金額
国家戦略特別区域において機械等を取得した場合の法人税額の特別控除	第42条の10第２項	00507	法規別表六(十九)「25」の欄の金額
国際戦略総合特別区域において機械等を取得した場合の特別償却	第42条の11第１項（償却費）	00298	法規別表十六(一)「32」の欄、別表十六(二)「36」の欄他
	第52条の３第１項又は第11項（特別償却準備金）	00299	法規別表十六(九)「８」の欄の金額
国際戦略総合特別区域において機械等を取得した場合の法人税額の特別控除	第42条の11第２項	00301	法規別表六(二十)「25」の欄の金額
地域経済牽引事業の促進区域内において特定事業用機械等を取得した場合の特別償却	第42条の11の２第１項（償却費）	00597	法規別表十六(一)「32」の欄、別表十六(二)「36」の欄他
	第52条の３第１項又は第11項（特別償却準備金）	00598	法規別表十六(九)「８」の欄の金額
地域経済牽引事業の促進区域内において特定事業用機械等を取得した場合の法人税額の特別控除	第42条の11の２第２項	00599	法規別表六(二十一)「19」の欄の金額

法人税関係特別措置	租税特別措置法の条項	区分番号	適　用　額
地方活力向上地域等において特定建物等を取得した場合の特別償却	第42条の11の３第１項（償却費）	00568	法規別表十六(一)「32」の欄、別表十六(二)「36」の欄他
	第52条の３第１項又は第11項（特別償却準備金）	00569	法規別表十六(九)「８」の欄の金額
地方活力向上地域等において特定建物等を取得した場合の法人税額の特別控除	第42条の11の３第２項	00570	法規別表六(二十二)「18」の欄の金額
地方活力向上地域等において雇用者の数が増加した場合の法人税額の特別控除	第42条の12第１項	00624	法規別表六(二十三)「28」の欄の金額
	第42条の12第２項	00625	法規別表六(二十三)「38」の欄の金額
認定地方公共団体の寄附活用事業に関連する寄附をした場合の法人税額の特別控除	第42条の12の２第１項	00652	法規別表六(二十四)「10」の欄の金額
中小企業者等が特定経営力向上設備等を取得した場合の特別償却	第42条の12の４第１項（償却費）	00601	法規別表十六(一)「32」の欄、別表十六(二)「36」の欄他
	第52条の３第１項又は第11項（特別償却準備金）	00602	法規別表十六(九)「８」の欄の金額
中小企業者等が特定経営力向上設備等を取得した場合の法人税額の特別控除	第42条の12の４第２項	00603	法規別表六(二十五)「17」の欄の金額
	第42条の12の４第３項	00604	法規別表六(二十五)「22」の欄の金額
給与等の支給額が増加した場合の法人税額の特別控除（給与等の引上げ及び設備投資を行った場合等の法人税額の特別控除）	第42条の12の５第１項	00677	法規別表六(二十六)「32」の欄の金額
	第42条の12の５第２項	00678	法規別表六(二十六)「32」の欄の金額
認定特定高度情報通信技術活用設備を取得した場合の特別償却	第42条の12の６第１項（償却費）	00653	法規別表十六(一)「32」の欄、別表十六(二)「36」の欄他
	第52条の３第１項又は第11項（特別償却準備金）	00654	法規別表十六(九)「８」の欄の金額
認定特定高度情報通信技術活用設備を取得した場合の法人税額の特別控除	第42条の12の６第２項	00655	法規別表六(二十七)「20」の欄の金額
事業適応設備を取得した場合等の特別償却	第42条の12の７第１項（償却費）	00661	法規別表十六(一)「32」の欄、別表十六(二)「36」の欄他
	第52条の３第１項又第11項（特別償却準備金）	00662	法規別表十六(九)「８」の欄の金額
	第42条の12の７第２項（償却費）	00663	法規別表十六(六)「８」の欄の金額

法人税関係特別措置	租税特別措置法の条項	区分番号	適　用　額
	第52条の３第１項又は11項（特別償却準備金）	00664	法規別表十六（九）「８」の欄の金額
	第42条の12の７第３項（償却費）	00665	法規別表十六（一）「32」の欄、別表十六（二）「36」の欄他
	第52条の３第１項又は11項（特別償却準備金）	00666	法規別表十六（九）「８」の欄の金額
事業適応設備を取得した場合等の法人税額の特別控除	第42条の12の７第４項	00667	法規別表六（二十八）「20」の欄の金額
	第42条の12の７第５項	00668	法規別表六（二十八）「27」の欄の金額
	第42条の12の７第６項	00669	法規別表六（二十八）「34」の欄の金額
特定事業継続力強化設備等の特別償却	第44条の２第１項（償却費）	00646	法規別表十六（一）「32」の欄、別表十六（二）「36」の欄他
	第52条の３第１項又は第11項（特別償却準備金）	00647	法規別表十六（九）「８」の欄の金額
特別償却不足額がある場合の償却限度額の計算の特例	第52条の２第１項（特別償却不足額）又は第４項（合併等特別償却不足額）	00187	法規別表十六（一）「33」の欄、別表十六（二）「37」の欄、別表十六（六）「９」の欄等
中小企業事業再編投資損失準備金	第56条第１項	00672	法規別表十二（二）「14」の欄の金額
準備金方式による特別償却準備金積立不足額	第52条の３第２項、第３項又は第12項	00581	法規別表十六（九）「９」の欄の金額（同欄に内書がある場合にはこの金額を控除した金額）
収用等に伴い代替資産を取得した場合等の課税の特例	第64条第１項又は第９項	00356	法規別表十三（四）「25」の欄の金額（当該金額が同表「27」又は「30」の欄の金額を超える場合には、同欄の金額）
	第64条の２第１項又は第２項他	00357	法規別表十三（四）「33」の欄の金額（当該金額が同表「36」の欄の金額を超える場合には、同欄の金額）他
換地処分等に伴い資産を取得した場合の課税の特例（一部省略）	第65条第１項又は第５項	00216	法規別表十三（四）「43」の欄の金額（当該金額が同表「49」の欄の金額を超える場合には、同欄の金額）
収用換地等の場合の所得の特別控除	第65条の２第１項、第２項又は第７項等	00217	法規別表十（五）「22」の欄の金額
特定の長期所有土地等の所得の特別控除	第65条の５の２第１項	00221	法規別表十（五）「52」の欄の金額

法人税関係特別措置	租税特別措置法の条項	区分番号	適　用　額
特定の資産の買換えの場合等の課税の特例 （第１号から第４号まで省略）	第65条の７第１項若しくは第９項又は第65条の９（第65条の７第１項の表の第１号）	00549	法規別表十三(五)「21」の欄の金額（当該金額が同表「27」の欄の金額を超える場合には、同表「27」の欄の金額）
特定の基金に対する負担金等の損金算入の特例	第66条の11第１項	00374	法規別表十(七)「27」の欄の金額
認定事業適応法人の欠損金の損金算入の特例	旧第66条の11の４第１項他	00674	法規別表七(一)付表五「12の計」の欄の金額
特別新事業開拓事業者に対し特定事業活動として出資をした場合の課税の特例	第66条の13第１項１号	00656	法規別表十(六)「12」の欄の金額
中小企業者等の少額減価償却資産の取得価額の損金算入の特例	第67条の５第１項	00277	法規別表十六(七)「８」の欄の金額
特定株式投資信託の収益の分配に係る受取配当等の益金不算入の特例	第67条の６第１項	00278	法規別表八(一)「28」の欄に「特定株式投信」と記載した銘柄の同表「33」の欄の金額の合計額

3 様式

適用額明細書の様式第一（単体申告用）を以下に示す。

様式第一　　　　　　　　　　　　　　　　　FB4011

当該適用額明細書を再提出する場合には、訂正箇所のみ記載するのではなく、すべての租税特別措置について記載してください。

OCR入力用（この用紙は機械で読み取ります。折ったり汚したりしないでください。）

この用紙はとじこまないでください

令和 6 年 5 月31 日

××税務署長殿

取受印

自 平成・令和（令和） 5 年 4 月 1 日
至 平成・令和（令和） 6 年 3 月 31 日

事業年度分の適用額明細書
（当初提出分）・再提出分

納税地	××× 電話（　　）　－	整理番号	××××××××
（フリガナ）		提出枚数	1 枚　うち 1 枚目
法人名	（株）ＡＢ（中小法人）	事業種目	×××業　業種番号 ××
法人番号	×××××××××××××	※税務署処理欄	提出年月日 令和　年　月　日
期末現在の資本金の額又は出資金の額	20000000		
所得金額又は欠損金額	15000000		

租税特別措置法の条項	区分番号	適用額
第 42 条の3の2 第 1 項 第 1 号	00380	8000000
第 42 条の6 第 2 項 第　号	00043	140000
第 42 条の12の5 第 2 項 第　号	00678	2000000
第 67 条の5 第 1 項 第　号	00277	810000
第　条 第　項 第　号		
第　条 第　項 第　号		
第　条 第　項 第　号		
第　条 第　項 第　号		
第　条 第　項 第　号		
第　条 第　項 第　号		
第　条 第　項 第　号		
第　条 第　項 第　号		
第　条 第　項 第　号		
第　条 第　項 第　号		
第　条 第　項 第　号		
第　条 第　項 第　号		
第　条 第　項 第　号		
第　条 第　項 第　号		
第　条 第　項 第　号		
第　条 第　項 第　号		

◆第2章◆

法人税申告書の作成確認チェック

1　確定決算主義と別段の定め

我が国の法人所得計算は、確定した決算に基づいて行うという確定決算主義を採っており、決算において確定した当期利益を基礎に申告調整を行い法人所得を算出するしくみになっている。

いわゆる企業会計の利益から法人所得を誘導し、企業会計上の利益と法人税法上の所得との差異は、法人税法第22条の別段の定めによって具体化されることになり、この両者の見解の相違を法人税申告書別表四によって申告加算、減算という形で調整することになっている。

企業会計と税務との見解の相違は、税法における権利確定主義、課税の公平の原理、租税特別措置法の租税政策等によって生じる。例えば、減価償却、引当金の繰入計算に限度額の定めがあり、資産の評価減に一定の要件が設けられていることなどが挙げられる。

2　別表四と別表五(一)との関連

法人税法上の所得は、企業利益より誘導して求めるが、この役割を担っているのが別表四で、最初に会計上の税引後利益がきて、次に企業会計と税務との見解の相違に基づく項目についてその金額を申告加算又は減算し、法人所得を求めていく仕組みになっている。

別表四に記入された申告加算又は減算金額は、「留保」又は「社外流出」に記入する。留保とは、金銭等の形で社外へ流出せずに社内に留保された金額で、税務上の利益積立金額を構成する。この留保欄に記入された金額は別表五(一)の利益積立金額の計算に関する明細書に移記される。例えば、引当金の繰入限度超過額は別表四で申告加算し留保欄に記入され、別表五(一)の当期の増欄に記入される。この繰入限度超過額は当期において損金不算入となるが、翌期以降に損金に算入されるものであり、このような期間差異的な項目は、別表四の留保欄に記入され、別表五(一)へと移記されていく。

交際費等の損金不算入額は、金銭等で社外に流出された金額であり、社外流出欄に記入され、永久に損金に算入されることがないものである。

3　設例の前提

この設例は、別表四と五(一)・(二)の関係及び財務諸表との関連、別表一での法人税額の計算を示すことを主眼としたため、申告調整の基礎となる各別表は省略し、申告加算、減算項目と金額は、資料として示すこととした。その資料から別表四、五(一)・(二)を作成し税額計算を行っていくことになる。

また、単純化し、分かりやすくするために、税効果会計は採用しないこととした。

与えられた資料から別表四と別表五(一)・(二)の記入を行うことにする。

資料 1　太田工業株式会社の概要は以下のとおりである。

本社所在地：大田区　　社長：太田昭夫　　資本金：30億円

決算期：３月で１年決算　　工場：大田区等　　全社の人員：2,000人

資料 2　令和６年３月期の財務諸表（必要な部分を除き簡略化している）は以下のとおりである。

貸借対照表

令和６年３月31日　　（単位：千円）

流動資産	33,633,000	負債	32,208,000
現預金	5,678,000	支払手形	9,457,000
受取手形	4,321,000	買掛金	4,943,000
売掛金	8,976,000	借入金	9,548,000
有価証券	1,671,000	その他	4,691,360
棚卸資産	12,346,000	未払法人税等	508,000
未収金	456,000	未払事業所税	50,000
その他	263,000	諸引当金	3,010,640
貸倒引当金	△　78,000	純資産	11,306,812
固定資産	9,881,812	資本金	3,000,000
有形固定資産	7,711,812	資本準備金	1,380,188
投資有価証券	1,500,000	利益準備金	750,000
長期貸付金	300,000	別途積立金	3,467,784
その他	970,000	特別償却準備金	85,000
貸倒引当金	△　600,000	建物圧縮積立金	141,216
		土地圧縮積立金	300,000
		繰越利益剰余金	2,182,624
資産合計	43,514,812	負債及び純資産合計	43,514,812

損益計算書

自　令和５年４月１日　至　令和６年３月31日　（単位：千円）

売上高	45,000,000
売上原価	36,000,000
販売費及び一般管理費	7,140,000
営業利益	1,860,000
営業外収益	900,000
営業外費用	910,000
経常利益	1,850,000
特別利益	401,450
特別損失	706,670
税引前当期純利益	1,544,780
法人税、住民税及び事業税	557,968
当期純利益	986,812

株主資本等変動計算書

自　令和５年４月１日　至　令和６年３月31日　　（単位：千円）

	株主資本					
	資本金	資本剰余金	利益剰余金			
		資本準備金	利益準備金	その他利益剰余金		
				特別償却準備金	建物圧縮積立金	土地圧縮積立金
当期首残高	3,000,000	1,380,188	750,000	80,000		
当期変動額						
特別償却準備金積立額				15,000		
特別償却準備金取崩額				△10,000		
建物圧縮積立金積立額					160,800	
建物圧縮積立金取崩額					△19,584	
土地圧縮積立金積立額						300,000
別途積立金						
剰余金の配当						
当期純利益						
株主資本以外の項目の当期変動額（純額）						
当期変動額合計				5,000	141,216	300,000
当期末残高	3,000,000	1,380,188	750,000	85,000	141,216	300,000

	株主資本				評価・換算差額等	純資産合計
	利益剰余金			株主資本合計		
	その他利益剰余金		利益剰余金合計			
	別途積立金	繰越利益剰余金				
当期首残高	3,187,784	2,072,028	6,089,812	10,470,000		10,470,000
当期変動額						
特別償却準備金積立額		△15,000				
特別償却準備金取崩額		10,000				
建物圧縮積立金積立額		△160,800				
建物圧縮積立金取崩額		19,584				
土地圧縮積立金積立額		△300,000				
別途積立金	280,000	△280,000				
剰余金の配当		△150,000	△150,000	△150,000		△150,000
当期純利益		986,812	986,812	986,812		986,812
株主資本以外の項目の当期変動額（純額）						
当期変動額合計	280,000	110,596	836,812	836,812		836,812
当期末残高	3,467,784	2,182,624	6,926,624	11,306,812		11,306,812

資料3　当期の申告調整及び税額計算の基礎となる資料は以下のとおりである。

1　別表四で申告加算、減算する項目（単位：円）

(1)　加算項目

損金経理をした納税充当金	664,984,100
減価償却超過額	19,584,000
未払事業所税	21,100,000
賞与引当金繰入額	394,000,000
退職給与引当金繰入額	456,640,900
貸倒引当金繰入超過額	308,984,000
特別償却準備金取崩額	10,000,000
交際費等の損金不算入額	100,000,000
共済会剰余金	200,000
建物圧縮積立金積立額取崩額	19,584,000
寄附金の損金不算入額	3,300,000
税額控除される所得税	59,700,000

(2)　減算項目

減価償却超過額の当期認容額（建物）	19,584,000
減価償却超過額の当期認容額（機械）	580,000
納税充当金から支出した事業税等	77,000,000
受取配当等の益金不算入額	55,000,000
賞与引当金認容額	390,000,000
未払事業所税認容額	4,000,000
特別償却準備金積立額認定損	15,000,000
土地圧縮積立金積立額認定損	300,000,000
建物圧縮積立金積立額認定損	160,800,000

2　試験研究費の税額控除　　27,839,525円

3　別表五(一)関係

(1)　期首現在利益積立金額の内訳（単位：円）

利益準備金	456,000,000
別途積立金	3,187,784,000
特別償却準備金	80,000,000
特別償却準備金認定損	△80,000,000
減価償却超過額	4,500,000
未払事業所税	4,000,000
賞与引当金	390,000,000
退職給与引当金	2,160,000,000
共済会剰余金	3,000,000
繰越利益金	2,072,028,000
納税充当金	320,339,200
未納法人税	△222,324,200

未納道府県民税	△44,564,000
未納市町村民税	−
差引合計額	8,330,763,000

(2) 期首現在資本金等の額の内訳（単位：円）

資本金	3,000,000,000
資本準備金	1,674,188,000
差引合計額	4,674,188,000

4　税金関係（単位：円）

(1) 未払法人税等 a／c のうち事業税以外は以下のとおり

期首残高	265,339,200	内訳：	法人税等	221,339,200
			住民税	44,000,000
当期増加	502,984,100	内訳：	中間法人税等	111,000,000
			（内、地方法人税	10,000,000）
			中間住民税	22,000,000
			期末計上法人税等	369,984,100
当期減少	400,323,300	内訳：	前期法人税等支払	222,324,200
			前期住民税支払	44,564,000
			中間法人税支払	111,162,100
			中間住民税支払	22,273,000
期末残高	368,000,000			

(2) 未払法人税等 a／c のうち事業税は以下のとおり

期首残高	55,000,000			
当期増加	162,000,000	内訳：	中間分	22,000,000
			期末計上分	140,000,000
当期減少	77,000,000	内訳：	前期分支払	55,000,000
			中間分支払	22,000,000
期末残高	140,000,000			

(3) 損益計算書の法人税等の内訳

法人税等の中間納付額	133,435,100
法人税等の期末計上額	369,984,100（注）
過年度法人税額	1,549,000
事業税の当期計上額（所得割）	53,000,000
合計	557,968,200

(注)　369,984,100のうち59,700,000は源泉所得税

(4) 地方税の当期末の要納付額

都民税	51,978,000
事業税（特別法人事業税を含む）	140,055,000
（内、所得割）	(76,466,000)
合計	192,033,000

別表一　各事業年度の所得に係る申告書－内国法人の分……令五・四・一以後終了事業年度等分

税務署受付印	令和 6 年 6 月30日　大森税務署長殿
納税地	大田区大森ＸＸＸ　電話(　ＸＸ　)　ＸＸ　－ＸＸＸ
(フリガナ)	
法人名	太田工業株式会社
法人番号	ＸＸＸＸＸＸＸＸＸＸＸＸＸ
(フリガナ)	
代表者	太　田　昭　夫
代表者住所	大田区大森ＸＸＸＸ

所管 / 業種目 / 概況書 / 要否 / 別表等	
通算グループ整理番号	
通算親法人整理番号	
法人区分	普通法人(特定の医療法人を除く。)、一般社団法人等、みなし公益法人等又は人格のない社団等 / 左記以外の公益法人等、協同組合等又は特定の医療法人
事業種目	ＸＸ業
期末現在の資本金の額又は出資金の額	3,000,000,000円　非中小法人
同上が1億円以下の普通法人のうち中小法人に該当しないもの	
同非区分	特定同族会社　同族会社　非同族会社（○）
旧納税地及び旧法人名等	
添付書類	貸借対照表、損益計算書、株主(社員)資本等変動計算書又は損益金処分表、勘定科目内訳明細書、事業概況書、組織再編成に係る契約書等の写し、組織再編成に係る移転資産等の明細書

※税務署処理欄	
青色申告	一連番号
整理番号	
事業年度(至)	年　月　日
売上金額	兆　十億　百万
申告年月日	年　月　日
通信日付印 / 確認 / 庁指定 / 局指定 / 指導等 / 区分	
年月日	
申告区分	法人税：中間　期限後　修正 / 地方法人税：中間　期限後　修正

令和 5 年 4 月 1 日　事業年度分の法人税 確定 申告書
令和 6 年 3 月 31 日　課税事業年度分の地方法人税 確定 申告書
(中間申告の場合の計算期間　令和　年　月　日　令和　年　月　日)

適用額明細書提出の有無　(有)　無
税理士法第30条の書面提出有　(有)
税理士法第33条の2の書面提出有　(有)

この申告書による法人税額の計算

項目	番号	金額（円）
所得金額又は欠損金額（別表四「52の①」）	1	2022925000
法人税額 (48)+(49)+(50)	2	469318600
法人税額の特別控除額（別表六(六)「5」）	3	27839525
税額控除超過額相当額等の加算額	4	
土地譲渡利益金額：課税土地譲渡利益金額（別表三(二)「24」）+（別表三(二の二)「25」）+（別表三(三)「20」）	5	000
同上に対する税額 (62)+(63)+(64)	6	
留保金：課税留保金額（別表三(一)「4」）	7	000
同上に対する税額（別表三(一)「8」）	8	
		00
法人税額計 (2)－(3)＋(4)＋(6)＋(8)	9	441479075
分配時調整外国税相当額及び外国関係会社等に係る控除対象所得税額等相当額の控除額（別表六(五の二)「7」）+（別表十七(三の六)「3」）	10	
仮装経理に基づく過大申告の更正に伴う控除法人税額	11	
控除税額 ((9)－(10)－(11))と(18)のうち少ない金額	12	59700000
差引所得に対する法人税額 (9)－(10)－(11)－(12)	13	381779000
中間申告分の法人税額	14	100781600
差引確定法人税額 (13)－(14)（中間申告の場合はその税額とし、マイナスの場合は(22)へ記入）	15	280997400

この申告書による地方法人税額の計算

項目	番号	金額（円）
課税標準法人税額の計算：基準法人税額 所得の金額に対する法人税額 (2)－(3)＋(4)＋(6)＋(9の外書)－別表六(二)付表六「7の計」	28	441479075
課税留保金額に対する法人税額 (8)	29	
課税標準法人税額 (28)+(29)	30	441479000
地方法人税額 (53)	31	45472337
税額控除超過額相当額の加算額（別表六(二)付表六「14の計」）	32	
課税留保金額に係る地方法人税額 (54)	33	
所得地方法人税額 (31)+(32)+(33)	34	45472337
分配時調整外国税相当額及び外国関係会社等に係る控除対象所得税額等相当額の控除額（別表六(五の二)「8」+別表十七(三の六)「4」）と(34)のうち少ない金額	35	
仮装経理に基づく過大申告の更正に伴う控除地方法人税額	36	
外国税額の控除額 ((34)－(35)－(36))と(65)のうち少ない金額	37	
差引地方法人税額 (34)－(35)－(36)－(37)	38	45472300
中間申告分の地方法人税額	39	10380500
差引確定地方法人税額 (38)－(39)（中間申告の場合はその税額とし、マイナスの場合は(42)へ記入）	40	35091800

控除税額の計算

項目	番号	金額（円）
所得税の額（別表六(一)「6の③」）	16	59700000
外国税額（別表六(二)「23」）	17	
計 (16)+(17)	18	59700000
控除した金額 (12)	19	59700000
控除しきれなかった金額 (18)－(19)	20	

この申告による還付金額

項目	番号	金額（円）
所得税額等の還付金額 (20)	21	
中間納付額 (14)－(13)	22	
欠損金の繰戻しによる還付請求税額	23	外
計 (21)+(22)+(23)	24	外

項目	番号	金額（円）
この申告が修正申告である場合のこの申告により納付すべき法人税額又は減少する還付請求税額 (57)	25	外　00
欠損金等の当期控除額（別表七(一)「4の計」）+（別表七(三)「9」若しくは「21」又は別表七(四)「10」）	26	
翌期へ繰り越す欠損金額（別表七(一)「5の合計」）	27	

この申告による還付金額（地方法人税）

項目	番号	金額（円）
外国税額の還付金額 (67)	41	
中間納付額 (39)－(38)	42	
計 (41)+(42)	43	外

項目	番号	金額（円）
この申告が修正申告である場合のこの申告により納付すべき地方法人税額 (61)	44	00
剰余金・利益の配当（剰余金の分配）の金額		150000000
残余財産の最後の分配又は引渡しの日		令和　年　月　日
決算確定の日		令和 6 年 6 月 29 日

還付を受けようとする金融機関等	
銀行・金庫・組合・農協・漁協	本店・支店・出張所・本所・支所
預金	郵便局名等
口座番号	ゆうちょ銀行の貯金記号番号　－
※税務署処理欄	

税理士署名	

事業年度等	令5・4・1 令6・3・31	法人名	太田工業株式会社

別表一次葉　令五・四・一以後終了事業年度等分

法人税額の計算

(1)のうち中小法人等の年800万円相当額以下の金額 ((1)と800万円×―/12 のうち少ない金額)又は(別表一付表「5」)	45	000	(45)の15%又は19%相当額	48	
(1)のうち特例税率の適用がある協同組合等の年10億円相当額を超える金額 (1)-10億円×―/12	46	000	(46)の22%相当額	49	
その他の所得金額 (1)-(45)-(46)	47	2,022,925,000	(47)の19%又は(23.2%)相当額	50	469,318,600

地方法人税額の計算

所得の金額に対する法人税額 (28)	51	441,479,000	(51)の10.3%相当額	53	45,472,337
課税留保金額に対する法人税額 (29)	52	000	(52)の10.3%相当額	54	

この申告が修正申告である場合の計算

法人税額の計算	この申告前の	法人税額	55		地方法人税額の計算	この申告前の 確定地方法人税額	58	
		還付金額	56	外		この申告前の 還付金額	59	
						この申告前の 欠損金の繰戻しによる還付金額	60	
	この申告により納付すべき法人税額又は減少する還付請求税額 ((15)-(55))若しくは((15)+(56))又は((56)-(24))		57	外 00		この申告により納付すべき地方法人税額 ((40)-(58))若しくは((40)+(59)+(60))又は(((59)-(43))+((60)-(43の外書)))	61	00

土地譲渡税額の内訳

土地譲渡税額 (別表三(二)「25」)	62	0	土地譲渡税額 (別表三(三)「21」)	64	00
同上 (別表三(二の二)「26」)	63	0			

地方法人税額に係る外国税額の控除額の計算

外国税額 (別表六(二)「56」)	65		控除しきれなかった金額 (65)-(66)	67	
控除した金額 (37)	66				

所得の金額の計算に関する明細書(簡易様式)

事業年度	令5・4・1 令6・3・31	法人名	太田工業株式会社

御注意

1 沖縄の認定法人の課税の特例等の規定の適用を受ける法人にあっては、別様式による別表四を御使用ください。

2 「52」の「①」欄の金額は、「②」欄の金額に「③」欄の本書の金額を加算し、これから「※」の金額を加減算した額と符合することになります。

区分			総額 ①	処分 留保 ②	処分 社外流出 ③	
当期利益又は当期欠損の額		1	円 986,812,000	円 836,812,000	配当	150,000,000 円
					その他	
加算	損金経理をした法人税及び地方法人税(附帯税を除く。)	2				
	損金経理をした道府県民税及び市町村民税	3				
	損金経理をした納税充当金	4	664,984,100	664,984,100		
	損金経理をした附帯税(利子税を除く。)、加算金、延滞金(延納分を除く。)及び過怠税	5			その他	
	減価償却の償却超過額	6	19,584,000	19,584,000		
	役員給与の損金不算入額	7			その他	
	交際費等の損金不算入額	8	100,000,000		その他	100,000,000
	通算法人に係る加算額(別表四付表「5」)	9			外※	
	未払事業所税	10	21,100,000	21,100,000		
	賞与引当金繰入額		394,000,000	394,000,000		
	退職給与引当金繰入額		456,640,900	456,640,900		
	別紙合計		338,768,000	338,768,000		
	小計	11	1,995,077,000	1,895,077,000	外※	100,000,000
減算	減価償却超過額の当期認容額	12	19,584,000 580,000	19,584,000 580,000		
	納税充当金から支出した事業税等の金額	13	77,000,000	77,000,000		
	受取配当等の益金不算入額(別表八(一)「5」)	14	55,000,000		※	55,000,000
	外国子会社から受ける剰余金の配当等の益金不算入額(別表八(二)「26」)	15			※	
	受贈益の益金不算入額	16			※	
	適格現物分配に係る益金不算入額	17			※	
	法人税等の中間納付額及び過誤納に係る還付金額	18				
	所得税額等及び欠損金の繰戻しによる還付金額等	19			※	
	通算法人に係る減算額(別表四付表「10」)	20			※	
	賞与引当金認容	21	390,000,000	390,000,000		
	未払事業所税認容		4,000,000	4,000,000		
	特別償却準備金認定損		15,000,000	15,000,000		
	別紙合計		460,800,000	460,800,000		
	小計	22	1,021,964,000	966,964,000	外※	55,000,000
仮計 (1)+(11)−(22)		23	1,959,925,000	1,764,925,000	外※	△55,000,000 250,000,000
対象純支払利子等の損金不算入額(別表十七(二の二)「29」又は「34」)		24			その他	
超過利子額の損金算入額(別表十七(二の三)「10」)		25	△		※	△
仮計 ((23)から(25)までの計)		26			外※	
寄附金の損金不算入額(別表十四(二)「24」又は「40」)		27	3,300,000		その他	3,300,000
法人税額から控除される所得税額(別表六(一)「6の③」)		29	59,700,000		その他	59,700,000
税額控除の対象となる外国法人税の額(別表六(二の二)「7」)		30			その他	
分配時調整外国税相当額及び外国関係会社等に係る控除対象所得税額等相当額(別表六(五の二)「5の②」)+(別表十七(三の六)「1」)		31			その他	
合計 (26)+(27)+(29)+(30)+(31)		34	2,022,925,000	1,764,925,000	外※	△55,000,000 313,000,000
中間申告における繰戻しによる還付に係る災害損失欠損金額の益金算入額		37			※	
非適格合併又は残余財産の全部分配等による移転資産等の譲渡利益額又は譲渡損失額		38			※	
差引計 (34)+(37)+(38)		39			外※	
更生欠損金又は民事再生等評価換えが行われる場合の再生等欠損金の損金算入額(別表七(三)「9」又は「21」)		40	△		※	△
通算対象欠損金額の損金算入額又は通算対象所得金額の益金算入額(別表七の二「5」又は「11」)		41			※	
差引計 (39)+(40)±(41)		43	2,022,925,000	1,764,925,000	外※	△55,000,000 313,000,000
欠損金等の当期控除額(別表七(一)「4の計」)+(別表七(四)「10」)		44	△		※	△
総計 (43)+(44)		45	2,022,925,000	1,764,925,000	外※	△55,000,000 313,000,000
残余財産の確定の日の属する事業年度に係る事業税及び特別法人事業税の損金算入額		51	△	△		
所得金額又は欠損金額		52	2,022,925,000	1,764,925,000	外※	△55,000,000 313,000,000

㊎簡

別表四(簡易様式)　令五・四・一以後終了事業年度分

ー別紙ー 所得の金額の計算に関する明細書(簡易様式)

事業年度	令5・4・1 令6・3・31	法人名	太田工業株式会社

別表四(簡易様式) 令五・四・一以後終了事業年度分

御注意

1 沖縄の認定法人の課税の特例等の規定の適用を受ける法人にあっては、別様式による別表四を御使用ください。

2 「52」の「①」欄の金額は、「②」欄の金額に「③」欄の本書の金額を加算し、これから「※」の金額を加減算した額と符合することになります。

区分			総額 ①	処分 留保 ②	処分 社外流出 ③	
当期利益又は当期欠損の額		1	円	円	配当	円
					その他	
加算	損金経理をした法人税及び地方法人税(附帯税を除く。)	2				
	損金経理をした道府県民税及び市町村民税	3				
	損金経理をした納税充当金	4				
	損金経理をした附帯税(利子税を除く。)、加算金、延滞金(延納分を除く。)及び過怠税	5			その他	
	減価償却の償却超過額	6				
	役員給与の損金不算入額	7			その他	
	交際費等の損金不算入額	8			その他	
	通算法人に係る加算額(別表四付表「5」)	9			外※	
	特別償却準備金取崩	10	10,000,000	10,000,000		
	建物圧縮積立金取崩		19,584,000	19,584,000		
	共済会剰余金		200,000	200,000		
	貸倒引当金繰入超過額		308,984,000	308,984,000		
	小計	11	338,768,000	338,768,000	外※	
減算	減価償却超過額の当期認容額	12				
	納税充当金から支出した事業税等の金額	13				
	受取配当等の益金不算入額(別表八(一)「5」)	14			※	
	外国子会社から受ける剰余金の配当等の益金不算入額(別表八(二)「26」)	15			※	
	受贈益の益金不算入額	16			※	
	適格現物分配に係る益金不算入額	17			※	
	法人税等の中間納付額及び過誤納に係る還付金額	18				
	所得税額等及び欠損金の繰戻しによる還付金額等	19			※	
	通算法人に係る減算額(別表四付表「10」)	20			※	
	建物圧縮積立金認定損	21	160,800,000	160,800,000		
	土地圧縮積立金認定損		300,000,000	300,000,000		
	小計	22	460,800,000	460,800,000	外※	
仮計 (1)+(11)−(22)		23			外※	
対象純支払利子等の損金不算入額(別表十七(二の二)「29」又は「34」)		24			その他	
超過利子額の損金算入額(別表十七(二の三)「10」)		25	△		※	△
仮計 ((23)から(25)までの計)		26			外※	
寄附金の損金不算入額(別表十四(二)「24」又は「40」)		27			その他	
法人税額から控除される所得税額(別表六(一)「6の③」)		29			その他	
税額控除の対象となる外国法人税の額(別表六(二の二)「7」)		30			その他	
分配時調整外国税相当額及び外国関係会社等に係る控除対象所得税額等相当額(別表六(五の二)「5の②」)+(別表十七(三の六)「1」)		31			その他	
合計 (26)+(27)+(29)+(30)+(31)		34			外※	
中間申告における繰戻しによる還付に係る災害損失欠損金額の益金算入額		37			※	
非適格合併又は残余財産の全部分配等による移転資産等の譲渡利益額又は譲渡損失額		38			※	
差引計 (34)+(37)+(38)		39			外※	
更生欠損金又は民事再生等評価換えが行われる場合の再生等欠損金の損金算入額(別表七(三)「9」又は「21」)		40	△		※	△
通算対象欠損金額の損金算入額又は通算対象所得金額の益金算入額(別表七の二「5」又は「11」)		41			※	
差引計 (39)+(40)±(41)		43			外※	
欠損金等の当期控除額(別表七(一)「4の計」)+(別表七(四)「10」)		44	△		※	△
総計 (43)+(44)		45			外※	
残余財産の確定の日の属する事業年度に係る事業税及び特別法人事業税の損金算入額		51	△	△		
所得金額又は欠損金額		52			外※	

(簡)

利益積立金額及び資本金等の額の計算に関する明細書

事業年度	令5．4．1 令6．3．31	法人名	太田工業株式会社

別表五(一)　令五・四・一以後終了事業年度分

御注意

この表は、通常の場合には次の式により検算ができます。

期首現在利益積立金額合計「31」① ＋ 別表四留保所得金額又は欠損金額「52」 － 中間分・確定分の法人税等、道府県民税及び市町村民税の合計額 ± 中間分・確定分の通算税効果額の合計額 ＝ 差引翌期首現在利益積立金額合計「31」④

Ⅰ　利益積立金額の計算に関する明細書

区分		期首現在利益積立金額	当期の増減 減	当期の増減 増	差引翌期首現在利益積立金額 ①－②＋③
		①	②	③	④
利益準備金	1	456,000,000円	円	円	456,000,000円
別途積立金	2	3,187,784,000		280,000,000	3,467,784,000
特別償却準備金	3	80,000,000	10,000,000	15,000,000	85,000,000
特別償却準備金認定損	4	△80,000,000	△10,000,000	△15,000,000	△85,000,000
建物圧縮積立金	5		19,584,000	160,800,000	141,216,000
建物圧縮積立金認定損	6		△19,584,000	△160,800,000	△141,216,000
減価償却超過額	7	4,500,000	20,164,000	19,584,000	3,920,000
未払事業所税	8	4,000,000	4,000,000	21,100,000	21,100,000
賞与引当金	9	390,000,000	390,000,000	394,000,000	394,000,000
退職給与引当金	10	2,160,000,000		456,640,900	2,616,640,900
共済会剰余金	11	3,000,000		200,000	3,200,000
貸倒引当金	12			308,984,000	308,984,000
土地圧縮積立金	13			300,000,000	300,000,000
土地圧縮積立金認定損	14			△300,000,000	△300,000,000
	15				
	16				
	17				
	18				
	19				
	20				
	21				
	22				
	23				
	24				
繰越損益金（損は赤）	25	2,072,028,000	2,072,028,000	2,182,624,000	2,182,624,000
納税充当金	26	320,339,200	477,323,300	664,984,100	508,000,000
未納法人税等（退職年金等積立金に対するものを除く。） 未納法人税及び未納地方法人税（附帯税を除く。）	27	△ 222,324,200	△ 333,486,300	中間 △111,162,100 確定 △316,089,200	△ 316,089,200
未納法人税等 未払通算税効果額（附帯税の額に係る部分の金額を除く。）	28			中間 確定	
未納法人税等 未納道府県民税（均等割額を含む。）	29	△ 44,564,000	△ 66,837,000	中間 △ 22,273,000 確定 △ 51,978,000	△ 51,978,000
未納法人税等 未納市町村民税（均等割額を含む。）	30	△	△	中間 △ 確定 △	△
差引合計額	31	8,330,763,000	2,563,192,000	3,826,614,700	9,594,185,700

Ⅱ　資本金等の額の計算に関する明細書

区分		期首現在資本金等の額	当期の増減 減	当期の増減 増	差引翌期首現在資本金等の額 ①－②＋③
		①	②	③	④
資本金又は出資金	32	3,000,000,000円	円	円	3,000,000,000円
資本準備金	33	1,674,188,000			1,674,188,000
	34				
	35				
差引合計額	36	4,674,188,000			4,674,188,000

租税公課の納付状況等に関する明細書

事業年度	法人名	別表五(二)
令5・4・1 令6・3・31	太田工業株式会社	令五・四・一以後終了事業年度分

税目及び事業年度				期首現在未納税額 ①	当期発生税額 ②	当期中の納付税額 充当金取崩しによる納付 ③	当期中の納付税額 仮払経理による納付 ④	当期中の納付税額 損金経理による納付 ⑤	期末現在未納税額 ①+②−③−④−⑤ ⑥
法人税及び地方法人税		・ ・	1	円		円	円	円	円
		4・4・1 5・3・31	2	222,324,200		222,324,200			
	当期分	中間	3		円 111,162,100	111,162,100			
		確定	4		316,089,200				316,089,200
	計		5	222,324,200	427,251,300	333,486,300			316,089,200
道府県民税		・ ・	6						
		4・4・1 5・3・31	7	44,564,000		44,564,000			
	当期分	中間	8		22,273,000	22,273,000			
		確定	9		51,978,000				51,978,000
	計		10	44,564,000	74,251,000	66,837,000			51,978,000
市町村民税		・ ・	11						
		・ ・	12						
	当期分	中間	13						
		確定	14						
	計		15						
事業税及び特別法人事業税		・ ・	16						
		4・4・1 5・3・31	17		55,000,000	55,000,000			
	当期中間分		18		22,000,000	22,000,000			
	計		19		77,000,000	77,000,000			
その他	損金算入のもの	利子税	20						
		延滞金（延納に係るもの）	21						
			22						
			23						
	損金不算入のもの	加算税及び加算金	24						
		延滞税	25						
		延滞金（延納分を除く。）	26						
		過怠税	27						
			28						
			29						

納税充当金の計算

項目		番号	金額	項目		番号	金額
期首納税充当金		30	320,339,200 円	取崩額 その他	損金算入のもの	36	円
繰入額	損金経理をした納税充当金	31	664,984,100		損金不算入のもの	37	
		32				38	
	計 (31)+(32)	33	664,984,100		仮払税金消却	39	477,323,300
取崩額	法人税額等 (5の③)+(10の③)+(15の③)	34	400,323,300	計 (34)+(35)+(36)+(37)+(38)+(39)		40	508,000,000
	事業税及び特別法人事業税 (19の③)	35	77,000,000	期末納税充当金 (30)+(33)−(40)		41	

通算法人の通算税効果額の発生状況等の明細

事業年度		期首現在未決済額 ①	当期発生額 ②	当期中の決済額 支払額 ③	当期中の決済額 受取額 ④	期末現在未決済額 ⑤
・ ・	42	円		円	円	円
・ ・	43					
当期分	44		中間 円 確定			
計	45					

解　説

1　別表四と別表五(一)・(二)の記入

(1)　別表五(一)の期首残高の記入

利益積立金額、資本金等の額の期首残高は **資料３** に与えられているので、これをそのまま記入する。実務的には、前期の別表五(一)の期末残高を移記することになる。なお、期中に更正等があった場合には、更正通知書等から金額を移記する。

平成18年に商法が会社法に変わり、利益処分案がなくなり株主資本等変動計算書が新たにできたが、この株主資本等変動計算書は、期首から期末までの株主資本等の変動額を示すもので、別表五(一)の利益積立金額、資本金等の額の期首残高は、税務上の否認額（自己否認額も含む）と株主資本等変動計算書の前期末残高（例えば、利益準備金、別途積立金、特別償却準備金、繰越損益金）から構成されることになる。また、株主資本等変動計算書の各項目の前期末残高は、前期の貸借対照表とも一致する。別表五(一)の利益積立金額、資本金等の額の期末残高についても同様に、株主資本等変動計算書の当期末残高及び当期の貸借対照表の金額と一致する。

(2)　当期変動額の中の剰余金処分額の記入

株主資本等変動計算書の当期変動額として、特別償却準備金積立額から当期純利益までの金額を別表五(一)増減欄に記入していく。剰余金の配当150,000千円は、別表四[1]③に移記し、当期純利益986,812千円は、別表四[1]①に移記する。別表四[1]②の金額は①から③を差し引いて求める。

(3)　各別表より申告加算、減算金額を別表四に集約

法人税申告書（別表一）には、各種の別表を添付することになっており、各別表から申告加算額、減算額を別表四に集約して法人所得を求めることになる。別表の記入は別表一から始まるのではなく、一定の順序に従い記入できるところから記入していく。減価償却費の別表十六(一)・(二)等は、他の別表との関連はなく、単独に別表の記入ができるが、別表十四(二)寄附金の損金算入限度額の計算にあたっては、所得基準があり、別表四の仮計を記入した後でないと計算できないしくみになっている。また、投資減税の税額控除の適用を受ける場合にも税額基準の限度額計算があり、所定の法人税額の算出が必要となってくる。

資料３ で、別表四で申告加算、減算する項目と金額が与えられているので、それをそのまま別表四に記入すると、法人所得2,022,925千円が求められる。

また、別表五(一)の利益積立金額の計算では、記入の済んでいる期首残高、別表四から移記された金額が増減欄に記入されているので、差引きで期末の利益積立金額の残高を計算していく。

(4)　別表四記入の留意点

①　社内留保と社外流出

別表四の加算留保欄の金額は別表五(一)の利益積立金額の増欄へ移記し、減算留保欄の金額は減欄に移記する。例えば、賞与引当金の繰入額394,000千円は、別表四では加算留保、別表五(一)では増欄に記入する。この金額は、翌期に賞与の支払が行われ認容されていく。交際費等の損金不算入額100,000千円の加算は社外流出欄に記入され、現金として流出しているため、翌期以降に認容ということもなく、永久に損金不算入となる。なお、受取配当等の益金不算入額55,000千円は社外

流出欄に※印で記載されているが、これは非課税所得を意味する。

②　損金経理をした納税充当金[4]

別表四の損金経理をした納税充当金[4] 664,984,100円は、別表五(一)[26]③と一致する。別表五(一)の納税充当金[26]は、帳簿上の金額を記入するもので、この内訳明細が別表五(二)の[30]～[41]で示されている。なお、別表五(一)の未納法人税等[27]～[30]は、要納付額とその支払を示す税務計算値で、税務上の利益積立金額からこれを控除して期末利益積立金額を求めることになる。

③　納税充当金から支出した事業税等の金額[13]

別表四の納税充当金から支出した事業税等の金額[13] 77,000千円は、別表五(二)[35]～[38]の金額と一致する。同[41] 508,000千円は納税充当金の期末残高で未払法人税368,000千円と未払事業税140,000千円の合計額よりなる。また、[41]の金額は別表五(一)の納税充当金[26]④の金額とも一致する。

2　別表五(一)の未納法人税等[27]～[30]

別表五(一)の未納法人税等[27]～[30]は、要納付額・支払額を示すもので、さらにこの内訳を示したものが別表五(二)といえる。別表五(二)は租税公課の納付状況等の明細を示すものでもあるので、事業税、損金不算入の附帯税等の支払も記入することになる。

次に、税額計算をし、期末における要納付額は[27]～[30]の③確定欄に記入していくが、未納法人税[27] 316,089,200円は別表一の差引確定法人税額[15]280,997,400円と差引確定地方法人税額[41] 35,091,800円の合計額である。地方税の期末要納付額は地方税の申告書で計算していくが、**資料3**で要納付額が与えられており、都民税51,978千円は未納道府県民税[29]③確定欄に記入する。事業税は応益課税の性質をもち費用性があることから、事業税の要納付額140,055千円は別表五(一)の未納法人税等の欄には記入しない。また、別表五(二)の事業税は税務上、申告書提出時に損金に算入されることから140,055千円は、翌期の別表五(二)の発生税額②に記入することになる。

3　別表四と五(一)の検算式

別表四と別表五(一)の記入が正しいか、以下の検算式で検算する。

期首現在利益積立金額合計[31]①	＋	別表四留保所得[52]	－	中間分、確定分法人税県市民税の合計額	＝	差引翌期首現在利益積立金額合計[31]④
8,330,763,000円	＋	1,764,925,000円	－	501,502,300円	＝	9,594,185,700円

4　別表一の税額計算

別表四[52]の法人所得2,022,925千円を別表一[1]に移記し、税額計算を行っていく。資本金１億円以下の中小法人等は軽減税率の適用があるが、別表一次葉で大規模法人は法人所得に23.2%を乗じ、469,318,600円[50]の法人税額を求めていく。

資料3で試験研究費の税額控除額27,839,525円[3]、法人税額から控除される所得税額59,700千円が与えられているので、これらを[3]、[12]に記載し、中間の法人税額[14] 100,781,600円を差し引くと、差引確定法人税額[15] 280,997,400円が算出される。

地方法人税額は、所得税額控除前の基準法人税額441,479,075円[28]に別表一次葉で10.3%を乗じ地方法人税額45,472,337円[53]を求め[31]に記入する。地方法人税の中間納付10,380,500円を控除し、差引確定地方法人税額[41] 35,091,800円と差引確定法人税額[15] 280,997,400円の合計額316,089,200円が納付税額となる。

第3章

法人税申告書のチェックリスト

〈別表一・四・五(一)・その他〉

別表一

税額計算チェックリスト

チェック事項	チェック箇所・備考	チェック欄
1　所得金額又は欠損金額[1]は、円単位で正しく記入されているか。	別表四[52]①	□
2　年800万円相当額の計算並びに各税率適用所得の区別は正しいか。 ①　資本金１億円超の普通法人は、所得金額が[47]に記入され税額が[50]で計算され、その税額が[2]に移記されているか。 ②　資本金１億円以下の普通法人について、年800万円以下の所得が[45]に記入され、税額が[48]で計算され、その税額が[2]に移記されているか。	別表一次葉[47]、[50] 別表一次葉[45]、[48] [47]、[50]	□
3　試験研究費の特別税額控除、一定の設備等を取得した場合の特別税額控除等は別表六(六)を通して[3]に記入されているか。	別表六(九)[26]等 別表六(十)[19]等	□
4　土地譲渡利益金の特別課税がある場合に課税土地譲渡利益金額[5]、税額[6]は記入されているか。また、税額の内訳の記載は、別表一次葉の[74]～[76]に記載されているか。 (注)　超短期重課は廃止。一般重課、短期重課は平成10年１月１日～令和５年３月31日までの土地等の譲渡について、その適用が停止されている（平成10年度改正等）。	別表三(二)[27]他 別表一次葉[74]～[76]他	□
5　同族会社の留保金課税がある場合（特定同族会社のみ適用）、留保金額[7]、税額[8]は記入されているか。 (注)　資本金１億円以下の同族会社は留保金課税の対象外	別表三(一)[4] [8]	□
6　法人税額計[9]は、地方税の課税標準の分割に関する明細書又は道府県民税及び市町村民税の申告書の法人税額①と一致しているか。	第六号様式① 第十号様式①	□
7　仮装経理に基づく過大申告の更正に伴う控除法人税額がある場合に、正しく控除額が計算されているか。		□
8　法人税額から控除される所得税額[16]は、記入されているか。	別表六(一)[6]③	□
9　外国税額控除の適用を受けられる外国税額[17]は、記入されているか。また、みなし外国税額の適用がある場合には、その税額が記入されているか。	別表六(二)[23]	□

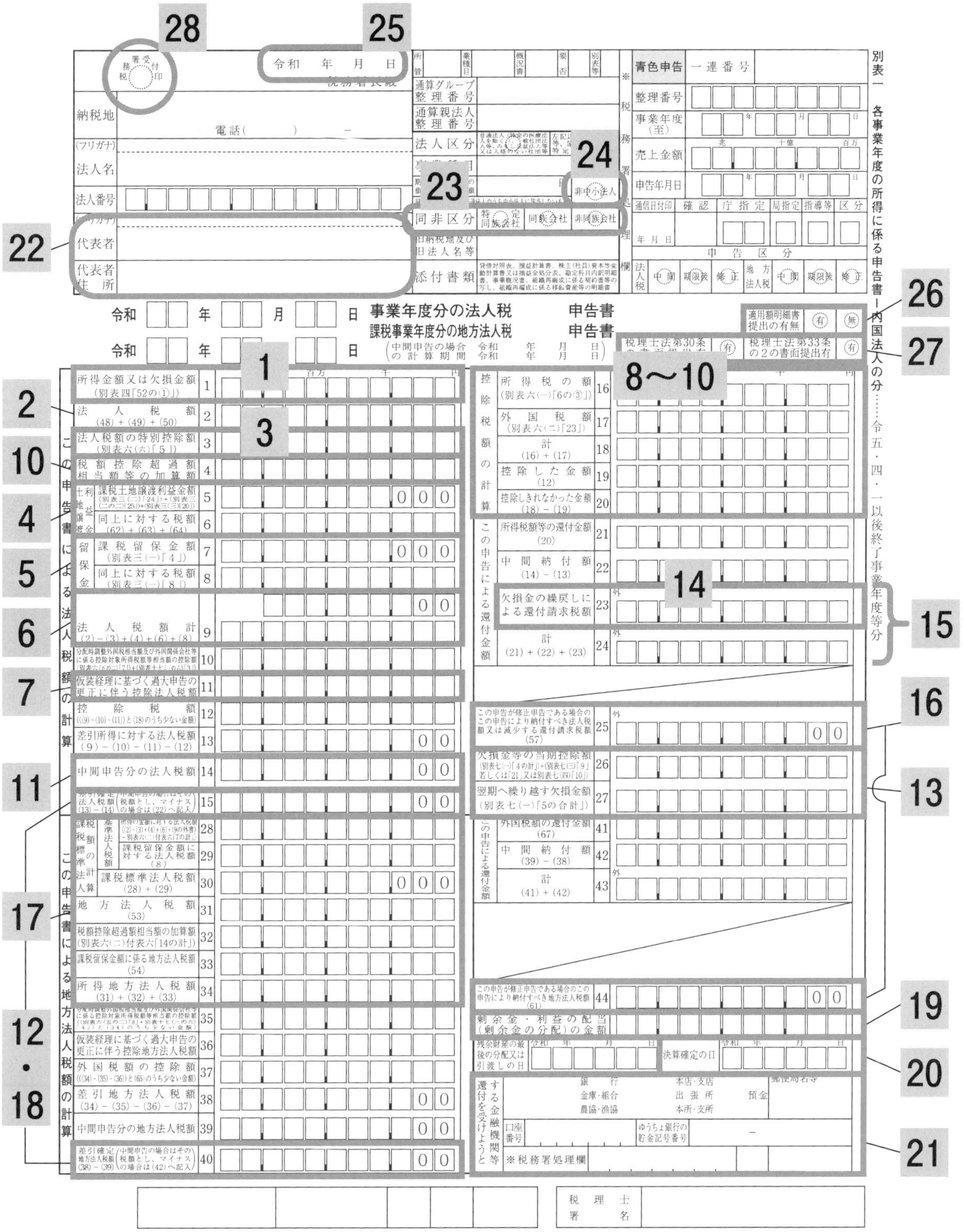
28
25
令和 年 月 日
税務署長殿
納税地
電話( ) −
(フリガナ)
法人名
法人番号
22
代表者
代表者住所
通算グループ整理番号
通算親法人整理番号
法人区分
24
非中小法人
23
同非区分
特定同族会社
同族会社
非同族会社
旧納税地及び旧法人名等
添付書類
青色申告
一連番号
整理番号
事業年度(至)
売上金額
申告年月日
申告区分
26
適用額明細書提出の有無
有
無
27
税理士法第30条の書面提出有
税理士法第33条の2の書面提出有
令和 年 月 日 事業年度分の法人税 申告書
課税事業年度分の地方法人税 申告書
令和 年 月 日
1
所得金額又は欠損金額(別表四「52の①」) 1
2
法人税額 (48)+(49)+(50) 2
3
法人税額の特別控除額(別表六(六)「5」) 3
10
税額控除超過額相当額等の加算額 4
4
土地譲渡利益金 課税土地譲渡利益金額 5
同上に対する税額 (62)+(63)+(64) 6
5
留保金 課税留保金額(別表三(一)「4」) 7
同上に対する税額(別表三(一)「8」) 8
6
法人税額計 (2)−(3)+(4)+(6)+(8) 9
分配時調整外国税相当額及び外国関係会社等に係る控除対象所得税額等相当額の控除額 10
7
仮装経理に基づく過大申告の更正に伴う控除法人税額 11
控除税額 12
差引所得に対する法人税額 (9)−(10)−(11)−(12) 13
11
中間申告分の法人税額 14
差引確定法人税額 (13)−(14) 15
17
課税標準法人税額の計算 基準法人税額 28
課税留保金額に対する法人税額 (8) 29
課税標準法人税額 (28)+(29) 30
地方法人税額 (53) 31
税額控除超過額相当額の加算額 32
課税留保金額に係る地方法人税額 (54) 33
所得地方法人税額 (31)+(32)+(33) 34
35
仮装経理に基づく過大申告の更正に伴う控除地方法人税額 36
外国税額の控除額 37
差引地方法人税額 (34)−(35)−(36)−(37) 38
中間申告分の地方法人税額 39
12・18
差引確定地方法人税額 (38)−(39) 40
8〜10
控除税額の計算 所得税の額 16
外国税額 (別表六(二)「23」) 17
計 (16)+(17) 18
控除した金額 (12) 19
控除しきれなかった金額 (18)−(19) 20
この申告による還付金額 所得税額等の還付金額 (20) 21
中間納付額 (14)−(13) 22
14
欠損金の繰戻しによる還付請求税額 23
15
計 (21)+(22)+(23) 24
16
この申告が修正申告である場合のこの申告により納付すべき法人税額又は減少する還付請求税額 (57) 25
13
欠損金等の当期控除額 26
翌期へ繰り越す欠損金額 (別表七(一)「5の合計」) 27
外国税額の還付金額 (67) 41
中間納付額 (39)−(38) 42
計 (41)+(42) 43
この申告が修正申告である場合のこの申告により納付すべき地方法人税額 (61) 44
19
剰余金・利益の配当(剰余金の分配)の金額
20
残余財産の最後の分配又は引渡しの日
決算確定の日
21
還付を受けようとする金融機関等
銀行 金庫・組合 農協・漁協
本店・支店 出張所 本所・支所
預金
郵便局名等
口座番号
ゆうちょ銀行の貯金記号番号
※税務署処理欄
税理士署名
別表一 各事業年度の所得に係る申告書−内国法人の分……令五・四・一以後終了事業年度等分

チェック事項	チェック箇所・備考	チェック欄
10 法人税額から控除される所得税額[16]、外国税額[17]について、法人税額より控除した[12]を[19]に記入し、控除しきれなかった金額[20]を[21]に記入し、地方法人税については[41]及び別表一次葉[65]～[67]に記載する。なお、グループ通算制度を適用している場合等の税額控除超過額等の加算額がある場合には[4]に記載する。同様に地方法人税に係るものは[32]に記載する。 (注) 中間事業年度では所得税額等の還付は行われないことに留意。	別表一次葉[65]～[67]	□
11 中間申告分の法人税額[14]は、正しく記入されているか。また[13]<[14]のとき、還付金額を[22]に記入しているか。なお、還付金額[22]は別表五(二)[4]②の△金額と一致しているか。	別表五(二)[4]②	□
12 納付すべき法人税額[15]と地方法人税額[40]の合計額について、別表五(一)[27]③と一致しているか。	別表五(一)[27]③	□
13 欠損金等がある場合に当期控除額[26]、翌期繰越額[27]が別表七(一)より記入されているか。	別表七(一)[4]の計 別表七(一)[5]の合計	□
14 欠損金の繰戻しの還付請求を行う場合に、その請求税額[23]外書きは欠損金の繰戻しによる還付請求書[15]と一致しているか。なお[43]の外書には、地方法人税の還付金額が記載されているか。 (注) 資本金1億円以下の中小法人等に限り、平成21年2月1日以後終了する事業年度から繰戻し還付の規定が復活し、還付請求が可能となっている。	欠損金の繰戻しによる還付請求書[15]	□
15 欠損金の繰戻しによる還付金額が過大であるため、修正申告を行う場合の記入について ① [23]及び[24]は修正後の還付請求税額が外書きされているか。 ② [56]には修正前の還付請求税額が外書きされているか。 ③ [25]、[57]の外書き＝[56]の外書き－[24]の外書きの金額になっているか。		□
16 修正申告行う場合の別表一、別表一次葉の記入について ① 法人税の別表一次葉[55]～[57]の記入について、[55]～[56]は修正前の金額が、[57]は修正後の差額の税額等が記入されているか。地方法人税についても同様に[58]～[60]は修正前の金額が、[61]は修正後の差額の税額が記入されているか。 ② 法人税、地方法人税について別表一[25]、[44]は、修正後の税額が記載されているか。		□
17 地方法人税額[31]は、基準法人税額に10.3%を乗じて計算されているか。なお、基準法人税額は、所得税額等控除前の法人税額[28]を用い、同族会社の課税留保金額に対する法人税額[29]がある場合には、これを加えているか。なお、所	別表一次葉[51]、[53] [52]、[54] 別表一[31]、[33]	□

チェック事項	チェック箇所・備考	チェック欄
得地方法人税額[34]は、[31]に税額控除超過額の加算額[32]、[33]を加えて計算する。([34]＝[31]＋[32]＋[33])		

■ その他の留意事項

チェック事項	チェック箇所・備考	チェック欄
18 申告期限が決算日3ヶ月後(注)に延長されている会社で2ヶ月以内に見込納付をした場合、[15]及び[40]より見込納付額を控除した金額を納付しているか。 (注) 平成29年度改正で一定の要件のもとに最大6ヶ月後に延長が認められた。		□
19 剰余金の配当欄は、株主資本等変動計算書の「剰余金の配当」の金額と一致しているか。		□
20 決算確定の日が記載されているか。	株主総会議事録他	□
21 還付を受ける場合（[24]の還付金額の記載がある場合）には、振込銀行の口座番号等が記載されているか。		□
22 代表者の署名は適切か。		□
23 同族会社についての同非区分は正しいか。	別表二[18]	□
24 資本金1億円以下の普通法人が、資本金5億円以上の大法人の100%子会社である場合は、非中小法人等とされているか。		□
25 所定の期限内に申告書が提出されているか。		□
26 法人税に関する租税特別措置を適用する場合には、「適用額明細書」が添付されているか。	適用額明細書(様式第一)様式第一の記載要領	□
27 税理士法第30条の書面（税務代理権限証書）又は税理士法第33条の2の書面（計算、相談事項を記載した書面）の提出の有無を確認したか。		□
28 控は税務署の受付印を受けているか（電子申告法人を除く）。		□
29 会社との間に100%の完全支配関係がある法人との関係を系統的に示した図を申告書に添付しているか。		□
30 国外関連者（株式の所有割合50%以上の外国子会社等）との間で取引を行っている場合には、子会社名、所在地、取引状況等を記載した書類（別表十七（四））を申告書に添付しているか。		□

別表一次葉　令五・四・一以後終了事業年度等分

事業年度等	・　・ ・　・	法人名	

法人税額の計算

2

(1)のうち中小法人等の年800万円相当額以下の金額 ((1)と800万円×―/12のうち少ない金額)又は(別表一付表「5」)	45	000	(45)の15％又は19％相当額	48	
(1)のうち特例税率の適用がある協同組合等の年10億円相当額を超える金額 (1)−10億円×―/12	46	000	(46)の22％相当額	49	
その他の所得金額 (1)−(45)−(46)	47	000	(47)の19％又は23.2％相当額	50	

地方法人税額の計算

17

所得の金額に対する法人税額 (28)	51	000	(51)の10.3％相当額	53	
課税留保金額に対する法人税額 (29)	52	000	(52)の10.3％相当額	54	

この申告が修正申告である場合の計算

16

法人税額の計算	この申告前の	法人税額	55		地方法人税額の計算	この申告前の	確定地方法人税額	58	
							還付金額	59	
		還付金額	56	外			欠損金の繰戻しによる還付金額	60	
	この申告により納付すべき法人税額又は減少する還付請求税額 ((15)−(55))若しくは((15)+(56))又は((56)−(24))		57	外 00		この申告により納付すべき地方法人税額 ((40)−(58))若しくは((40)+(59)+(60))又は(((59)−(43))+((60)−(43の外書)))		61	00

土地譲渡税額の内訳

4

土地譲渡税額 (別表三(二)「25」)	62	0	土地譲渡税額 (別表三(三)「21」)	64	00
同上 (別表三(二の二)「26」)	63	0			

地方法人税額に係る外国税額の控除額の計算

10

外国税額 (別表六(二)「56」)	65		控除しきれなかった金額 (65)−(66)	67	
控除した金額 (37)	66				

別表四
所得金額の計算チェックリスト

■ 財務諸表との関連チェック

チェック事項	チェック箇所・備考	チェック欄
1 当期利益又は当期欠損の額[1]①は、損益計算書の税引後当期利益又は当期損失と一致しているか。	損益計算書末尾 （注） 税効果会計採用の場合は、法人税等調整額計上後の税引後利益又は損失と突合する。	□
2 配当（中間配当を含む）[1]③の記載は、株主資本等変動計算書の剰余金の配当額と一致しているか。	株主資本等変動計算書	□

■ 申告調整チェック

チェック事項	チェック箇所・備考	チェック欄
3 加算金額は、関連別表の金額と一致しているか。		
イ 損金経理をした法人税[2]	別表五(二)[5]⑤	□
ロ 損金経理をした道府県民税及び市町村民税[3]	別表五(二)[10]⑤＋[15]⑤	□
ハ 損金経理をした納税充当金[4]	別表五(一)[26]③、別表五(二)[31]	□
ニ 損金経理をした附帯税、加算金等[5]	別表五(二)[24]～[27]⑤	□
ホ 減価償却の償却超過額[6]	別表十六(一)[37]、別表十六(二)[41]等	□
ヘ 役員給与の損金不算入額[7]		□
ト 交際費等の損金不算入額[8]	別表十五[5]	□
チ 通算法人に係る加算額[9]	別表四付表[5]	□
4 減算金額は、関連別表の金額と一致しているか。		
イ 減価償却超過額の当期認容額[12]	別表十六(一)[39] [40]、別表十六(二)[43] [44]等	□
ロ 納税充当金から支出した事業税等の金額[13]	別表五(二)[35]～[38]	□
ハ 受取配当等の益金不算入額[14]	別表八(一)[13]又は[26]	□
ニ 外国子会社から受ける剰余金の配当等の益金不算入額[15]	別表八(二)[26]	□
ホ 通算法人に係る減算額[20]	別表四付表[10]	□

■ 申告調整チェック

チェック事項	チェック箇所・備考	チェック欄
5 仮計以下の金額は、関連別表の金額と一致しているか。		
イ　寄附金の損金不算入額27	別表十四(二)24又は40	□
ロ　完全支配関係がある法人に対する寄附金は、損金不算入とされているか。また、寄附修正事由がある場合、その法人の法人株主において子法人の株式の簿価修正が別表五(一)で行われているか。		□
ハ　法人税額から控除される所得税額29	別表六(一)6③	□
ニ　税額控除の対象となる外国法人税の額30	別表六(二の二)7	□
ホ　外国関係会社等に係る控除対象所得税額等相当額31	別表十七(三の六)1	□
ヘ　グループ通算制度を適用している場合の通算対象欠損金額の損金算入額又は通算対象所得金額の益金算入額41	別表七の三5又は11	□
ト　欠損金又は災害損失金等の当期控除額44	別表七(一)4の計等	□
チ　新鉱床探鉱費又は海外新鉱床探鉱費の特別控除額46	別表十(三)43	□
リ　所得金額又は欠損金額52①	別表一1	□
ヌ　所得金額又は欠損金額52②	別表三(一)9（注）特定の同族会社のみに適用	□

■ 記入のしかた

チェック事項	チェック欄
6 別表四の留保欄・社外流出欄の区分は正しいか。	□
7 加算・減算の留保欄の金額は、別表五(一)3～24の項目（剰余金の処分を除く）の当期中の増減欄に記入されているか。	□
8 別表四の留保欄の減算の認定損は、別表五(一)③増欄に△印で記入され、加算の認定損否認は別表五(一)②減欄に△印で記入されているか。	□
9 ※欄（非課税所得で留保金課税の対象となる項目）の記入方法は正しいか。	□

■ 記載金額の検算

チェック事項	チェック欄
別表四1①－1③＝1②	□
別表四52②＝別表五(一)31④－別表五(一)31①＋別表五(一)27 29 30③±中間分・確定分の通算税効果額の合計額	□
別表四52①＝52②＋52③（外※も含む）	□
別表四合計34①は、事業税申告書の所得金額63と一致しているか。	□

所得の金額の計算に関する明細書（簡易様式）

事業年度	・・	法人名	

別表四（簡易様式） 令五・四・一以後終了事業年度分

御注意

1 沖縄の認定法人の課税の特例等の規定の適用を受ける法人にあっては、別様式による別表四を御使用ください。

2 「52」の「①」欄の金額は、「②」欄の金額に「③」欄の本書の金額を加算し、これから※の金額を加減算した額と符合することになります。

区分			総額 ①	処分 留保 ②	処分 社外流出 ③	
当期利益又は当期欠損の額		1	円	円	配当 その他	円
加算	損金経理をした法人税及び地方法人税（附帯税を除く。）	2				
	損金経理をした道府県民税及び市町村民税	3				
	損金経理をした納税充当金	4				
	損金経理をした附帯税（利子税を除く。）、加算金、延滞金（延納分を除く。）及び過怠税	5			その他	
	減価償却の償却超過額	6				
	役員給与の損金不算入額	7			その他	
	交際費等の損金不算入額	8			その他	
	通算法人に係る加算額（別表四付表「5」）	9			外※	
		10				
	小計	11			外※	
減算	減価償却超過額の当期認容額	12				
	納税充当金から支出した事業税等の金額	13				
	受取配当等の益金不算入額（別表八（一）「5」）	14			※	
	外国子会社から受ける剰余金の配当等の益金不算入額（別表八（二）「26」）	15			※	
	受贈益の益金不算入額	16			※	
	適格現物分配に係る益金不算入額	17			※	
	法人税等の中間納付額及び過誤納に係る還付金額	18				
	所得税額等及び欠損金の繰戻しによる還付金額等	19			※	
	通算法人に係る減算額（別表四付表「10」）	20			※	
		21				
	小計	22			外※	
仮計 (1)＋(11)－(22)		23			外※	
対象純支払利子等の損金不算入額（別表十七（二の二）「29」又は「34」）		24			その他	
超過利子額の損金算入額（別表十七（二の三）「10」）		25	△		※	△
仮計 ((23)から(25)までの計)		26			外※	
寄附金の損金不算入額（別表十四（二）「24」又は「40」）		27			その他	
法人税額から控除される所得税額（別表六（一）「6の③」）		29			その他	
税額控除の対象となる外国法人税の額（別表六（二の二）「7」）		30			その他	
分配時調整外国税相当額及び外国関係会社等に係る控除対象所得税額等相当額（別表六（五の二）「5の②」）＋（別表十七（三の六）「1」）		31			その他	
合計 (26)＋(27)＋(29)＋(30)＋(31)		34			外※	
中間申告における繰戻しによる還付に係る災害損失欠損金額の益金算入額		37			※	
非適格合併又は残余財産の全部分配等による移転資産等の譲渡利益額又は譲渡損失額		38			※	
差引計 (34)＋(37)＋(38)		39			外※	
更生欠損金又は民事再生等評価換えが行われる場合の再生等欠損金の損金算入額（別表七（三）「9」又は「21」）		40	△		※	△
通算対象欠損金額の損金算入額又は通算対象所得金額の益金算入額（別表七の二「5」又は「11」）		41			※	
差引計 (39)＋(40)±(41)		43			外※	
欠損金等の当期控除額（別表七（一）「4の計」）＋（別表七（四）「10」）		44	△		※	△
総計 (43)＋(44)		45			外※	
残余財産の確定の日の属する事業年度に係る事業税及び特別法人事業税の損金算入額		51	△	△		
所得金額又は欠損金額		52			外※	

㊎簡

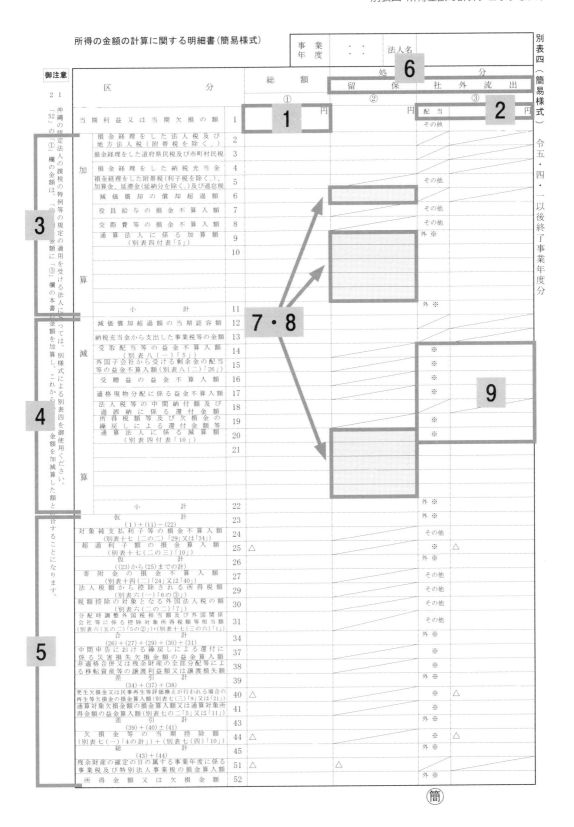

チェック事項	チェック欄
貸借対照表の未払法人税等と未払事業税の合計額は、別表五(一)の納税充当金[26]④、別表五(二)の期末納税充当金[41]と一致しているか。	□
貸借対照表の未払法人税等、未払事業税の過不足は僅少か。 (注)　未払法人税等については、別表五(一)[27]＋[29]＋[30]各④の合計額、未払事業税については事業税申告書の納付税額と突合する。	□
法人税申告書、各別表の計算調べは正しいか。	□

■　引当金、圧縮記帳積立金の申告調整チェック

チェック事項	チェック箇所・備考	チェック欄
引当金を有税で設定している場合、その引当額のうち、税法の限度額を超える場合は、加算されているか。		
イ　退職給付引当金		□
ロ　賞与引当金		□
ハ　貸倒引当金	別表十一(一)[18]＋別表十一(一の二)[9]	□
ニ　その他		□
剰余金の処分による圧縮記帳積立金について		
イ　当期の積立額のうち、圧縮記帳限度額は減算されているか。		□
ロ　圧縮対象資産が減価償却資産であり、減価償却超過額に相当する圧縮記帳積立金を剰余金の処分で取り崩した場合には、その積立金取崩額を加算し、減価償却超過額を認容しているか。	別表四[12]他	□
ハ　圧縮対象資産につき除売却があった場合には、圧縮記帳積立金を取り崩し、加算されているか。		□

■　その他該当項目の申告調整チェック

チェック事項	チェック欄
上記以外の引当金、準備金のうち、繰入れ又は積立限度額を超える金額は加算されているか。	□
完全支配関係がある法人からの受贈益は、益金不算入[16]とされているか。	□
完全支配関係のある子会社の残余財産確定時の青色未処理欠損金は、一定の要件のもとに引継ぎができるが、正しく処理されているか。	□
棚卸資産、有価証券、固定資産、その他資産で、会計上評価減したが、税務上認められない部分は加算されているか。	□

チェック事項	チェック欄
交際費のうち、棚卸資産等の取得価額に算入した部分の金額がある場合に、当該原価算入額のうち損金不算入額よりなる部分の金額が減算されているか。	□
前期以前の否認項目で当期に認容されるものについて減算されているか。 イ　洗替性の引当金で戻入れに伴う前期の繰入超過額 ロ　前期以前の否認金額で当期に受入処理を行った場合の受入金額 ハ　前期以前の否認金額で当期以降自動的に認容される金額	□
自己否認した金額からなる貸方原価差額（例えば、減価償却超過額、引当金の繰入限度超過額等）が減算されているか。	□
剰余金の処分により準備金を積み立てている場合に、当期の積立限度額は減算され、要取崩額は加算されているか。	□
特別償却準備金を設定している場合、その対象資産につき除売却があったときには、特別償却準備金を取り崩し、加算されているか。	□
事業所税の未払計上の額のうち、製造費用に算入されるもの以外の金額について、加算されているか。また、支払に伴い、前期自己否認した金額は減算されているか。	□
納税引当金を取り崩して納付した附帯税（利子税を除く）、加算金、延滞金（延納分を除く）がある場合には、加算・社外流出処理、減算・留保処理の両建処理がされているか。	□
法人税の中間納付額及び過誤納に係る還付金額(還付加算金は除く)は減算されているか。	□
所得税額及び欠損金の繰戻しによる還付金額等は減算されているか。	□
役員について賞与引当金を計上した場合、その金額は加算されているか。また、支払に伴い、前期に自己否認した引当金額は減算され、役員賞与の実際支払額は役員賞与の損金不算入額として加算、社外流出「その他」に記入されているか（ただし、事前確定届出給与、業績連動給与は除く）。	□
未払計上した決算賞与について、その支給額を各人別にすべての使用人に対して期末までに通知し、期末から１ヶ月以内にすべての使用人に対して支払い、損金経理されているか。	□
役員の事前確定届出給与について所定の日（株主総会の決定日から１ヶ月以内等）までに税務署に届出を行っているか。また、実際の支給額は届け出た金額になっているか。金額が異なる場合には実際の支給額が損金不算入として加算されているか。	□
収用換地等の所得控除について減算されているか。	□
残余財産確定の日の属する最後事業年度の事業税（特別法人事業税を含む）51は申告減算されているか。	□
外国子会社の合算課税について経済活動基準の適用がある場合には、別表十七（三）が添付されているか。 外国関係会社（保有割合50％超）の租税負担割合が20％未満か否か。20％未満の場合、４つの基準（事業基準、実体基準、管理支配基準、非関連者基準）をすべて満たしていても受動的所得（一定の配当、利子、使用料等）がある場合等は、外国子会社等の所得に所要の調整を行った金額が別表四で加算されている	□

チェック事項	チェック欄
か（平成30年４月１日以後開始する事業年度より上記の新ルールが適用されている）。 （注）なお、ペーパーカンパニー、事実上のキャッシュボックス等については、税負担率が30％未満の場合、会社単位で合算課税の対象になることに留意。	
以上の他に申告調整を要するものはすべて別表四に記載されているか。	□

■　税金の未収金計上

チェック事項	チェック欄
所得税額等、又は欠損金の繰戻し還付額を未収金計上した場合 イ　当期において、別表四で減算・留保処理し、別表五(一)では増欄に△を付しマイナスの積立金として繰越処理されているか。 ロ　翌期においては、別表四で加算・留保処理し、別表五(一)では減欄に△を付しているか。また、別表四[19]①③の記入もされているか。	□
中間納付税額の還付額を未収金計上した場合 イ　中間法人税・住民税の場合、当期において未収計上額を別表四[2] [3]の①②で加算、同額を申告減算し、別表五(一)では増欄に△を付し繰越処理しているか。還付されるべき金額は、別表五(一)の増欄に記入し、繰越処理されているか。 ロ　事業税の場合、当期において、別表四で減算・留保処理し、別表五(一)では増欄に△を付しマイナスの積立金として繰越処理されているか。翌期においては、別表四で加算・留保処理し、別表五(一)では減欄に△を付しているか。	□

■　退職給付会計と年金制度

チェック事項	チェック欄
退職給付費用のうち、一時金部分の退職給付引当金の繰入額は別表四で加算されているか。	□
適格退職年金等の給付費用（年金部分の退職給付引当金の繰入れ）は、別表四で加算されているか。	□
適格退職年金等の掛金の支払額は、別表四で減算されているか。	□
有価証券を退職給付信託している場合、設定時における信託設定益は別表四で減算されているか。別表五(一)は退職給付信託有価証券、退職給付引当金（マイナスの積立金）として繰越記入されているか。 （注）税務上、信託しても委託者が有価証券を所有しているとされるので、受取配当金の益金不算入を適用する場合の負債利子の計算上、株式等の帳簿価額に信託した有価証券の簿価を加えることに留意する。	□
有価証券を退職給付信託している場合、信託運用益は別表四で加算され、信託運用益に受取配当金が含まれている場合にはその部分が減算されているか。	□
退職給付信託より退職金が退職者に支払われた場合、支給額について退職給付引当金取崩額が別表四で加算され、同額が退職金支払額として減算されているか。	□

■ 新会計基準

チェック事項	チェック欄
上場有価証券の強制評価減 上場有価証券等について強制評価減を行う場合に、税務上一定の要件（50%以上の下落、かつ、過去２年間50%以上の下落、債務超過又は２期連続損失で翌期も損失見込みのいずれかの要件を満たすこと）を満たしているか、又は合理的な判断基準が示されているか。	□
ゴルフ会員権の評価減 ゴルフ場が破綻した場合の預託金は、退会の届出、破産手続開始の決定等により預託金の返還請求権が顕在化した場合には、貸倒損失又は貸倒引当金の対象となる。したがって、民事再生法による再生手続開始の申立てが行われプレーが引き続きできる場合には、貸倒引当金の50%の無税繰入れは認められず、再生計画決定により預託金が切り捨てられた場合に、貸倒損失処理となる。会計上、ゴルフ会員権について、有税処理している場合、その申告調整額は正しいか。	□
ソフトウエア イ　自社利用のソフトウエアを社内製作した場合には、無形固定資産（税務上は５年償却）として処理されているか。ただし、税務上、その利用により将来の収益獲得又は費用削減にならないことが明らかなものは除く。 ロ　販売目的のソフトウエアは、税務上３年の期間で償却するが、会計上、見込売上高又は見込売上数量等で償却した金額が、税務上の金額を超える場合、申告加算されているか。なお、会計上、販売見込みの有効期間は原則３年以内であり、毎期の償却額は残存有効期間に基づく均等配分額を下回ってはならないとされている。	□

■ 税効果会計

チェック事項	チェック欄
税効果会計を採用している場合、別表四当期利益[1]は損益計算書の法人税等調整額の次に記載されている当期純利益を用いているか。	□
繰延税金資産の発生時は、その金額を別表四で減算（留保）し、解消時は加算（留保）しているか。	□
繰延税金負債の発生時は、その金額を別表四で加算（留保）し、解消時は減算（留保）しているか。	□
剰余金の処分で準備金、圧縮記帳積立金を計上している場合、その金額は繰延税金負債と積立金部分に分けられ、その明細表を申告書に添付しているか。	□

別表五(一)

利益積立金額・資本金等の額の計算チェックリスト

■ 利益積立金額の計算チェック

チェック事項	チェック箇所・備考	チェック欄
1　期首現在利益積立金額①は前期の別表五(一)の差引翌期首現在利益積立金額④と一致しているか。 (注)　更正等があった場合には、更正後等の差引翌期首現在利益積立金額と一致しているか。	前期別表五(一)④ (注)　更正通知書等	□
2　繰越損益金[25]の期首残高①及び期末残高④は、株主資本等変動計算書の繰越利益剰余金の前期末残高及び当期末残高と一致しているか。	株主資本等変動計算書	□
3　剰余金の処分によって積み立てられた利益準備金、任意積立金、繰越損益金等の金額は、別表五(一)の③に記入されているか。	株主資本等変動計算書	□
4　別表五(一)[3]～[24]の項目（剰余金の処分項目は除く）の減欄②、増欄③は別表四の留保欄②の金額と一致しているか。	別表四②	□
5　資産認定損、事業税認定損、剰余金の処分による諸準備金、圧縮記帳積立金等の△印の積立金の記入は正しいか。	別表四②	□
6　固定資産、繰延資産の償却超過額の当期減価償却分に見合う認容計算は正しいか。	別表四[12]、別表十六(一)[39]等、別表十六(二)[43]他、別表十六(六)[15]	□
7　固定資産の否認金額がある場合、当該固定資産を売却・除却した場合に、その否認金額は認容されているか。		□
8　その他有価証券について、評価損益を純資産直入法で処理した場合には、有価証券評価差額金、繰延税金並びにその他有価証券が増欄に記載され繰越処理されているか。		□
9　外貨建有価証券のうち、その他有価証券について、会計上、決算日の為替相場で換算し、換算差額を純資産直入した場合には、上記と同様に処理されているか。		□
10　中間納付額が還付される場合、当該還付金額は別表五(一)③に記入されているか。	別表五(二)[4][9][14] 各外書△印	□
11　納税充当金[26]①は、別表五(二)[30]と一致しているか。	別表五(二)[30]	□
12　納税充当金[26]②は、期中取崩額が記入されているか。	別表五(二)[40]	□

チェック事項	チェック箇所・備考	チェック欄
13 納税充当金の前期繰入過大分の戻入益は、別表四で減算されているか。		□
14 納税充当金[26]③は、期末計上額が記入されているか。	別表五(二)[33]	□
15 納税充当金[26]④について貸借対照表及び別表五(二)[41]と一致しているか。	別表五(二)[41]	□
16 未納法人税等[27]～[30]各①は、別表五(二)[5] [10] [15] [45]の各①と一致しているか。	別表五(二)[5] [10] [15] [45]の各①	□
17 未納法人税等[27]～[30]各②には、期中納付額が記入されているか。		□
18 未納法人税等[27]～[30]各③中間欄には、中間発生税額が記入されているか。		□
19 未納法人税[27]③確定欄は、別表一[15] [40]の金額が記入されているか。	別表一[15] [41]	□
20 未払通算税効果額[28]は、グループ通算制度を適用している場合の未払の通算税効果額が記入されているか。		□
21 未納道府県民税[29]③確定欄は、都民税又は各道府県民税申告書の[21]の金額と一致しているか。	都民税又は各道府県民税申告書の[21]	□
22 未納市町村民税[30]③確定欄は、各市町村民税申告書の[20]と一致しているか。	各市町村民税申告書の[20]	□
23 中間配当した場合の中間配当に係る利益準備金の積立額は別表五(一)③に記入されているか。		□
24 中間配当積立金を取り崩して中間配当をした場合に、積立金取崩額は別表五(一)②及び繰越損益金[25]③に記入されているか。		□
25 前期以前の否認項目の中で税法と企業会計の見解の相違によるもの等の合理的な理由がない項目が利益積立金額の中に含まれていないか。		□
26 更正通知書等の未納住民税の標準税率による概算額は、実際額に修正して[29] [30]各①に記入されているか。		□
27 会社が受入計算することによって、当期に否認額の認容計算している場合、その受入処理は企業会計上妥当なものか。		□
28 社外流出とすべき項目が別表五(一)において除外されているか。		□
29 その他、期首利益積立金の中で当期に認容すべきものがないか。		□

チェック事項	チェック箇所・備考	チェック欄
30 資本に組み入れた利益積立金がある場合、また、減資等により払い戻した利益積立金がある場合には、別表五(一)②に記入されているか（別表四の記入は不要）。		□

■ 資本金等の額の計算チェック

チェック事項	チェック欄
1 資本金等の額に関する申告調整は、別表五(一)のⅡ欄に記入されているか。	□
2 その他資本剰余金を原資にした配当	
イ　配当を行う法人の処理 配当金を支払う側は、その他資本剰余金××／現預金××の会計処理を行うが、支払配当のうち減少した資本金等の額を超える金額は、みなし配当として利益積立金額を減額処理しているか。利益積立金額の計算に関する明細書では、みなし配当金部分について増欄に△を付し繰越処理されているか。 資本金等の額の計算に関する明細書では、その他資本剰余金の減額処理を行い、みなし配当部分の金額を増欄に記入し、繰越処理されているか。 なお、別表四では、みなし配当金額が両建てで申告加減算（加算社外流出、減算留保）する。	□
ロ　配当を受け取る法人の処理 配当を受け取る側の会計処理は、現預金××／有価証券（その他有価証券）××となるが、減額処理した有価証券の金額は別表四で加算され、減少した資本金等の額を超える部分はみなし配当として、受取配当等の益金不算入の申告減算を行っているか。 また、株式の譲渡益部分がある場合は、別表四で申告調整されているか。 利益積立金額の計算に関する明細書では、貸方処理した有価証券の金額が増欄に記入され繰越処理されているか。	□
3 自己株式の取得 自己株式を市場を通さないで相対取引で取得し、みなし配当金額（減少する資本金等の額を超える部分）がある場合には、別表四で両建てで申告加減算（加算社外流出・減算留保）されているか。 自己株式の金額のうち、みなし配当部分については、利益積立金額の減額処理を利益積立金額の計算に関する明細書で行い、増欄に△を付し繰越処理されているか。 また、自己株式の金額のうち、資本金等の額の部分は資本金等の額の計算に関する明細書で増欄に△を付し繰越処理されているか。 （注１）　自己株式の市場を通しての取得は、みなし配当は生じない扱いとなっている。 （注２）　自己株式の取得が予定されている株式の取得については、一定の場合を除き受取配当金の益金不算入が適用されないことに留意する（平成22年度改正）。	□

チェック事項	チェック欄
4 自己株式の処分	
イ　売却 自己株式を売却した場合には、自己株式処分差損益（その他資本剰余金）が計上されるが、税務上は、新株発行と同様に考え、売却価額を資本金等の額として別表五(一)の利益積立金額及び資本金等の額の計算に関する明細書で各々減欄に△を付した処理がされているか。 なお、自己株式取得の際の申告調整金額が期首残高に記入されているが、みなし配当部分（相対取引で自己株式を取得した場合に発生）を残してこれらの減額処理も必要となる。	□
ロ　消却 自己株式を消却した場合には、自己株式消却損（その他資本剰余金）が計上されるが、税務上は、みなし配当部分（相対取引で自己株式を取得した場合に発生）を残して、別表五(一)の利益積立金額及び資本金等の額の計算に関する明細書で各々減欄に△を付した処理がされているか。 なお、自己株式取得の際の申告調整金額が期首残高に記入されているが、みなし配当部分（相対取引で自己株式を取得した場合に発生）を残して、これらの減額処理も必要となる。	□

法人事業税・特別法人事業税・法人住民税・更正等チェックリスト

■ 法人事業税

チェック事項	チェック欄
1 一般の所得課税法人等（電気、ガス、保険業の収入金額課税法人以外の法人）の所得割の計算において、事業税の所得金額は法人税別表四[34]の所得金額に所要(注1)の調整を加えて正しく所得割が算出されているか。 また、外形標準課税(注2)の計算、課税所得(注3)の分割及び税額計算(注4)は正しくされているか。	□
(注1)　所要の調整として損金に算入した所得税額（＋）、海外投資等損失準備金の繰入れ（＋）、戻入れ（－）、P/E に帰属しない一定の外国税額（－）、10年以内の繰越欠損金（－）、その他を加減算する。	□
(注2)　一般の所得金額課税法人のうち、資本金が1億円超の法人は、所得割のほかに付加価値割、資本割の税額計算を行う。 なお、法人税における賃上げ税制の税額控除の適用がある場合には、給与総額の前年度増加額が付加価値割額から控除される。	□

チェック事項	チェック欄
(注3-1)　資本金１億円以上の製造業を営む法人の工場の分割基準については、従業者を1.5倍する。	□
(注3-2)　非製造業（電気、ガス、倉庫、鉄道以外の運輸、通信、卸売、小売、サービス業及び銀行、証券、保険業）の分割基準は２分の１を期末の従業者で、残りの２分の１を各月末の事務所数で、課税標準を分割する。 (参考)　資本金１億円以上の一般の法人（電気、ガス、倉庫、鉄道以外）の従業者による課税標準の分割で、本社の管理部門の従業者を２分の１にする規定は平成17年４月１日以後開始事業年度より廃止された。	□
(注3-3)　分割課税標準額の計算 課税標準の総額÷分割基準の総数＝分割基準１単位当たりの課税標準額Ａ(＊) １単位当たりの課税標準額Ａ(＊)×各都道府県の分割基準＝各都道府県の課税標準額 (＊)　Ａの値の端数については、分割基準の総数の桁数に１を加えた桁数以下を切り捨て計算することに留意する。	□
(注４)　事業税の所得割の計算で軽減税率を適用されない法人は、３以上の都道府県に事務所等のある所得金額課税法人で、資本金1,000万円以上のもの。	□
2　資本金等が１億円以下の中小法人（資本金５億円以上の大法人の100％子法人は除かれる）が、当期に欠損が生じ法人税の繰戻し還付を行う場合、法人事業税において「欠損金額等の控除明細書」で欠損金の繰越し控除が行われているか。	□

■　特別法人事業税（令和元年10月１日以後開始事業年度から適用）

チェック事項	チェック欄
一般の所得課税法人等の特別法人事業税の課税標準として、標準税率により計算した事業税の所得割額を用い、これに所定の率（外形標準課税法人は260％、所得課税法人は37％）を乗じているか。超過税率(注)を用いて法人事業税の所得割額を計算している場合には留意する。	□
(注)　事業税の超過税率の適用は資本金の額、年所得額によって決まる。都道府県によって金額は異なるが資本金の額が１億円以下（２億円、３億円のところもある）かつ、年所得が一定額以下（東京都は2,500万円以下）の場合は標準税率適用であるが、この要件を満たさないと超過税率適用となる。	□

■　法人住民税

チェック事項	チェック欄
1　法人住民税の計算において、法人税別表一[9]の法人税額に所要(注)の調整を加えて課税標準である税額が計算されているか。 また、課税標準の従業員数による分割計算、均等割を加えたところの法人住民税の計算は正しくされているか。	□

チェック事項	チェック欄
(注) 所要の調整として試験研究費の税額控除額及びその他税額控除（中小企業者は除かれる）を加算する。	□
2 無償増資、無償減資による欠損填補を行った場合には、資本金等の額にこれらの金額を加減算した金額で均等割額の判定を行っているか（平成27年度改正）。	□
3 資本金等が１億円以下の中小法人（資本金５億円以上の大法人の100％子法人は除かれる）が、当期に欠損が生じ法人税の繰戻し還付を行う場合、法人住民税において、法人税の還付請求額を「控除対象還付法人税額等の控除明細書」の控除対象還付法人税額欄に記入（最長10年間）されているか。又、その控除額は法人住民税申告書の還付法人税額等の控除額[3]に記入されているか。	□

■ 更正等

チェック事項	チェック欄
更正等があった場合、更正項目等の中に公正妥当な会計処理基準によっていないような項目（例えば、売上計上もれ、在庫計上もれ等）が含まれていないか。	□
更正項目等を当期の申告調整に織り込んでいる場合、更正等に係る追徴税額は支払済みか、又はその見込計上をしているか。	□
更正項目を受入処理した場合、受入項目の内容を検討し、会計上妥当なものか。	□
法人税の更正、修正申告に伴って法人住民税、事業税の修正申告書は提出されているか。	□
事業税の認定損の申告調整は正しく行われているか。	□
申告期限の延長承認を受けている会社の場合、延滞税、延滞金のうち、延長に係る１か月分については損金算入されているか。	□
更正通知書等の未納住民税の標準税率による概算額は、実際額に修正して別表五(一)[29][30]各①に記入されているか。	□

■ 税務上の継続性

チェック事項	チェック欄
税務上、継続的適用が要求されるもので、変更に際して一定の届出が必要とされるような減価償却方法、棚卸資産・有価証券の評価方法の変更等については、前期末までに届出がされ変更の承認がなされているか。	□
税務上、継続的適用が要求されない中小法人における貸倒引当金の法定繰入率による繰入方法と過去３年間の実績割合による繰入方法、貸金から控除する実質的に債権とみられないものの計算で個別法と簡便法、その他について計算方法の変更があるか。	□

著者紹介

公認会計士・税理士　齊 藤 一 昭（さいとう　かずあき）

東京都に生まれ、昭和46年に新日本監査法人（当時は太田哲三事務所）に入所。

平成４年に代表社員となり、大企業の会計監査に携わるとともに、監査の審査、税務を担当し、平成21年に退任。現在、会計事務所を主宰。

公認会計士協会の租税調査会、学術賞審査委員会、修了考査運営委員会等の委員、各種セミナー講師を歴任。

平成10年公認会計士第三次試験委員、その後、法政大学大学院客員教授を歴任。

著　書

『経理部長の税金勘どころ』『法人ユーザー必携 保険・年金の有効活用法』『消費税の処理と決算・申告』（以上、中央経済社）その他

法人税申告書の最終チェック
令和６年５月申告以降対応版

2010年４月１日　平成22年版発行
2024年３月21日　令和６年版第１刷発行

著　者　齊　藤　一　昭
発行者　山　本　継
発行所　㈱ 中 央 経 済 社
発売元　㈱中央経済グループパブリッシング

〒101-0051　東京都千代田区神田神保町 1-35
電話　03（3293）3371（編集代表）
03（3293）3381（営業代表）
https://www.chuokeizai.co.jp
印刷／昭和情報プロセス㈱
製本／誠　製　本　㈱

＊頁の「欠落」や「順序違い」などがありましたらお取り替えいたしますので発売元までご送付ください。（送料小社負担）

ISBN978-4-502-49781-0　C3034